还他一介是书生
2010年在家中

结得诗缘染落霞
2014年后的闲居生活

前缘一点悟灵犀
作者自拍荷花

书生投笔赴征尘
驱寇歼敌几献身
百战归来未倚马立
敢将支眼鉴乾坤

读李庆寿老先生回忆录有作
敬请先生鉴正
马天顺
戊子十月

为老友李庆寿诗并书

段天顺 著

竹枝斋文存

文稿卷

笔飞墨舞
刘松

中国书籍出版社
China Book Press

图书在版编目（CIP）数据

竹枝斋文存.文稿卷/段天顺著.-- 北京：中国书籍出版社，2015.9
ISBN 978-7-5068-5178-7

Ⅰ.①竹… Ⅱ.①段… Ⅲ.①社会科学—文集②中国文学—当代文学—作品综合集 Ⅳ.①C53②I217.2

中国版本图书馆CIP数据核字（2015）第230234号

竹枝斋文存.文稿卷

段天顺　著

策　　划	吕梁松 李伟成	
责任编辑	李 新	
特约编辑	张晓霞	
责任印制	孙马飞 马 芝	
版式设计	和伟红 徐 玲	
封面设计	倬艺朗乾（北京）文化传媒有限公司	
出版发行	中国书籍出版社	
地　　址	北京市丰台区三路居路 97 号（邮编：100073）	
电　　话	（010）52257143（总编室）　（010）52257140（发行部）	
电子邮箱	chinabp@vip.sina.com	
经　　销	全国新华书店	
印　　刷	北京旭丰源印刷技术有限公司	
开　　本	640 毫米 × 960 毫米　1/16	
字　　数	260 千字	
印　　张	26	
版　　次	2015 年 11 月第 1 版　2015 年 11 月第 1 次印刷	
书　　号	ISBN 978-7-5068-5178-7	
定　　价	198.00 元（全三册）	

目　录

京城竹枝风

文苑散论・序跋

三余漫笔

附　录

京城竹枝风

诗能容俗尤风雅,笔已惊天况鬼神。

历代优秀的竹枝词恰恰是淡语中有味,

浅语中有情,俗语中含雅。

竹枝词与时代精神

一

竹枝词从中唐刘禹锡、白居易开始成为一种文人诗体，逐代繁衍发展。到了清代，作者日众，作品日繁。上至达官，下至小吏，特别是处于社会中、下层的众多文人，都可以拿起笔来，"或写阛阓之状，或操市井之谈，或抒过眼之繁华，或溯赏心之乐事"（《续都门竹枝词》序）涉及到历史、社会、政治、经济、文化诸多领域。多方面地反映出有清一代社会生活面貌。现代学者唐圭璋说："竹枝词内容则以咏风土为主，无论通都大邑或穷乡僻壤，举凡山川胜迹，人物风流，百业民情，岁时风俗，皆可抒写。非仅诗境得以开拓，且保存丰富之社会史料。"据竹枝词研究家们估计，竹枝词作品至少有十几万首以上，远远超过《全唐诗》所载总量。

竹枝词在漫长的历史中，由于社会历史变迁及作者个人思想情调的影响。尤其原本为竹枝歌舞配的歌词，逐渐演变为脱离歌舞而独立存在的诗体，作品格调有不小变化。大体说可概括为三种类型，一类是由文人收集整理的民间歌谣；二类是由文人吸收、融会竹枝词歌谣而创作出有浓郁民歌色彩的诗歌；三类是借竹枝格调而写出格律严整的七言绝句，仍然冠以"竹枝词"或"效竹枝体"。

二

竹枝词属于传统诗范畴，但它有自己的特色。笔者

1997年在《漫话竹枝词》中总结有四大特色，即（一）语言流畅，通俗易懂；（二）不拘格律，束缚较少；（三）诗风明快，诙谐风趣；（四）广为纪事，以诗存史。这几个方面的特色，使竹枝词较易于融入当今社会，在表现时代精神，反映社会生活方面有先天的优势。比如，现代人们学写传统诗词常常遇到两个困难，一个是以古文言为基础的语词；另一个是严格的格律要求。这很像两只拦路虎，阻碍人们学习、掌握它。但竹枝词可以使用大众化语言，俗语俚语皆可入诗，格律不必那么严格，大体合律就行。这就使这一诗体更能贴近时代，贴近人民，贴近生活。再如，竹枝词富于幽默风趣的格调，增加了诗歌的趣味性。这种特色，使它在表现现代多姿多彩生活方面，大有用武之地。现在生活富裕了，广大人民群众很喜欢那种轻松愉快有情趣的精神生活，那正是竹枝词的长项，可谓游刃有余。竹枝词以戏谑讽刺的格调在鞭笞社会丑恶现象方面往往淋漓尽致，入木三分。还有，竹枝词的纪事体特色，可以从多层次、多方面反映广泛的社会生活。不仅具有文学价值，而且有社会历史价值。有的学者概括说，竹枝词可以"补史"、"正史"、"解史"，是毫不为过的。

三

北京诗词学会从二十世纪九十年代中期开始就倡导学写竹枝词，并在学会会刊《北京诗苑》设《竹枝新唱》专栏发表竹枝词作品。几年来，写的人越来越多，出现了一批好的和比较好的作品。这些作品无论从内容上还是艺术表达上都突破了旧体诗词的情调，以耳目一新的斑斓风采，描绘着新时代多姿多彩的生活。

那一幅幅鲜活生动的城市风情画，人们看了会很开心的。

沧桑千载革新潮，古老都城旧貌消。
借问前门京味叟，您知哪儿是天桥？
——郑直《北京新竹枝词》

广厦新居近大街，叩门贺喜上台阶。
装修铺就波斯毯，笑请来宾先换鞋。
——白纲《访新居》

琳琅满目灿如霞，微笑迎宾态度佳。
何物于今销路好，美容霜与减肥茶。
——白纲《购物》

大糖葫芦风车摇，白水羊头鸳鸯糕。
南歌北调民俗乐，杂耍映出"老天桥"。
——塘萍《地坛庙会》

满目琳琅品样多，扶梯自动走斜坡。
和颜悦色迎来客，笑问您要用什么？
——赵连壁《市场一瞥》

那些写农村新面貌、新气象的竹枝词，读来更是清新喜人。

摩托晓驾去如烟，百里省城一日还。
两眼笑容藏不住，合同又签百万元。

——赵京战《农村竹枝词》

柏油路入苇塘西，烟柳拂堤月影迷。
如此星辰如此夜，阿哥教妹驾轻骑。

——张文廉《山村竹枝词》

华西一曲自编歌，唱得村民齐奋戈。
苦斗年年成首富，洋人来作打工哥。

乡村都市已难分，都市今应逊此村。
农舍幢幢如别墅，奔驰停在自家门。

——李翔《参观华西村》

老年人的生活，成为广大老年作者经常关注的题材，写来娓娓动人，令人怡情悦性，其乐无穷。

香炉峰去白云间，耄耋红军视等闲。
倘若长征重上路，敢摇轮椅上岷山。

宝剑森森劈晓风，青光闪闪赤辉中。
人言太极轻如气，我咋招招像冲锋？

——郑直《部队干休所八题》

推敲再四句微工，绕室低吟味觉浓。

老伴乜眸轻一笑，咱家出个大诗翁！

——张桓《生活杂咏》

飞速发展的时代车轮，把人们带进现代信息化社会，新鲜事物层出不穷，世象纷呈，令人眼花缭乱。竹枝词以明快的格调，写出人们既惊喜又复杂的心态。

网络频传脉脉情，视窗辽阔慰生平。

相知相惜不相见，按键空谈纸上兵。

——白纲《网上聊天》

出行何必带浮财，自助银行昼夜开。

磁卡一插轻按键，现钞如数早飞来。

——白纲《自动取款机》

攘攘长街电话亭，塑窗铝株秀玲珑。

往来过客忙投币，张口无非生意经。

——白纲《电话亭》

严打锋芒斩孽根，扫黄除害卫黎民。

而今小有安全感，昨夜新装防盗门。

——白纲《防盗门》

古人在讲竹枝词幽默风趣的特色时，提出"嬉笑之语，隐寓箴规，游戏之言，默存讽谏"。不少作者心怀忧国忧民，针砭时弊，鞭笞丑恶，寓意深刻，发人警醒。

偷得名牌冒货笺，坑人害命为捞钱。

罚金不堵财神路，打假声声又过年。

——杨金亭《燕京竹枝词》

曲曲琵琶醉未休，画船小蜜共悠悠。

年年见否浔阳上，湿透青衫都是油。

——林崇增《历代诗人新咏》

一圈定案建高楼，楼高不知哪家修。

局长一夜私囊饱，后门挤扁包工头。

——张荣安《官场新咏》

猫见增多鼠亦多，更闻猫鼠互称哥。

相逢一笑恩仇泯，好向粮仓共筑窝！

——缪英《竹枝词·杂咏》

四

党的十六大报告中指出：社会主义先进文化，要"着眼于世界文化发展的前沿，发扬民族文化的优秀传统，汲取世界各民族的长处，在内容上和形式上积极创新。"竹枝词，作为古代诗歌优秀诗体，至今仍具有吸引力。从以上例举可以看出，它完全能够在现代生活的土壤中生根开花。现在的问题是要更好地扶持它，使它在社会主义先进文化百花园中灼灼生辉。

　　据个人体会，当前一方面应鼓励作者不断提高作品质量的同时，继续拓宽题材领域，扩大社会影响，让更多的人民群众了解它，喜爱它。另一方面作者要开阔眼界，打开心灵的窗子，面向社会，面向多种精神生活需求的社会人群，拓宽题材，走向多种艺术门类相结合的道路。倡导与散文牵手，与书画联璧，与媒体结友，与各种艺术门类相济相偕，活跃于社会，服务于人民。据我所知，这条路已显露端倪。例如，早在九十年代初由著名水电工程专家工程院院士潘家铮著的《春梦秋云录》里就有一篇散文名《新安江上竹枝歌》。文中由四十多首竹枝词组成，诗与文珠联璧合，相得益彰，再现了当时（上世纪六十年代初）我国最大的新安江水电工程修建的全过程。是运用竹枝词表现时代精神的一篇佳作。北京诗词学会理事、作者塘萍，近年主持《北京社会报》的《胡同文化》副刊，该副刊经常发表传统诗词。副刊上《京城一景》专栏，每一景照片都配有竹枝词诗歌，芸芸世象，美刺兼收，饶有看头。应该说，这些都是竹枝词在新时代的新唱。

　　为了进一步推动竹枝词写作，提高作品质量。北京诗词学会要进一步加强《北京诗苑》的《竹枝新唱》栏目，培养更多的中青年作者，把该栏目办出自己的特色。要继续倡导学会各诗社开展学写新竹枝词的活动，并在此基础上出版新竹枝词的专集。

《北京诗苑》2003年第1期

竹枝薪火亮京华

——简述北京诗词学会在会员中开展学习竹枝词，创作《竹枝新唱》的情况

中华诗词学会雍文华副会长约我写一篇竹枝词的文章，实在勉为其难。想了一想，并与学会诗友商量，就将这些年来北京诗词学会在会员中开展学习竹枝词，创作竹枝词新唱的情况作个汇报。

一

北京诗词学会成立于1988年3月，是在中华诗词学会和北京市文联的帮助下组建起来的。属于民间社团，为中华诗词学会的团体会员。现有会员1700多人，47个基层诗社。

学会成立后，入会会员十分踊跃。他们绝大部分是从工作岗位上退下来的老干部老职工。尽管我们有半个多世纪出现了传统诗词的"断代"现象，然而，由于以毛泽东诗词为代表的革命诗词的广泛传播，广大干部职工队伍深受影响。所以当一批批老同志退下来后，很自然地出现了对传统诗词的学习和写作热情。当时，如雨后春笋般出现的老年大学中最早设定的就是诗、书、画学科，而早期入会的诗词学会会员中，有很多也是老年大学诗词班的学员。

从学会会员的这一基本特点和要求出发，学会把建立学习型诗社作为基本指导思想。为了较快地提高广大会

员诗词学养和写作水平，我们想到了出自民间歌舞，具有浓郁民歌色彩，历代传承不衰的竹枝词。我本人是个竹枝词爱好者。从上世纪七十年代初，结合工作学写竹枝词。在学习过程中，我体会竹枝词是一种比较容易学习容易写作的诗体，它的主要特色是（一）语言流畅，通俗易懂；（二）格律较宽，雅俗共赏；（三）格调明快，诙谐风趣；（四）广为纪事，以诗存史。比如，竹枝词在语言上的融俗，白话入诗，和韵律上的"拗体"，要求较宽，就可以放低初学者学习的"高"门槛，由初学时望而生畏，变成望而生"喜"，一学就有信心。又如，竹枝词幽默风趣的"竹枝味儿"。与北京的京味语言，十分相近，北京人听着"顺耳"，读起来"亲切"、"爱听"。至于竹枝词纪事体特色，可以涉猎广泛的领域，更是它的独特优势。举凡风土民情、山川形胜、社会百业、时尚风俗、历史纪变皆可入诗，能开阔作者多方面视野，容纳多种表现才能。因此，竹枝词貌似简单，而含量丰富，较易于融入当今社会，在表现时代精神，反映社会生活方面有先天优势，完全可以成为传统诗词与时代同步的"切入点"。

当然，如果进一步考察，还能深寻到古老的竹枝词与近代形式的京味文化的渊源脉络。实际上早在明、清时期，尤其是清代，竹枝词在北京曾有过广泛的发展。可以说，它是京味文学的一支源流。康熙年间由于当时诗坛领袖王士禛的大力倡导，曾出现"一时争效之"的盛况。从清代中叶以后一直到民国时期，更是蔚成风尚。上至达官大吏，下至中小文人，纷纷借"竹枝"体，"或抒过眼之繁华，或溯赏心之闻见，抒胸际之牢愁。""巷议街谈，不妨引以为证。诽词谑语皆堪借以生情"。"描摹象管"，绘列百态，洋洋洒洒，蔚为大观。仅据最近出版的《中华竹枝词全编》所载北京卷中属于清代和民国时期竹枝词就有4500多首，俨然形成描绘清代和民国时期北京社会百态的"万花筒"，也是一条亮丽的京味文化的风景线。"五四"以来，依然一脉流传，张伯驹、张恨水等诸家就创作有精彩的竹枝。如张恨水的《过东单》："记得'皇军'马战酣，荷枪跃马遍东单。于今十万'皇军'物，尽向东单设地摊。"显然，北京竹枝词作为北京优秀文化的遗产，更是应该很好地继承和努力弘扬的。

基于上述认识，1994年初我主持北京诗词学会工作后，我专程去虎坊桥中国作协宿舍，专访和看望著名诗人、诗评家杨金亭先生（他当时任北京诗词学会副会长）。没有想到，他对竹枝词情有独钟，而且还把本年在《人民日报》副刊发表的《天山竹枝词》给我看，我真是喜出望外，我们一拍即合。之后学会正式聘请他担任新改版的《北京诗苑》会刊主编，主持编辑出版工作。多年后，我在一首小诗中写道："兴会诗缘久慕贤，虎坊畅论两开颜。卷头一自涓涓语，滋养京苑作美泉。"

金亭兄担任主编后，大力加强《北京诗苑》会刊工作，很快提高了整体水平，并得到中央宣传部领导的肯定，北京市委宣传部还发了内部简报。学会和编辑部全面加强对竹枝词的宣传和推动工作。包括发作品、写文章、开讲座。学会在全市性讲座中增添了竹枝词专题，各诗社也掀起学习竹枝词热，学会领导到各诗社宣讲竹枝词不下20次。启动邀约在京的报刊媒体，如《中华诗词》、《北京日报》、《北京晚报》、《北京社会报》、《中华老年报》等刊登竹枝词文章和诗作。拙作《竹枝词与北京民俗》一文在报刊发表后，又在北京广播电台文艺台三次播放录音，隔年又进行过重播。1997年初在会刊《北京诗苑》上正式开辟了《竹枝新唱》专栏，广征诗稿。

二

2002年末，《北京诗苑》会刊已发表过300多首新竹枝词，为进一步推动这一活动，学会召开了《竹枝新唱》座谈会。邀请在京的竹枝词作者和有关人士，以及北京日报、信报、北京社会报，还邀请北京作协秘书长李青等共20余人参加。会议主题是："竹枝词与时代精神"。会上大家对竹枝词如何与时俱进，贴近生活，融入社会，反映时代，发表了颇有新意的体会和看法。如赵京战先生就以自己写农村竹枝词的实践，谈到近些年农村发生的深刻变化，无论是农村建设、生活水平、劳动方式、社会交往、精神文化面貌等都有了多方面的新变化。他说，只有体验和把握这些新变化，才能跟上时代步伐，反映出真实的农村生活面貌。再如，刚刚出版《北京世象竹枝词》一书的作者白纲、洪学仁，从"文革"至今，始终以竹枝为体，记下北京的社会、事件、风情等诸多方面的变化。并在《经济日报》副刊上以诗配画的形式，连续刊发16期，颇有影响。他们的体会概括成一句话就是：用新语言写新题材，反映新时代的新特色。有一首《购物》的诗："琳琅满目灿如霞，微笑迎宾态度佳。何物于今销路好？美容霜与减肥茶。"生动地写出人们在购物中所反映出城市人民从温饱型向小康型过渡的真实写照。他们还总结出竹枝词要达到"读之顺口，听之顺耳，阅之顺眼，赏之顺心"的心得体会。这次会上大家发言热烈。实际上成了一次进一步推动《竹枝新唱》的加油站。其后，《北京日报》在文艺周刊版以通栏标题《竹枝词吟唱时代新风》整版刊登了我在本次会上的主题发言，并配以插图。文章总结了几年来广大会员学习竹枝词，推动《竹枝新唱》的情况，认为，无论从内容上还是艺术表达上都一洗旧体诗中的旧情调，以耳目一新的现代语言，描绘了多姿多彩的现实生活，朴实生动地彰显那些可喜的新变化。包括那一幅幅生动鲜活的城市风情、社会百态，农村中清新喜人的新面貌和新气象，现代化信息化时代层出不穷的新鲜事物，等等，通过竹枝词幽默风趣的清词丽句，描摹绘列，美刺兼呈，尽入眼底。给北京诗坛吹进一股清新可人的气息。座谈会对下一步开展活动，提出开展竹枝词新唱的新思路，呼吁作者要迈开双脚，开拓眼界，感悟生活，打开心灵的窗口。要面向多种精神生活需求的社会人群，与多种艺术门类相偕相济，携手前进。倡导与散文携手，与书画联璧，与媒体结友，活跃于社会，服务于社会。

在一个时期中，社会上出现了一些低俗的爱情流行歌曲，有的歌词简直把人性写成动物世界的"原生态"，丧失掉作为文学艺术永恒主题的爱情诗歌中"圣洁"的光环。我心中十分不安。于是，想到了作为历代爱情诗歌"宝藏"的竹枝词。那里储存着大量的由民间情歌编织、提炼出来的优秀的爱情诗歌。那些真挚的纯情的感人心肺的人性的情爱之美，多么需要人们的借鉴和传承呵！2004年，我翻阅历代上万首竹枝词，进行反复挑选和刻意诠释，写出一篇《竹枝词里的爱情诗》。先是在《北京社会报》上发表，这是属于北京报业集团面向城市社区居民的报纸。发表后，曾经得到一些朋友的赞许。后来，又被全国侨联的刊物《海内与海外》转载，并配上我国著名画家范曾先生的几幅画。

不久以后，在北京诗词学会的大家庭中，出现了以网络诗词为重点的甘棠诗社，以北京有实力的中年书画家组织起来的题画诗研究会，活跃于北京诗画坛。

三

2006年是《竹枝新唱》开栏的第十个年头。为了检阅成果，迎接北京诗词学会成立20周年。学会将该栏目发表过的近千首新竹枝词，编辑成册，于2007年末正式出版。杨金亭主编在总结十年来成果时说："说实在的，当时，我们对关系到这个栏目稿源的作者队伍状况，了解甚少，对能否办好这个栏目心中无底，只能抱着试试看的态度。至于出书，那只能是连想都不可能想到的了。然而，出乎意料之外，此栏推出后，立即引起了北京乃至全国诗词界朋友和读者的广泛关注，知名和不知名的作者的诗稿、信件纷至沓来。特别令编者感动的是：许多曾未见过有竹枝词问世的老诗人如刘征、李汝伦、邵燕祥、钟家佐、袁第锐、蔡厚示、刘庆云、欧阳鹤等诗词宿将，时有力作惠稿；而杨逸明、张福有、郑邦利、赵京战、胡迎建、张文廉、林崇增、伍锡学、魏新河、王恒鼎、刘泽宇、林峰……则是近十年来，以独具风格的创作，崛起于旧体诗坛的中青年诗人，他们寄来的竹枝词新作中，也多是令人耳目一新的佳作。"在这些老中青诗友的热情支持下，这个栏目，佳作荟萃，影响日深。石理俊主编在该书《后记》中，对《竹枝词新唱》中作品表现出的艺术技巧，进行了深入浅出地分析"玩味"，对人们一贯以直白易懂看待的竹枝词体，进行了具有美学意义的探索，这是对竹枝词理论的深化。这部书出版后，得到广大读者强烈反响。如曾长期担任北京古籍出版社负责人、亲自主持出版过三部竹枝词的著名文史专家赵洛老先生来信称："赐书收到，至感至真。不少佳作，反映真切。……缘竹枝大白话，轻松迷人，恰似窗前新绿的柳丝，摇曳多姿。……元好问曰：'眼处心生句自神'，张船山曰：'好诗不过近人情'，'真极情难尽，神来句必仙'。为之贺，为竹枝体诗人贺。"湖北省鄂州市诗词学会会长胡盛海先生来信说：你们这本专集，不论是作者的知名度、作品的水平、编辑、装帧的质量，都是值得我们学习的。海南省三亚市的李池先生来信说："这本书好就好在有生活气息，言语鲜活，少酸腐气。……因这本书是"大众读物"不是"小众读物"，我读书不多的爱妻看到这本书也爱读。"还有诗词界的著名学者、诗人如丁芒、蔡厚示、刘庆云以及中国社科院文学所研究专家陈祖美等都热情予以支持并提出很好的建议。

四

2007年北京诗词学会以试探姿态将新竹枝词引进北京著名的老字号全聚德烤鸭集团，为他们写了100首竹枝词，取得了效果。本来，在清代有许多描写京城商业餐饮的竹枝词，像北京有名的老饭店"八大楼"、有名的小吃店等许多老字号至今还能寻见一些优美的竹枝词，给北京的商业饮食文化增添了璀璨的亮点。比如，在清代北京竹枝词里，有一首写致美斋馄饨铺的竹枝词："包得馄饨味胜常，馅融春韭嚼来香；汤清润吻休嫌淡，咽后方知滋味长。"把致美斋馄饨之好，写得有滋有味，幽默俏皮，至今读起来仍是令人垂涎。现在京城的商业饮食业中仍有不少几十年上百年的老字号。在新的历史时期焕发着勃勃生机。全聚德烤鸭集团就是其中的佼佼者。诗歌为人民而歌唱，也应为优秀企业而歌唱。我们的建议受到全聚德集团领导的热情欢迎。如何开写？学会没有采用惯常使用的登报征诗评奖的办法，而是邀请一部分对竹枝词有一定学养和写作水平的在京的20位诗友，以"采风"形式，参观了全聚德的前门老店，看了记录百年历史的《永远的全聚德》录像，参观了店藏历史文物图片展览室，考察了北京烤鸭的传统和制作流程，还听取了总店领导的讲解和介绍。通过观摩、思考，每人写出一组竹枝词初稿，再经过诗友们的传阅、切磋、修改，从中选出100首佳作，形成一次围绕主题开展有组织的采风创作活动。所获成果，总体看质量较好，受到全聚德集团领导的高度重视。现已编成精美书册，作为奥运期间接待宾朋的礼品。还打算在总店、分店以书法的形式有选择地悬挂于店堂，以美术形式上餐桌菜单或向宾客馈赠的文化笺，或以配乐吟唱形式作成光盘，作为厅室的音乐伴奏，让中外宾客在美食中佐以诗情、画意和音乐旋律的文化享受，充实和提高中国餐饮文化的新品味。应该说，这是我们继《竹枝词新唱》专集出版后又一次竹枝词创作的新收获。当然，不仅如此，正如杨金亭主编所讲的："慷慨悲歌的黄钟大吕和风趣幽默的弦歌俗唱，都是我们追求的燕赵诗风应有的个性。""正是富于城市民俗风情的古老的燕京竹枝词传统，在新时期、新时代、新世纪的发扬光大。"

去年，北京市房山区银狐洞地质公园旅游景点，邀请我学会参观"采风"。总经理是位诗词爱好者，在游赏过程的解说词中有他写的20多首充满诗情画意的旅游诗作，引起我们的兴趣。联系当前旅游业一些导游词语言低俗问题。学会的诗友主动帮助修改成竹枝味的景点解说词，并在《中国旅游报》全部发表。报社告诉我们，当时正在云南昆明召开全国旅游会议，报纸直接空运会场，受到与会人员的关注。比如在岩洞里以"吐鲁番葡萄"景点的诗云："新疆葡萄大又圆，香飘四海到房山；此日安家银狐洞，只可参观不解馋！"又如，作为该景区享誉中外的大型晶体猫头银狐，玲珑别透，视为景区神品，诗云："惊世银狐玉无瑕，岩溶奇景冠中华；亿载成因犹未解，不知谜底落谁家？”这些诗以竹枝体的神韵，编织着解说员与游人在观景中的神交与呼应，增添了山水的人文气息，让人顿生游兴。从而提高了品味，远离了庸俗。

以上是北京诗词学会根据广大会员学诗写诗要求，对中华传统诗词如何融入当今社会，走向大众的道路上，以竹枝词为“切入点”，取得的一些初步效果。当然，这决不是认为只有竹枝词能够“切入”，其他诗体概莫能行。我们几千年泱泱诗国，源远流长，诗体繁多，精彩纷呈。在庞大的诗歌遗产宝库中，自当百花齐放，宜人宜时宜式，各有千秋而已。

我们作为民间社团，还不能像有些省市与行政部门合作更有效地推动这一工作的发展。但是，党的十七大以后，随着我国文化的大繁荣、大发展，我们有充分的理由相信，中华传统诗词的命运，将以适应时代的新面貌，阔步前进！

《北京诗苑》2008年第4期

提高竹枝词作品质量的几点思考

为了进一步推动竹枝词的学习和创作，经我们初步讨论，认为今后应把提高竹枝词写作质量，出好作品作为努力方向。

认真讲起来，现在竹枝词的作品数量不算少，喜欢写的人也不少，但作品的质量有待提高。大量作品表现出平庸、一般化。如何提高呢？我想提出四点意见，供大家参考。

一、要在竹枝词幽默风趣的格调上多下功夫

据我的观察，许多诗友对于竹枝词写作比较容易学、容易写的方面知道的多，而对于竹枝词还有难学难写的一面却缺乏准备，其中有个大难点就是写不出"竹枝味儿"来，总是突不破这道关。

多年来，我也和一些诗友议论过这个问题。我个人的看法，竹枝词所蕴涵的竹枝味儿，主要是指它所具有的幽默风趣的格调。具体说来，应指它本身所呈现出来的诙谐、风趣、俏皮、逗哏儿等调格，为了表达这种格调常常通过比喻、隐语、俏语、歇后语等方式迂回地表达出来。避免直白，一览无余。其实，这都是从民歌中脱胎出来的。它给竹枝词带来民间的鲜活气息，是民歌中的"原生态"，是我们现在要学写竹枝词的人应该继承和发扬的历

史文化遗产。

在新的历史时期，时代变了，而竹枝词幽默风趣的格调（尤其是它与北京的京味语言十分相近，北京人听着"顺耳"，读起来"爱听""亲切"），就更有用武之地。近年来，许多竹枝词以耳目一新的斑斓风采，在各种诗体的百花园中熠熠生辉。无论从内容上和艺术表达上都突破旧体诗词的旧情调，在城市风情、农村新貌、社会人生、世象风物中都呈现得有声有色，出了一批好的和比较好的作品。比如：

逛百货店

白　钢

琳琅满目灿如霞，微笑迎宾态度佳。
何物于今销路好，美容霜与减肥茶。

好眼力！作者从百货店拣出销量最好的化妆品和保健品，充分证明了城市人民生活质量的提高，成为从温饱型社会过渡到小康型社会的一个标志。这首小小竹枝词，写出了一个时代的大主题。

参观华西村

李　翔

华西一曲自编歌，唱得村民齐奋戈。
苦斗年年成首富，洋人来作打工哥。

看，中国农村的典型，改革开放带来多么大的变化。

驴的故事

石理俊

敢将憨眼藐神仙，打滚蹶蹄自撒欢。
为啥离开张果老？他朝后看我朝前！

风趣幽默，极富哲理。

80年代兴起的BP机

洪学仁

呼叫留言有电波，社交生意往来多。
是谁腰里蛐蛐叫，满屋低头各自摸。

当时兴起的BP机，又叫电蛐蛐。后来手机发展，现已淘汰。

老洪的镜头还照到那个时期的市民们广泛开展的"甩手疗法"的健身活动。

坚持锻炼扫沉疴，不再烦心闹病魔。
抖臂振衣习妙法，满街甩手"大爷"多！

段评：老夫也参加过，哪敢当"大爷"！只是当过两天"掌柜"而已！老北京也有"甩手掌柜"的说法。

注水肉

洪学仁

胶管粗缸灌不休，钱财暴敛善钻谋。
世间尽有源源水，敢叫一牛变两牛！

段评：同意老洪的慨叹：牲畜何辜，遭此荼毒？！据言世间有把牛吹死的，现在又来了"灌"的刑法。

竹枝词幽默风趣的格调，《北京诗苑》主编石理俊先生在2007年北京诗词学会编写的《竹枝词新唱》的后记中，从创作方法上举出八种艺术上构思：（一）充满诗意的夸张；（二）典型性的细节；（三）善意的俏皮话；（四）鲜明的对比、衬托；（五）别出心裁的打岔；（六）有趣的"误会"；（七）谚语或名言的"点化"；（八）借古事说今事。

以上八种都可以作为学习和继承竹枝词幽默风趣格调的参考。

与幽默风趣格调相关的是竹枝词诗体的写作章法。

竹枝词的诗体以七言四句为常用。它也和写文章一样按起、承、转、合的章法来组建。

第一句是起，开头，是一首诗的开场，是全诗的立意。第二句是承，是第一句的补充、深化；第三句是转，为第四句做铺垫，准备，作引线的；第四句是合，合是一首诗的综合提高，是全诗的亮点和最高境界。凡是有写诗经验的人，都要全力营造这第四句，让它出彩。如果这一句"营造"得平平，这首诗也就平平了。古今诗歌流传下来的经久不衰的名句多出在第四句上，竹枝词也是如此。比如，有一首旧时的竹枝词：

> 临湖门外是侬家，郎若闲时来吃茶；
> 黄土筑墙茅盖屋，门前一树紫金花。

诗写得明白如话，第四句一出，光彩照人，余音袅袅，是竹枝本色。

> 健儿拥护出京都，鹤子梅妻又橘奴；
> 都道相公移眷属，原来小事不糊涂。

这是清末八国联军进北京时一些清廷高官携眷逃出京城的情形，出自当时的《都门纪变百首》竹枝词。

> 包得馄饨味胜长，馅融春韭嚼来香。
> 汤清润吻休嫌淡，咽后方知滋味长。

旧京风味小吃致美斋的馄饨。

北京银狐洞钟乳石景观《吐鲁番葡萄》

> 新疆葡萄大又圆，香飘四海到房山。
> 此日安家银狐洞，只可参观不解馋！

导游员绝好的导游词。

新编《琵琶行》

林崇增

曲曲琵琶醉未休，画船小蜜兴悠悠。
年来见否浔阳上，湿透青衫都是油！

白居易如果活着，看了是啥滋味？！

二、要在"新"字上作文章

为在新的时代推动竹枝词的复兴和发展，北京诗词学会的会刊《北京诗苑》上添了一个新栏目叫《竹枝新唱》。石理俊先生写了一篇文章叫《新从何来》，文章说："竹枝新唱，核心是新。创新是诗歌的魅力所在，是诗歌的生命。"竹枝"同样要求新意、新象、新词，抒写人物的新风采，反映时代的新风貌"。怎样才能写出"新意"来，要靠"创新"。我们这些年在创新上费了不少力，也出了不少成果。现在的问题是有一部分竹枝词"新"得"浅"，新得不"鲜活"、还不够"亮丽"，缺少"魅力"，引不起观者的"注目"。我们还要从体验生活和多思考上下功夫。要在"诗外"多观察，在"诗内"勤动脑，多"推敲"。一定要写出"新意"来。石老在文章中讲了对客观事物的认识过程。他写道"从触发到感悟，是形象思维和逻辑思维统一作用的过程。在形象思维时也进行分析、综合、判断和推理"。我认为说得很好。毛泽东在"人的认识是从哪里来的"这篇文章中从哲学上讲认识论，从感性认识达到理性认识，这个认识过程是个认识加工制作过程，即"去粗取精、去伪存真，由表及里，由此及彼"的加工制作过程。在形象思维过程，则是经过联想和想象。

我的体会，人在形象思维和抽象思维的过程，首先有对客观事物的"感触"、"感想"，然后到达"感悟"，这几个阶段实际上都是"加工"的过程。应该说，在最早的"感触"时就有了"灵感"发生，即所说的"思想火花"、"亮点"的"闪念"。直到有了"感悟"，达到"灵感"的成熟阶段。对于灵感的有无，过去认识不统一，现在逐渐统一。著名科学家钱学森曾提出："应该把灵感看作是与形象思维、抽象思维具有同等意义的一种基本思维活动，加以认真研究，提倡建立"灵感学"。人类有所创造、有所发明，都离不开灵感思维"。

写诗也是如此。我们写诗，有些人刚刚有了"感触"，还没有进行"深加工"，就挥毫动手完成了大作，结果常常是半生不熟，食之无味，弃之可惜。我很欣赏有些诗友，当有了"灵感"，先记下来作为可贵的"诗料"。信息库，尤其是我们年纪大的老同志更需要。正像一位军队老同志赵秋立同志的诗中所写的："衰毛老眼恋诗情，默记平平仄仄平，梦里依稀得警句，翻身寻笔暗摸灯"。

怎样才能悟出新意，石理俊老先生还列出单子：一是靠联想和想象；二是靠对社会现象的深思；三是要注意反向思维；四是要求对新事物的敏感；五是要做求异思维。排除前人、今人已写过的旧意，寻找未被写过的新意。其中，对新时代新鲜事物保持敏感，要多讲几句。改革开放以来，新事物层出不穷。许多新事物都具有鲜明的时代特征，是褒是讽，须要进行细心的观察和选择。洪学仁、白钢《北京新生活竹枝词》，写进许多新出现的事物，具有鲜明的时代特征。如《博客》："按键轻弹处处通，交流表露兴无穷。世间网友千千万，个性张扬博客中"。书中还写了追星、蹦迪、网恋、泡吧、街舞、忽悠、股民等等。

三、要坚持竹枝词雅俗共赏的传统

竹枝词是由民歌中脱化出来的诗体。民间的口语、俚语、普通话皆可入诗，且极少用典，读起来朗朗上口、雅俗共赏。清代王士禛有一段话说："竹枝稍以文语缘诸俚俗，若大加文藻，则非本色矣。"说得很好，这是竹枝词的一大特色。雅俗共赏，其实就是说社会上有文化的人和普通百姓都喜欢看，不是俗赏雅不赏，更不是雅赏俗不赏。对雅俗共赏，前一段《北京诗苑》上特别刊登了朱自清先生写的文章，就叫《雅俗共赏》，写得很好，希望诗友们认真看一看。

要达到雅俗共赏，诗的语言要鲜活。语言鲜活，才能吸引人去看。如果诗中大量的经常的使用报章语、官场话、公文语，就吸引不了人。语言的鲜活，主要应从生活中的话语和语汇中提炼，千万不要自造只有自己明白别人不明白的语句。

下面，我们举一些写得比较好的竹枝词的语言运用。

农民夜校

李大安

新月含羞柳上藏，农民技校夜辉煌。
阿娇卖菜归来晚，一嘴馒头进课堂。

村　居

李　夏

村南村北起炊烟，一抹夕阳山外边。
谁个楼台横玉笛，数声吹出月弯弯。

迎春花

王文华

姑娘生性好争先，严冬未尽展娇颜。
千万瑶花犹未醒，独独小妮我占先。

天坛公园回音壁

王文华

一个西来一个东，两人对话听得清。

古人没有手机巧，垒道砖墙也传情。

当然，在语言上那些已经过时的"陈词"在新的时期已经被一些新语词代替了，就尽量不要再用了。如"灯下"无须写成"红烛"，军旅诗中的吴钩、铁衣也早已淘汰了。但是，历代诗词中一些名句，名言、成语，至今仍然有生命力的，或诗化的语言应该继续使用的，不能统统丢弃，竹枝词的写作也须雅俗相融、浑然一体。

说到底，诗是运用语言的艺术。语言的功底是写诗的基本功底。根据个人体会，一个是背诵，是自古以来行之有效的基本功。包括美文、美的古典诗词、现代的白话诗；再一个是积累，兜里要常装个小本子，好的美文、美诗、美句，个人的新体会，都可以随时记下来。在你需要的时候，常常成为自己的"锦囊"。

四、保持诗后加注和创作组诗的传统

广为纪事，为竹枝词重要特点。诗后加注，使诗与注珠联璧合，既有文学价值，又有社会历史价值，鉴古资今，十分可贵。

竹枝词作为一种诗体，由于它形式短小，一般为七言

四句，对重大题材，宏大场景，难于表现，在历史上常以
"组诗"出现。如《都门纪变百咏》（为记载清末八国联
军进北京的纪实竹枝词）、《百戏竹枝词》、《燕台竹枝
词》（20首）等等。近些年，北京诗词学会组织部分诗友
出版了《全聚德竹枝词一百首》等。

最后，我要强调的一点是，我们提出的提高竹枝词作
品的质量，是以按竹枝词的民歌体特色，来更好地使它表
现时代精神，反映社会生活的方方面面。不是要求按格律
诗七言"绝句"的要求来提高，那就等于取消竹枝词了。
杨金亭先生曾说："竹枝词和七言绝句之间，虽然有艺术
上的姻缘，但却是两个各自独立的诗歌文本。前者是文人
在民歌基础上创造出的歌谣体诗歌；后者是文人创造的格
律体诗歌"。

我今天讲的四点提高竹枝词作品质量，正是从竹枝词
作为歌谣体诗歌的本色出发提出来的。

还有一点要说明的是，我在2008年中华诗词学会22
次学术讨论会上所作的发言《竹枝薪火亮京华》最后一段
所说的话："以上是北京诗词学会根据广大会员学诗写诗
的要求，对中华传统诗词如何融入当今社会，走向大众的
道路上，以'竹枝词'为'切入点'，取得的一些初步效
果。当然，这决不认为只是'竹枝词'能够'切入'，其
他诗体概莫能行。我们几千年泱泱诗国，源远流长，诗体
繁多，精彩纷呈，在庞大而丰富的诗歌遗产宝库中，自当
百花齐放，宜人宜时宜式，各有千秋而已"。

漫话竹枝词

竹枝词的产生和发展概述

竹枝，原是我国古老的民间歌舞，有说从晋代就有了。白居易诗中有："幽咽新芦管，凄凉古竹枝。"从民间歌舞演变为文人诗体，一般认为是从中唐的刘禹锡开始的[①]。

刘禹锡是唐代与白居易齐名的大诗人，字梦得。据刘禹锡《竹枝词九首并引》中说，刘在长庆二年（822年）任夔州刺史时，这年正月来到建平（今巫山县），见到民间唱联歌《竹枝》，吹短笛击鼓，边唱边舞，以"曲多为贤"，带有赛歌性质。引起他浓厚的兴趣，于是就依照屈原九歌作了竹枝新词九章，"卑善歌者飏之"，实际是为当时民间的竹枝歌舞配的新词。

刘禹锡不仅作了新词，还学会了唱竹枝，而且唱得很好。他的老友白居易在《忆梦得》诗中称："梦得能唱竹枝，听者愁绝"，诗中有"几时红烛下，闻唱竹枝歌"之句。他还带着自己作的新词到民间去，"教里中儿歌之"。可见刘禹锡对竹枝词的挚爱之情。他的竹枝词由于具有鲜明的民间歌谣格调，又有浓郁的生活气息，很快传播开来。后来当他离开夔州与当地官吏告别时，写了一

---

①据《全唐诗》，在刘禹锡之前有顾况，写过一首竹枝曲（或词）："帝子苍梧去不归，洞庭叶下楚云飞。巴人夜唱竹枝后，肠断晓猿声渐稀。"顾况比刘禹锡早约七十年。

首《别夔州官吏》的诗，再次提到他的九首竹枝词，说："惟有'九歌'辞数首，里中留与赛蛮神"。意思是说虽然那九首诗中没有祀神的内容，但希望能以这些新词来代替那些旧词来唱。后来，《旧唐书》中说："武陵溪洞间夷歌，率多禹锡之辞也。"武陵地区也是巴人居地，夷歌，当指巴人歌舞。

刘禹锡的老友白居易也喜欢竹枝词并写竹枝词。其后的李涉、皇甫松、孙光宪等都有竹枝词作品。唐代刘、白倡导，对后代影响很大。如北宋时期黄庭坚称赞刘禹锡的竹枝词说："刘梦得竹枝歌九章，词意高妙，元和间诚可以独步，道风俗而不俚，追古昔而不愧。"他还向苏轼推荐，当他诵读完第一首后，苏轼惊奇地叹道："此奔轶绝尘，不可追也。"北宋时苏轼、苏辙、黄庭坚都写过竹枝词。

及至南宋的范成大、杨万里、汪元量等也喜欢写竹枝词。尤其杨万里可说是位竹枝词大家。他的诗风深受民歌影响，写过多首竹枝词。他说每次写完后都给友人尤延之（即尤袤，南宋四大家之一）看，"延之必击节"以为有刘梦得之味。陆游也极赞赏杨万里的诗，有诗云："飞卿数阕嶰南曲，不许刘郎夸竹枝。四百年来无复继，如今始有此翁诗。"其实陆游有些诗篇也受竹枝的影响。清翁方纲说陆游的《荆州歌》七古"俨然竹枝"。

唐、宋时期民间唱竹枝歌有两种形式：一种叫野唱，是群众性的演唱，或祀神集会，或节令会，或联唱竞赛等；还有一种叫精唱，由专业性歌者，名"竹枝娘"，在宴会、教坊间演唱。这种演唱一直到宋代还有记载。据邵伯《闻见后录》记载："夔州营妓为喻迪孺扣铜盘，歌刘尚书竹枝词九解，尚有当时含思宛转之艳。"又据胡仔《苕溪渔隐丛话》中说"余当夜行苕溪，闻舟人唱渔歌，歌中有此后两句，余皆杂俚语，岂非梦得之词自巴渝传至此乎？"苕溪是浙江河流，入于太湖。渔歌中的后两句，指刘词中"东边日出西边雨，道是无晴却有晴"。

元代诗人杨维桢对竹枝词的发展有重大贡献。正如王士祯所说："梦得后工此体者，无如杨廉夫，虞伯生。"杨廉夫，即杨维桢，虞伯生，即虞集，都是元代的重要诗人。杨维桢（1296-1370）字廉夫，号铁崖，浙江诸暨人。元泰定四年（1327年）进士。曾任天台尹、儒学提举等职。他为官有政绩，注意民间疾苦，写过一批民谣化的诗歌。他于元至正初年作了九首西湖竹枝词，尔后竟有一百多人唱和。几年后，于至正八年（1348年）杨将120人的唱和竹枝词180首，经过逐一评点，编成《西湖竹枝集》出版。杨维桢成为我国诗歌史上第一个将竹枝词辑成专集的诗人，而且是一部极富地域性色调特征的诗人集体作品集。无疑，这两个开端，对竹枝词创作是个极大的推动，可以说具有里程碑的意义。尔后，相继出现以表现各地风土人情市井习俗冠以本地地名的竹枝词专集，极大地拓宽了竹枝词的写作领域。

元、明以来，许多文人学士写竹枝词。比较有影响的元代如虞集（伯生）、倪瓒、马祖常等。明代有李东阳、杨升庵、徐渭、袁宏道等。

清初，康熙年间的诗人王士祯（1634-1711）对竹枝词情有独钟。他每到一地都要写几首竹枝词，如《都下竹枝词》、《汉嘉竹枝词》、《江阳竹枝词》、《邓尉竹枝词》等等。可以说是位写旅游诗的大家。主"神韵"说，主张诗歌要"兴会神到"，讲究含蓄蕴藉，富有情趣。他在一首讲自己诗风渊源的诗中写道："曾听巴渝里社词，三闾哀怨此中遗。诗情合在空舲峡，冷雁哀猿和竹枝。"诗中写的三闾，是指屈原，空舲峡是三峡中的险峡之一。从整个诗中可以看出竹枝词对他诗风的影响。王士祯在康熙年间主持诗坛数十年，号渔洋山人，门生满天下，他主倡的诗风在清代很有影响。他对竹枝词既有个人创作，也有理论指导，所以钱大昕说："王贻上仿其体，一时争效之。"

有清一代，竹枝词有了很大发展。康熙时期的朱彝尊、高士奇、查慎行等都有佳作。文人唱和之风尤盛。如孔尚任（《桃花扇传奇》作者）在康熙三十一年（1693年）与袁启旭等九人，在燕九节这一天同游白云观，回来后在同行陈健夫家中以庾信"结客少年场，春风满路香"为韵各作十首竹枝词，共得九十首，记述了白云观庙会的各种场景。（见《清代北京竹枝词》）。到乾隆时期，连乾隆皇帝也作起竹枝词来，他写有《荔枝效竹枝词》三首。这在历代帝王中是仅见的。清代中、晚期作者日众，上至达官，下至小吏，中、小知识分子。由于社会急剧变化，朝廷腐败，外国侵略，内忧外患，民不聊生，引起广大知识阶层的愤懑，纷纷拿起笔来，以竹枝词为体，"或抒过眼之繁华，或溯赏心之乐事"，"运龙蛇于掌上，抒块垒于胸中"。"借眼前之闻见，抒胸际之牢愁"。写作题材越来越广泛，从记风土、写恋情，涉猎到社会生活的各个方面，包括重大历史事件都纷纷入诗。在地域上从通都大邑到部分省区、少数民族地区，甚至华人所在的域外诸国也有作品出现。如郁达夫有《日本竹枝词》、郭则沄有《江户竹枝词》、潘飞声《柏林竹枝词》，还有《伦敦竹枝词》、《海外竹枝词》等等。

这里值得提及的是，明、清小说的兴起，对竹枝词的普及和发展有重大影响。明、清小说多是用当时的白话写的小说。冯梦龙说："语到通俗方传远"。他的小说中大量引用诗词（包括竹枝词）作铺垫，这些诗词多以俗语白话或民间歌谣入诗，许多诗带有竹枝味，他本人曾收集过大量的民间歌谣，编纂《挂枝儿》、《山歌》等民歌集。可以说冯梦龙自己就是位写竹枝词的大家。还有清末的黄遵宪、梁启超等发动"诗界革命"，主张"我手写我口"以白话入诗，有不少人倡导向民间采访，吸取民歌入诗，也给竹枝词的发展起了推波助澜的作用。总之，据竹枝词研究家们估计，从唐至清末，竹枝词作品至少在十万首以上，比全唐诗总和还多。

竹枝词的三种类型

从刘禹锡创制竹枝新词，经过一千多年的发展演变，从总的发展脉络看，大体可分为三种类型：

一是由文人收集整理的民间歌谣，基本上保持了民歌的原型。所谓"宁俚而真，勿宁文而赝也。"包括冠以"山歌""棹歌""杨柳枝"等等名目，选家们多纳入竹枝词的范围。

比如，据宋代诗人杨万里竹枝词小序中记载：有一次他坐船经过江苏丹阳，见到"舟人与纤夫终夕有声。……盖吟讴啸谑，以相其劳者。其辞亦略可辩。有云：张哥哥，李哥哥，大家着力一齐拖。"又云："一休休，二休休，月子弯弯照九州。"其声凄婉，一唱众和，因檃栝之为"竹枝"云："月子弯弯照九州，几家欢乐几家愁。愁煞人来关月事，得休休处且休休。"

后来，到了明代冯梦龙辑宋人话本《京本通俗小说》载了一首宋建炎年间的《吴歌》称："月子弯弯照九州，几家欢乐几家愁。几多夫妻共罗帐，几多飘零在他州。"至今还在流传。

冯梦龙还整理出一首民间山歌。原歌词是"约郎约到月上时，那了月上仔山头弗见渠。咦弗知奴处山高月上早？咦弗知郎处山低月上迟？"冯梦龙对于这首山歌中的土语方言作了剪理，去掉了"那了"（怎么），"咦"（唉呦），"弗知"（是否）。就变成一首绝妙的竹枝词："约郎约到月上时，月上山头弗见渠。奴处山高月上早，郎处山低月上迟？"

清末黄遵宪在他《山歌》小序中也写了他采集民歌的情况："土俗好为歌，男女赠答，颇有《子夜》、《读曲》遗意，采其能笔于书者，得数首。"现录二首：（一）人人要结后生缘，侬只今生结目前。一十二时不离别，郎行郎坐总随肩。（二）一家女儿做新娘，十家女儿看镜光。街头铜鼓声声打，打着心中只说郎。

二是由文人汲取民间歌谣的营养创作出带有民歌色彩和浓郁生活气息的竹枝诗体。所谓"似俗似雅","得竹枝之体"者。这部分诗在竹枝词里占有很大部分。诗之所及，绘风列俗，美刺兼备，寄兴含毫，万象皆陈。涉及的深度和广度，都是其他诗体所不及的。显示出竹枝词诗体广泛的社会性和强烈的人民性，出现了众多的优秀作者和诗篇。

像描摹地方景物方面，如明杨升庵夔州竹枝词九首，诗家评为"与刘禹锡异时同工"之妙。如"夔州府城白帝西，家家楼阁层层梯。冬雪下来不到地，春水生时与树齐。"又如："最高峰顶有人家，冬种蔓青春采茶。长笑江头来往客，冷风寒雨宿天涯。"描绘三峡风物写得非常真切自然。

元代杨维桢编《西湖竹枝集》，爱情诗为多，有些诗传诵于杭州里巷间。元代大画家倪赞极为赞赏。他说曾在暮春时节到濒湖诸山远眺，"见其浦溆沿洄，云气出没，慨然有感于中，欲托之音调，以申其悲叹，久未能成章也"。可是当他看到《西湖竹枝集》后，却"为之心动，言宣为词"一连写出八首竹枝词来。比如："春愁如雪不能消，又见清明卖柳条。伤心玉照堂前月，空照钱塘夜夜潮。"又如："心愿嫁郎郎不归，不及江湖不失期。踏尽白莲根无藕，打破蜘蛛枉费丝。"谐音比兴，极为佳妙。

历代竹枝词中有许多反映劳动人民的艰苦劳动和苦难生活的优秀诗作。如杨万里的《石矶竹枝词》："大矶愁似小矶愁，篙稍宽时船即流。撑得篙头都是血，一矶又复在前头。"明代著名诗人袁宏道深刻地揭露农村地方官吏的恶行："雪里山茶取次红，白头孀妇哭春风。自从貂虎横行后，十室金钱九室空。"清代郑板桥，诗书画三绝。他在潍县当知县时作了40首竹枝词，道尽民间生活疾苦。

清代乾隆时期杨米人写《都门竹枝词》百首。描写乾隆盛世时期北京的官场世态、豪门商贾、百态人情，评者说好像现代的漫画一样，寥寥数笔，勾画维肖，非常生动。其后嘉庆年间得硕亭作《草珠一串》108首，明确提出"竹枝之作，所以纪风土，讽时尚也。"他还说："然于嬉笑讥讽之中，亦必具感发惩创之意。故诽词谑语，皆堪藉以生情，即巷议街谈，不妨引以为证。志在移风易俗，聊为遒铎鼓箴"。为竹枝词写作开拓出更加广阔的场景。如写京城衙署如林，冗员庸吏不及备载情形："衙署如林认弗全，缙绅未载数千员。就中岂乏丝纶选，不尽庸庸费俸钱"。还有许多官吏兼做生意，官商结合"赫赫声名各各行，高车驷马也经商"、"人参古玩好生涯，交换无非仕宦家"、"缎号银楼也快哉，但能管事即生财"。再现了二百年前腐败政治一斑。

三是运用竹枝格调写的七言绝句，冠以"竹枝词"或"效竹枝体"，全依绝句格律写出，可以说是带竹枝味儿的七言绝句。如有一首写北京天宁寺的竹枝词：

城南古寺溯前朝，旧迹模糊付寂寥。
剩有塔铃风自语，似将遗事话金辽。

诗以平水韵下平声二萧做韵脚，平仄、粘对都是绝句

格律。又如，

> 神女峰前江水深，襄王此地几沉吟。
> 晔花温玉朝朝态，翠壁丹枫夜夜心。

　　这是明代诗人杨慎的《三峡竹枝词》中的一首。格律工整，以典入诗。"晔花温玉"，出自《神女赋》"晔兮如花，温乎如玉。"晔，是光亮的意思。竹枝词里引用了典故，此为一例。再如，写北京后海新月的竹枝词：

> 暮色苍茫万柳间，波平如镜照诸天。
> 嫦娥不耐蟾宫寂，悄向人间画远山。

　　诗以嫦娥奔月的故事，把描绘卓文君"眉色如望远山"借过来说嫦娥不甘寂寞，悄悄向人间描自己的秀眉。以此形容后海新月之美。

　　从以上三种类型的竹枝词考察，早期竹枝词是从刘禹锡创制的模式沿袭下来，主要表现为民间恋歌和劳动歌谣内容，具有浓郁民歌色彩，歌舞曲与词联在一起，在格律上与曲调相谐和，与绝句诗不同步。宋元以后竹枝词脱离了歌舞曲，独立行诗，许多竹枝词作者写成拗体七言绝句。诗词选家们把竹枝词列入绝句的一种诗体，与绝句就更难区分了。这大概也算是随着时代潮流的变革吧！

竹枝词的四大特色

　　关于竹枝词的特色，我曾在一篇文章中概括为"四易"，即易学、易懂、易写、易流传。这是从学习和阅读方面讲的。如果从内容、形式及艺术表现手法来研究分析，可以概括为以下几点：

（一）语言流畅，通俗易懂

竹枝词是由民歌蜕化出来的，民间的口语、俚语皆可入诗，且极少用典，读起来朗朗上口，雅俗共赏。清代记录王士祯《师友诗传录》中有一段话："竹枝稍以文语缘诸俚俗，若太加文藻，则非本色矣"。说得很对，这是竹枝词的一大特色。正是由于在竹枝词里用了大量口语、俚语和地方乡音，读起来具有浓厚的乡土风味和生活气息。

王士祯的这几句话很重要。一是"稍以文语"，文语，即文雅之词；缘诸，即围绕俚俗，用现在的话说，就是"以俗出雅"，或者说用俗语、口语而出雅妙者。王士祯不主张"太加文藻"，如果这样就失去竹枝词的本色了。比如有首《湖州竹枝词》："临湖门外是侬家，郎若闲时来吃茶。黄土筑墙茅盖屋，门前一树紫荆花。"完全以口头常语，眼前景物，自然而出于雅妙。给人以弦外之音，语淡而情深的感觉。诗家评论说："竟是白话，此竹枝最胜"。又如当代北京竹枝词："沧桑十载革新潮，古老京都旧貌消。借问前门京味叟，您知哪儿是天桥？"（郑直）用俗语、老北京话而自然感人，写出京城面貌的重大变化。

在中国诗歌史上，历来有人不赞成诗中有俗语、俚语出现。严羽《沧浪诗话》中说："学诗，先除五俗：一曰俗体，二曰俗意，三曰俗句，四曰俗字，五曰俗韵。"宋代朱熹也说过："要使方寸之中无一字世俗言语意思。"

清人著作中提出过诗有八病五忌之说。五忌中的第二忌就是忌字俗。说"字俗则诗不清，故下字须典雅而有来历。"竹枝词则相反，正是以容俗为特色的。主张用俗语而自然感人者，用俗语而雅妙者，达到俗中寓雅，雅俗共赏。正如清代著名竹枝词作家杨米人所言："诗能容俗尤风雅，笔已惊天况鬼神。"历代许多优秀的竹枝词恰恰是淡语中有味，浅语中有情，俗语中含雅。

有人问，竹枝词与绝句有何区别？我认为首先应从融俗上去把握。竹枝词的语言应是明白易懂，俗语、俚语、日常语、歇后语均可入诗。但不是一味的俗，要俗中寓雅。要把俗语、俚语经过一番选择、提炼消化功夫，与整个诗的意境相融合，而不是生搬硬造塞进诗里的语言。

（二）格律较宽，束缚较少

民歌作者不太懂诗韵的规范。民间歌舞中的歌词都是与当时当地日常生活中的语言和曲调音律相适应的。因此，民间竹枝与诗词中的格律不完全相同，是两码事。所以，如果按律绝诗体要求，刘禹锡的九首竹枝词，没有一首是符合格律规范的。比如，刘词第一首：

> 白帝城头春草生，白盐山下蜀江清。
> 南人上来歌一曲，北人莫上动乡情。

诗中第三句第四字用平声，第六字用仄声；第四句中第二字用平声，第六字用平声均不合格律。第二首云：

> 山桃红花满上头，蜀江春水拍山流。

花红易衰似郎意，水流无限似侬愁。

诗中的一、二、三、四句起头都用平声字不合格律。依此类推，以下七首都不合格律。白居易的四首竹枝词也有一首不合格律的。

这种不拘格律的现象，从刘、白开始，后人接踵，世代承袭下来。近人在考证竹枝词的格律时认为竹枝词"以民歌拗体为常体"，以绝句为"别体"（任半塘《竹枝考》）。拗体，即指不按律、绝体的平仄规范的诗体。清代万澍说：竹枝，"为拗体七言绝句"。清人宋长白《柳亭诗话》也说："竹枝，人多作拗体。"明代董文焕《声调四谱图说》云："至竹枝词，……其格非古非律，半杂歌谣。平仄之法，在拗、律之间，不得全用古体。若天籁所至，则又不尽拘泥也。"可见，竹枝词的拗体特色，成为与七绝诗体的重要区别之一。这种特色，给了它广泛流传发展的便利条件。由于格律较自由，束缚较少，作者易于掌握，所以有广大的写作队伍。

至于竹枝词的韵脚，大量作品沿用平声韵（平平仄平）。这也是从民歌沿袭下来的。但也有押仄声韵的。如苏轼在忠州作的九首竹枝词有平有仄。其咏项羽的一首云："横行天下竟何事，弃马乌江马垂涕。项王已死无故人，首入汉庭身委地"。事、涕、地皆为仄声韵。

从诗式上看，竹枝词以七言四句为常体，但也有五言四句的"变体"，如宋代贺铸有《变竹枝》九首，为五言四句。清袁枚有《西湖小竹枝词》五首，均为五言。其一云：

妾在湖上居，郎在城中宿。

半夜念郎寒，始觉城门恶。

纵观竹枝词的格律变化，早期的作品由于歌舞曲和词没有脱离，歌词的格律较自由。但元、明以后词与曲逐渐脱离后，词的格律即向七言绝句发展，清代时大部分成为用白话写的七言绝句，民歌风味已减。笔者认为，初学者应懂得格律，不懂格律写竹枝词，往往写成顺口溜，油滑肤浅，俗而伤雅；但又不能拘于格律，硬按格律要求填塞，成为"格律溜"，亦不可取。

（三）格调明快，诙谐风趣

大凡竹枝词，不论出自南方或北方，也不论是汉民族或少数民族，几乎都带有这种格调。成为竹枝词极其重要的艺术特色，也是与其他诗体（包括绝句）的重要区别之一。

清王士祯云："竹枝词'大抵以风趣为之，与绝句迥别。'"清人杨静亭在《都门杂咏》的序中说："思竹枝取义，必于嬉笑之语，隐寓箴规，游戏之谈，默存讽谏。"明人颜继祖在《秣陵竹枝词》的序言中也说：竹枝词"能以嬉笑代怒骂，以诙谐发郁勃，昔人所云善戏谑而不为虐也。"就是说以幽默轻松的格调表达丰富深邃的思想感情。的确如此。竹枝词的优秀之作，往往于风趣中见神韵，于诙谐中隐美刺，于诮逗中寓真情，形成唯竹枝特有的"竹枝味儿"。

比如，《清代竹枝词》有一首写北京六国饭店的。该饭店即今国际饭店前身，清末建造。云：

海外珍奇费客猜，两洋风味一家开。

外朋座上无多少，红顶花翎日日来。

红顶花翎指清代官吏，诗中说这座外国风味的饭店，珍馐异馔，都叫不出名字。然而外国客人却来得很少，清廷大吏们倒天天来。辛辣地讽刺清廷的腐败。

庚子义和团事变，八国联军侵入北京，清廷大吏们纷纷携眷逃出城外。有一首竹枝词写了这种场面：

健儿拥护出京都，鹤子梅妻又橘奴。

都道相公移眷属，原来小事不糊涂。

"大事不糊涂"改成"小事不糊涂"，就把只顾家不顾百姓，只想个人安危，不管国家兴亡的清廷官吏的嘴脸，刻画得一览无余。

竹枝词反映的社会各个层面的生活，有不少写得极风趣。《西湖竹枝词》有一首写男女恋情的：

又道芙蓉胜妾容，都将妾貌比芙蓉。

如何昨日郎经过，不看芙蓉只看侬。

诗中以姑娘的口吻问自己心爱的人说："你不是说芙蓉比我漂亮么，那为什么昨天经过这里时，你只瞧着我而不看芙蓉呢？！"芙蓉，即荷花。两个热恋中的情人互相逗情的心态写得十分真实生动，极有风趣。《北京清代竹枝词》有一首写北京致美斋风味小吃的：

包得馄饨味胜常，馅融春韭嚼来香。

汤清润吻休嫌淡，咽后方知滋味长。

把致美斋馄饨之好，写得有滋有味，幽默俏皮，令人垂涎。

古人云："诗用意要精深，下语要平淡。"竹枝词正是在诙谐风趣之中，化精深入平淡，达到深入浅出的境界。从而使它独具魅力，成为历代诗人学习和追求的目标。

（四）广为纪事，以诗存史

诗与史相结合，是我国诗歌的优良传统。竹枝词缘于纪事，举凡风土民情、山川形胜、社会百业、时尚风俗、历史纪变等等皆可入诗。涉及到政治、经济、社会、历史、文化等诸多领域。可以认为，竹枝词所反映的各个历史年代的社会生活层面，无论从广度和深度来说，都是其他诗体所不能比拟的。竹枝词使诗词的功能得到了广阔的开拓，同时，也保存了大量有价值的第一手史料。

在这里特别应提到竹枝词一向有注文的传统。每首诗后常加小注，用简明的文字注释诗的内容，既可加深对诗的理解，也是对诗的补充。历史学、社会学研究者们，常常发现在正史里记载简略，或没有记载的，却往往从竹枝词里找到重要史料。那些简明注文与优美的诗歌，相互印证，相互呼应，达到相得益彰的地步。

比如，《清代北京竹枝词》里有一篇《都门纪变百咏》，是当时住在北京的两个外地人目睹义和团进京和八国联军侵略京城的情形而写出的。《纪变百咏》每首诗后都有注文，文字简洁，生动具体，实为一篇庚子京师目睹记，成为史料翔实的历史见证。

又如，清末宣统二年（1910年）四月，长沙出现抢米风潮。当时由于米价暴涨，百姓齐集巡抚衙门要求平抑粮价，官军开枪，死伤多人，愤怒的群众放火烧了衙门，湖南巡抚逃跑。这次风潮，给予濒临危亡的清政府很大打击，第二年辛亥革命，满清政府垮台。近人杨世骥编《辛亥革命前后湖南史事》中收入了当时人写的74首竹枝词记其事。其中一首云：

> 鸿飞中泽起哀鸣，抚慰无言巢不平。
>
> 百姓只缘官逼乱，新军弹压动枪声。

诗后注云："军队抽枪上刺刀，戳伤数十人，众拆照墙砖块抛掷，岑抚下令开枪，一时哭声震天"。作者愤怒地道出这次事变是官逼民反。

清末苏曼殊在他的小说《断鸿零雁记》里留下七首《捐官竹枝词》，是揭露清廷腐败吏治的。清末有一种制度，凡是为赈灾、河工、军需捐款的都可给官做，谁捐的钱多，谁就可以做大官。实际上所捐的银钱都饱入上级官吏的私囊。如有一首写道：

> 工赈捐输价便宜，白银两百得同知。
>
> 官场逢我称司马，照壁凭他画大狮。

同知，是知府的辅佐官员，司马是对同知的尊称。得了同知，可在家门外的照壁上画狮子以做标示。

《捐官竹枝词》中还有："便宜此日称观察，五百光洋买得来。""一万白银能报效，灯笼马上换京卿。"等等。

　　明代万历年间邝庭瑞编《便民图纂》，前二卷绘有"务农"、"女红"图，按图又写出31首竹枝词，对明中叶江南农村的农桑劳作习俗、农桑技术、农民苦辛，都写得生动细致，一幅幅农村百景跃然纸上。诗家评论说"与山歌、田唱密迩，愈得竹枝体制之正。"

竹枝词的艺术表现方法

　　竹枝词作为一种诗体，在创作方法上，与其他诗歌的创作方法基本相同。比如运用形象思维，强调意境、意象，等等。但是，竹枝词在长期发展过程中也形成了自己经常运用的艺术表现手法，现举出以下几种：

　　（一）白描方法

　　什么是白描？有人以为只要心中所想，口中所言，信手写来，不施描绘，就叫白描。其实这是误解。白描这种艺术表现方法，原是绘画上的方法，后移至诗歌方面。所谓白描，就是抓住描写物象的主要特征，不加渲染和烘托，用简练的笔墨刻画出鲜明生动的形象。竹枝词多为纪事体，在叙述上大量运用这种方法，以简练明快的语言，成功地描绘出千姿百态的社会万象。有一首旧时北京过春节的竹枝词：

　　　　雪亮玻璃窗洞圆，香花爆竹霸王鞭。
　　　　太平鼓打咚咚响，红线穿成压岁钱。

　　　　　　　　　　　（杨米人《都门竹枝词》）

仅仅四句，通过对北京过春节最具特征的民俗：放花、爆竹、霸王鞭、太平鼓、压岁钱，有声有色地表述出来，组成一幅十分生动热闹的老百姓过春节的场面。

用白描方法选拣物象的特征时，在文字表达上有时运用对话的方式，使诗中的形象更加鲜明、生动。又如，有一首用对话方式写江南农民饱受地主盘剥之苦的竹枝词：

> 黄豆满畦菱满湖，问君生计不须图？
> "黄豆先偿李家债，菱钱欲抵张家租。"

一位过路人看到田里的庄稼和菱角长得非常茂盛，问种田人说，这样好的庄稼，今年的生活大概不用发愁了吧！种田人答道："哪里！黄豆收了是还李家债的，菱角卖了是抵张家租的。"简练地问答，把农民们辛苦一年，尽被地主剥夺的悲惨状况全盘托出。再如，清人楮维垲写过一首京城人家吃水难的竹枝词，全用白描笔法绘出一幅民俗画。

> 驴车转水自城南，买向街头价熟谙。
> 还为持家参汲井，三分味苦七分甘。

诗下有小注："甜水从城外转运，价甚昂。省俭者苦水参半焉。"这种在京城过日子的用水习俗，恐怕现代人很难理解了。

（二）比、兴方法

比、兴是从《诗经》传下来的诗歌艺术表现手法。什么是比、兴？经典的解释，汉代学者郑玄提出："比者，以彼物比此物也。""兴者，先言他物以引起所咏之词也。"一般来讲，比，就是比喻，包括明喻和暗喻（或称隐喻）。兴，是起的意思，是从某一事物引发而出的内容，即触物起情，触景生情。比和兴通常联起来运用。比、兴方法对古典诗歌创作有深远影响，竹枝词里有大量作品运用比兴方法，通过对眼前景物环境的比、兴，可以更加抒发感情，丰富人物的内心世界，可以使形象更加鲜明，具体而微，增加诗的含蓄美，引发想象力。

竹枝词运用比兴可谓多姿多彩，有明喻、隐喻、谐音、拟人、运用歇后语等等。现举例如下：有一首《洞庭竹枝词》写道：

> 目断浮梁路几重，可怜家伴最高峰。
> 如何一个团圆月，半照行人半照侬！

丈夫远离家乡到浮梁去了，家住在山头上的少妇，望着一轮圆圆的明月，望月生情，想念起远去的丈夫。诗的后两句用比兴方法。诗中没有明写这位少妇如何如何想丈夫，而是见到团圆的月亮，引发出一种怨叹：为什么月亮能圆，而我和丈夫就不能团圆呢？月亮呵，为什么半个照着他，半个照着我呢？诗写得如怨如诉。

> 江上帆樯乱不齐，烟波望望妾心迷。
> 何如化做东江水，郎若东时侬不西。
>
> 　　　　　　　　　《巴人竹枝词》

> 侬住前溪独上楼，望郎遥隔后溪头。

何时化做溪中水，并入莺脰湖一处流。

《莺脰湖竹枝词》

题诗秋叶手新裁，好似阿侬红颊腮。
寄与钱塘江上水，早潮回去晚潮来。

以上几首都是以水为比、兴引发女主人思恋情人的竹枝词。其特点是：

一首是从望到江上的帆樯的乱不齐，引发少妇的心也迷乱了，进而更加思念远去的丈夫，心想如果能化作东江水，丈夫往东我决不向西！

二首是女住前溪，郎住后溪，女主人站在前溪楼上总也望不到自己心爱的人，引发出强烈的思念之情，什么时候能做溪中之水就好了，那时我们就可以流入莺脰湖聚会了。

第三首把思恋之情写得更加裸露，以钱塘江的潮水做比喻，企盼能"早潮回去晚潮来"与心爱的人相会。江水、溪水、潮水都是女主人的眼前景物，她们见景生情寄托她们对爱情的忠贞和企盼。

写男女之间的恋情，竹枝词特别能运用比兴方法表现女主人的心态，有劝、有嗔、有怨、有恨。如规劝心上人的"情郎莫似湖头水，城南城北随处流"嗔怨心上人的"郎身轻似江上蓬，昨日南风今北风。妾身重似七宝塔，南高峰对北高峰"。还有"恨妾如星圆处少，怨郎如月缺时多。""郎心如月有时黑，妾身如山无动时。"比喻得十分贴切，一往情深。

上述的比兴方法属于明喻，竹枝词里还用了大量谐音做隐喻。比如：

> 杨柳青青江水平，闻郎江上踏歌声。
> 东边日出西边雨，道是无情却有情。

　　这是古今传唱的一首刘禹锡的竹枝词，用晴的谐音暗喻"情"。大概这也是一首最早的谐音竹枝词，后人在写男女恋情上常常用这种方法表达，甚至将一些方言、歇后语也入了诗。如史鉴《雷泽竹枝词》有一首用歇后语的：

> 燕子来时雁北飞，留郎不住别郎悲。
> 小麦空头难见面，春蚕作茧自缠丝。

　　后两句可能都是当时当地的歇后语，比喻之精妙，令人感叹。以谐音比喻恋情的还有"无藕池塘难得藕，有霜时候不成霜"，藕为偶的谐音，霜为双的谐音。
　　在叠语回环中运用比兴，使感情更加浓重，情意更加挚笃，令人荡气回肠。如：

> 山川不朽仗英雄，浩气能排岱岳松。
> 岳少保同于少保，南高峰对北高峰。

《西湖竹枝词》

　　这是赞美岳飞和于谦两位民族英雄的竹枝词，把两位英雄比喻为泰岱松柏，比喻为南高峰与北高峰，令人肃然起敬。

　　（三）突出典型形象方法

突出典型形象是竹枝词表现方法之一。什么是典型形象呢？就是能反映物象本质而又具有鲜明生动的个性特征的艺术形象。这种表现手法，可以使诗的形象性更加鲜明突出，更富感染力。现举以下例证：

> 地安门外赏荷时，数里红莲映碧池。
> 好是天香楼上坐，酒阑人醉雨丝丝。
>
> 得硕亭《京都竹枝词》

这是一首在地安门外什刹海赏荷的竹枝词。旧时什刹海广种莲花，南至皇城，北至德胜门，一望数里。在莲池北岸有座有名的酒楼叫天香楼。诗中突出地描述在天香楼上饮酒赏荷的情景，用这种典型场景来表现赏荷的境界。那零雨丝丝，把连天荷叶洗得漫湖碧透；池荷绽露，在微风斜雨中映掩出点点珠光。在这个时候，如果坐在天香楼上边饮酒边赏荷，那是最美妙不过的了。这首竹枝词把大自然景色与诗人内心兴会融合一体，诗情画意，浑然天成。

> 凌风高阁俯城隈，人立城头眼界开。
> 最好夕阳红两岸，半江风送一帆来。
>
> 张芝田《梅州竹枝词》

这是一首站在广东梅州城楼上观赏梅江景色的竹枝词。诗人突出表现梅江在夕阳西照时的典型景物，斜辉返映，轻风帆影，烘托出梅州的一片迷人景色。

运用典型形象表现物象主要特征的方法，在历代文人写作中经常看到，现再举一些例证：

> 层层楼阁白如霜，夹道新荫拂绿杨。
> 最是浓春三月好，满城开放紫丁香。
>
> 潘飞声《柏林竹枝词》

> 乘舟二闸欲幽探，食小鱼汤味亦甘。
> 最是望东楼上好，桅樯烟雨似江南。
>
> 《清代北京竹枝词》

> 泽国烟波似画图，汀州处处长菇蒲。
> 就中最是难忘处，细雨斜风莺脰湖。
>
> 《莺脰湖竹枝词》

反映当代城市生活的竹枝词：

> 琳琅满目灿如霞，微笑迎宾态度佳。
> 何物于今销路好，美容霜与减肥茶。
>
> 白　钢

作者从两种商场中的典型商品，刻画出城市人民生活质量的不断提高，从温饱型向小康型过渡。

为了引出最有特征性的典型形象，常常在第三句，加重语词如"最是""好是""只今""记得""忆得"等等。

（四）表现动态方法

表现静态和动态都是诗词创作中的表现方法，而动态表现却常常成为诗歌中最具灵气的内容。动态，可以是物态的活动，心理的活动，意识的流动，等等。用一个动词却往往成为一首诗的"诗眼"所在。竹枝词亦是如此。历代竹枝词都有表现动态的佳作。如：

> 木棉花上鹧鸪啼，木棉花下牵郎衣。
> 欲行未行不忍别，落红没尽郎马蹄。
>
> 《广州竹枝词》

全诗在动态中写送郎远行的场景。鹧鸪啼、牵郎衣、花儿落、没马蹄都是动景。正是这种动景烘托出"不忍别"的离情别恨。在鹧鸪鸟啼叫声中，少女牵着郎衣不愿让走，依依不舍，总愿多待一会儿。时间一分一秒地过去，以至木棉树的落花把马蹄都淹没了。

> 花朝二月雨初晴，笑语相将北郭行。
> 折得湘桃刚一朵，小环偷压鬓边轻。
>
> 钱大昕《竹枝词六十首》

天真的姑娘们在花朝之期到郊外春游，艳丽的桃花惹得她们非常羡慕。刚刚摘下一朵，就偷偷压在自己鬓边。作者将这位小姑娘瞬间的动作和思春心态写得活灵活现，从而把春天的生意盎然烘托出来。

> 大营城里麦苗齐，饮马池边野雉啼。
> 连日南风春意足，豆花香到板桥西。
>
> 朱鼎镐、山风辉《芦浦竹枝词》

把"香"作为动词使用，使人一下子想象到板桥两边连片的豆花临风散布香气的田野风光。

学习写动态，要在炼意、炼句、炼字上下苦功夫。

学习和研究竹枝词的几点启示

近人马稚青在《竹枝词研究》中有一段话："'竹枝'原本巴渝俚音，夷歌番舞，绝少人注意及之。殆刘、白出，具正法眼，始见其含思宛转，有《淇澳》之艳音，乃从而传写之，抑制之，于是新词几曲，光芒大白，于文学史上别辟境界，其功绩诚不可没焉"。这种评价实不为过。学习和研究竹枝词，对今天来说有些什么意义和启示呢？个人拙见，略述一二。

一、竹枝词的发展史说明，向社会学习，向人民群众学习，向民歌学习是诗歌发展的根本道路。正如毛泽东同志在讲到诗歌的发展时所说："将来趋势，很可能从民歌中吸取养料和形式，发展成一套吸引广大读者的新体诗歌。"竹枝词从民间歌舞发展成一种新的文人诗体，雄辩地说明毛泽东同志讲得正确。应该说竹枝这种民间歌舞，早就在巴蜀民间流传了，但直到唐元和年间由于刘禹锡、白居易肯于汲取民歌营养，向民歌学习，经过再创造才成为为歌者配的词，又经长期演变，词逐步脱离歌而成独辟蹊径的新诗体。可见，民歌是竹枝词的母体，如果刘、白不从民歌汲取养料，是不可能有诗歌中的"竹枝体"的。

实际上，向人民群众学习，向民歌学习，是我国诗歌的优秀传统。从《诗经》、《楚辞》开始，历代优秀诗人都注意向民间学习，从民歌中汲取养料和形式。大诗人杜甫，在四川写的许多诗作，都受到竹枝民歌的影响。明人李东阳说："杜子美《漫兴》诸绝句有古竹枝意，跌宕奇古，超出诗人径蹊。"清翁方纲也说："杜公虽无竹枝，而'夔州歌'之类，即其开端。"历史上不少诗评家讲过向民间学习的体会。明人冯梦祯在《西湖竹枝集跋》中说："嘉兴歌出于妇人儿子船家贩夫之口，而正使学士大夫深思苦索或不能就。"清代诗人袁枚在《随园诗话》中谈自己的体会说："少陵云多师是我师。非止可师之人而师之也。村童牧竖，一言一笑，皆吾之师。"并举例说明他如何从担粪夫、僧人那里学得语言入诗。

其实，今天尽管时代不同了，但向人民群众学习，向社会学习，仍然是诗歌创作的源泉。邓小平同志说："自觉地在人民的生活中汲取题材、主题、情节、语言、诗情和画意，是我们社会主义文艺事业兴旺发达的根本道路。"历史和现实一再证明：任何脱离人民，脱离社会，脱离生活的艺术形式，都不会有长久的生命力。

二、诗歌只有为广大群众所喜闻乐见才是具有生命力的。竹枝词历千年而不衰，究其原因，主要有两条，从形式上看，竹枝词的口语化和格律较自由是重要条件。口语化，使群众看得懂，易理解；格律较宽，使人易于掌握，束缚较少，容易写。从内容看，竹枝词无论纪事写景都言之有物，不作无病呻吟；反映社会生活，描摹人民苦乐，都是有血有肉。正因为如此，竹枝词与诗歌创作中的形式主义、八股调毫无共同之处。明、清时期，一些反对诗歌形式主义的著名诗人，如明代徐渭、袁宏道，清代的王士祯、郑板桥、袁枚等等都推重竹枝词。在他们的带动下，竹枝词得到广泛推行，成为反对诗歌形式主义的积极力量。

竹枝词在我国诗歌发展史上具有一定的地位和作用，对我们研究当代传统诗词的改革和发展，无疑有着积极的借鉴意义。当前，传统诗词面临着如何为社会主义现代化服务的问题，而要解决这个问题，有两点应考虑，一是传统诗词必须走雅俗共赏的道路。要想法使诗词走到群众中去，贴近人民、贴近社会、贴近生活，既要避免古奥难懂，也要避免俗赏雅不赏。二是在格律上，要提倡今音今韵，这样可以减轻格律上的难度，使更多的人易于掌握。这是使竹枝词走向大众化的重要条件。

三、竹枝词以诗存史，为诗歌发展开辟了广阔天地。由于竹枝词长于纪事，泛咏风土，举凡山川胜迹、人物风流、百业民情、岁时风俗、水旱灾害，大至政治事件、社会兴革，皆可入诗。长期以来，记载了各地区的社会、历史、政治、经济、文化诸多方面的真实情况，储存了大量的珍贵史料，使这种诗体不仅具有文学价值，还具有重要的社会历史价值。竹枝词提供的史料，被广泛应用于历史、社会、民俗等诸多领域。但还有大量竹枝词散落各地民间，搜集、开掘和研究这一重要的文学宝库，对于弘扬我国传统文化，鉴古资今，推进社会主义两个文明建设是有积极意义的。当前亟需广泛发动社会各界人士和部门，包括各有关学会如各地诗词学会民俗学会等，特别是各地的地方志机构，进行搜集整理，组织出版，作为我国历史文化的一项基本建设。

当然，竹枝词作为一种诗体，也有局限性。由于它诗式短小，一般为七言四句，对于重大题材，宏大场景，难于表现。由于创作队伍庞杂，诗歌修养参差不齐，有些作品比较粗糙，质量较差。我们学习和研究竹枝词，既要学其所长，又要避其所短，选优鉴劣，古为今用。在新的历史时期发出更辉煌的光采。

主要参考书目：

《历代竹枝词》	三秦出版社	王利器、王慎之辑
《竹枝纪事诗》	暨南大学出版社	丘良任撰
《西湖竹枝词》	浙江文艺出版社	顾希佳选注
《清代北京竹枝词》	北京古籍出版社	路工编选
《北京风俗杂咏》	北京古籍出版社	雷梦水编
《北京风俗杂咏续编》	北京古籍出版社	雷梦水编
《中华竹枝词》	北京古籍出版社	雷梦水等编

【注解】

本讲稿根据拙作《漫话竹枝词》（1997年4月）并参照近年在北京诗词学会各诗社的讲稿进行整理。刊载于《北京诗苑》1997年第4期，1998年第1期。

竹枝词与北京民俗

一

明清时期，尤其在晚清和民国初年，出现了大量专门描写北京民俗民风方面的竹枝词，"或写阛阓之状，或操市井之谈，或抒过眼之繁华，或溯赏心之乐事"（《续都门竹枝词》序），"搜刮凤城，描摹象管"，数量之大，品类之多，可谓五彩纷呈，琳琅满目。

比如，有写节令年俗的《灯市竹枝词》、《元夕踏灯词》、《上元竹枝词》、《燕九竹枝词》、《新年竹枝词》；有写庙会风情的《厂甸竹枝词》、《城南竹枝词》、《春游词》、《秋游词》；有写名胜风光的《三海杂咏》、《中山公园竹枝词》；有写市井百业、杂耍戏曲的《北京岁时杂咏》、《天桥即事》、《百戏竹枝词》。还有综合各门类的竹枝词，比如成书于清乾隆年间的杨米人《都门竹枝词》100首。嘉庆年间成书的《都门竹枝词》（佚名）80首，分为街市、服用、时尚、饮食、市井、名胜、游览、总结12门类。道光年间出版的杨静亭《都门杂咏》分为10个门类，计有风俗门、对联门、翰墨门、古迹门、技艺门、时尚门、服用门、食品门、市廛门、词场门。这些门类，大体可以概括北京民俗文化的方方面面。此外，也有"借眼前之闻见，抒胸际之牢愁"的《慷慨竹枝词》，有记述北京历史事变的《都门纪变百咏》等等。

北京竹枝词涉及如此广泛的社会生活，笔者认为和这种诗体的艺术特色有直接关系。作为由民歌演变过来的竹枝词，与其他诗体比较起来有鲜明的特点：一是语言流畅，通俗易懂，重自然，少雕饰；二是反映市民生活，富有浓郁的生活气息，"京味"很浓；三是长于叙事，妙用比兴，风趣幽默，俏写真实。一首好的竹枝词往往俏语联珠，于风趣中见神韵，于诙谐中见美刺，于细微处写真实，"体虽俳而情则正，词虽俚而意则深"；四是格律较宽，极少"八股"气。从某种意义上说，中、晚清竹枝词的兴起，实为对格律诗的一种冲击，为其后诗歌变革之先声。概括地说，竹枝词可以归纳为"四易"：易懂、易学、易写、易流传。

正因为如此，这种诗体在表现社会生活、民俗民风方面有独特的优势，拥有广大的写作队伍，上至达官，下至小吏，尤其广大中、小文人，都能够信手拈来，把自己对社会生活的感受，通过竹枝词真实而生动地再现出来。因此，尽管竹枝词不是当时的诗歌主流，却能在民俗文化领域挥洒自如，游刃有余，成为民俗文化中绚丽的奇葩，体现出重要的人文价值。竹枝词里珍藏的大量北京民俗文化史料，已成为民俗学家们收藏、开掘和研究的宝库。

二

竹枝词对于北京的节令民俗有大量记载。就以正月十五元宵节来说，这个节日早年称上元节，是北京节令中最热闹的一个节日。组织灯市观灯，"正月十五逛花灯"，是元宵节传统民俗活动。正月十五前后，北京的一些主要繁华街道张灯结彩，红红绿绿，奇巧瑰丽，装饰得十分漂亮。到了晚间，倾城男女拥向这些繁华街道观灯。"今宵闲煞团团月，多少游人只看灯。"灯市是什么景况呢？明代有一首竹枝词是这样描写的："大道朱楼锦绣围，歌中万户绕春辉。楼前火树嶙峋照，化做红云片片飞。"

清代的一首竹枝词写道："灯棚十里夜光斜，一半琉丝一半纱；自是燕山春色早，天寒正月放梨花。"

说起北京的灯市，明代最热闹的地方是东华门以东的灯市大街，即今灯市口。那时两侧都是崇楼彩阁，居住的是"勋家、戚家、官家、豪右的眷属"。每年正月从初八至十七举办元宵节灯市，届时百官也放假十天，每晚"灯张乐作、烟火施放"，非常热闹。清初至中叶，灯市南移至前门外的灵佑宫，有诗道："东华旧市名空在，灵佑宫前另结棚。""灵佑宫前骑似麻，春灯簇簇斗繁华。""正阳门外鱼龙盛，火树粘天照走桥。"晚清时期灯市以琉璃厂最盛。"琉璃厂起东西局，奇巧光华几万重。""琉璃厂东闻踏歌，琉璃厂西纷绮罗。"清符曾《上元竹枝词》写道："珠珞流苏照宝灯，星球佳制出时兴。游人齐集琉璃厂，巧样争夸见未曾。"

有些竹枝词通过对灯市出现的典型情节的描绘来烘托出节日的热闹景象。

例如，旧时北京有一种习俗，在元宵节期间妇女们都要穿白绫衫结队"宵行"，俗叫"走桥"。传说这样可以在一年内消除百病。有诗说："踏穿街头双绣履，胜饮医方三盅水。"所以每至元宵节倾城妇女都出来在街上走串观灯，以至许多妇女把头上的金钗玉簪都丢失了。有一首竹枝词就写了灯市将散，扫街的人拾拣妇女们丢下的头饰的情节称："坊坊曲曲月微微，走过三桥百病稀。是处扫街人不散，沙中拾得翠翘归"（清文昭《踏灯竹枝词》）。还有一首竹枝词是写上元之夜已更深夜阑了，青年男女们仍然玩兴很浓："腰鼓声喧雨点搥，朱衣画裤斗新奇。月明归路嫌萧索，更看顽童颠幕儿"（蒋仁锡《燕京上元竹枝词》）。"颠幕儿"是儿童们一种掷制钱的游戏，玩时用手颠，得面者负，得字者（有"光绪通宝"等字）胜。这首诗生动地反映出灯市散了，依然有很多人余兴犹存，孩子们不肯回家，还在玩他们的游戏。

元宵节的花灯，在制作上很讲究。明清时期以米家灯最有名。据说，米家灯是从明末米万钟的米家园（又称勺园）传下来的。明蒋一揆的《长安客话》称：米万钟的勺园（今北京大学校园内）"绘园景为灯，丘壑亭台，纤细具备，都人士又诧为奇，啧啧称米家灯。"后来，米家灯的制作越来越精巧，样式新颖，极受欢迎。"涂红抹绿浑闲事，时样偏宜出米家。""愈变愈奇工愈巧，料丝图画更新兴。"有一首《上元词》对米家灯写得十分传神："裁纨剪彩贴银纱，灯市争传出米家。花似乍开莺似语，十分春色到京华。"

人们不仅观灯，而且有各种花会、杂耍、秧歌作表演。"秧歌一曲声声媚，月色灯光转助娇。""腰鼓声声喧满路，小儿争赛闹秧歌。"

放焰火，观"盒子"花，使逛灯活动进入高潮，形成最热烈的场面。旧时，春节一过，在重点街道立高竿，扎看台，做各种准备。《帝京景物略》载："烟火则以架以盒，架高且丈，盒层至五，其所藏械：寿带、葡萄架、珍珠帘、长明塔等。"清代高士奇《灯市竹枝词》："火树银花百尺楼，过街鹰架搭沙篙。月明帘后灯笼锦，字字光辉写凤毛。"诗下有注曰："月明帘、灯笼锦，皆盒子内放出者，最后有五夜漏声催晓箭诗，整首诗字大如斗，光焰荧荧，良久方灭。"

猜灯谜，是上元节看灯时的趣味活动。在元宵之夜的热闹街市，把谜语贴在花灯上，游人一面看灯一面猜谜，猜中的还可得些奖品，所以常能引起游人的莫大兴趣。"灯谜巧幻胜天工，不惜奇珍与酒红。多少才人争奇彩，夸长竞短走胡同"（赵骏烈《燕城灯市竹枝词》）。由于谜语是文人们编写的，"谜语甚典博，上自经文，下及词曲，非学问渊博者弗中"（柴桑《燕京杂记》），所以灯谜又称作"雅谜"，所得奖品，也都是纸墨笔砚等文房用品。有一首竹枝词描写了这种情形："几处商灯挂粉墙，人人痴立暗思量。秀才风味真堪笑，赠彩无非纸半张。"

元宵节吃元宵是我国的传统习俗，北京也很讲究这个习俗。"桂花香馅裹胡桃，江米如珠井水淘。见说马家滴粉好，试灯风里卖元宵。"（符曾《上元竹枝词》）。黍谷山樵《首都杂咏》还写了一段与元宵有关的民初历史故事："才看沉底倏来漂，灯夕家家用力摇。卖去大呼一子俩，时当洪宪怕元宵。"这说的是1915年（民国四年）袁世凯称帝的事。袁世凯篡夺辛亥革命的果实，于1915年自立称帝，国号洪宪，因元宵与"袁消"同音，他害怕人民反对他，连元宵两个字都忌讳，要京师警察厅下令将元宵都改为"汤元"。这一年店铺不敢叫卖元宵，喊："一子儿俩。"一子儿，指一个铜板。这首竹枝词虽然显得粗俗些，但却点出了这位现代史上窃国大盗的丑恶嘴脸。

三

旧时北京的寺庙多，庙会也多，大约有一半的寺庙有庙会，"设市者居其半数"（《旧都文物略》）。办庙会有两种情况，一种是一年一开市，如正月的白云观、大钟寺、火神庙、雍和宫、东岳庙等，二月的太阳宫，三月的蟠桃宫、南顶等。还有一种是一月开几次市，像白塔寺、护国寺、隆福寺等等。办庙会最早是拜佛敬神为主的活动，兼有集市贸易，百戏杂耍；也有的后来变成以集市贸易为主的活动。赶庙会是旧北京市民日常生活中的经常性活动。有的是烧香拜佛来的，有的是赶集市购买生活用品的，有的是观赏风景的，有的是看热闹观花会的，也有些游手好闲之徒来这里无事闲逛。

正月十九白云观会神仙（称燕九节），是北京地区很有民俗特色的庙会，几百年长盛不衰。白云观是北京有名的道观，元时邱长春曾在此处修炼，死后传说在正月十九日这一天下界人间，人们到白云观可以碰见他，能消灾免祸。所以到这一天，"车骑如云，游人纷沓，上自王公贵戚，下至舆隶贩夫，无不毕集"，形成热闹的庙会活动。明清时期许多文人墨客写过不少竹枝词描绘盛况，最有名的有清初大文人孔尚任等写的《燕九竹枝词》。孔尚任是清初著名戏剧作家、《桃花扇传奇》的作者，在北京住过很长时间。孔于康熙三十一年（1692年）与袁启绪等9人在燕九节这一天同游白云观，回来后在9人中的陈健夫家中以庾信"结客少年场，春风满路香"为韵，各作10首竹枝词，共得90首。在这些诗作里记述了白云观庙会的各种活动场景，如花鼓秧歌队、击球走马、百戏场、吃食场、放风筝等等，给后人留下了珍贵的史料，也给北京诗人们的结社唱酬留下了一段有趣的历史佳话。比如孔尚任以"春"压韵的"金桥玉洞过凡尘，藏得乞儿疥癞身。绝粒三旬无处诉，被人指作邱长春。"作者以轻俏的语言，真实而生动地把个乞丐装的"活神仙"写得淋漓尽致，揭穿了这种"会神仙"活动的真实情况。孔另一首以"风"压韵的，则写儿童在白云观外放风筝的情景："结伴儿童裤褶红，手提线索骂天公。人人夸你春来早，欠我风筝五丈风。"这一天大概是风轻日丽，放风筝怎么也抖不起来，心里着急，咒骂天公欠他五丈春风，把个儿童放风筝的心态写得生动有趣。

旧时北京的庙会集市由于时日持久，逐步形成各自特色。比如厂甸以书画古玩为特点，有首竹枝词写道："新开厂甸值新春，玩好图书百货陈。裘马翩翩贵公子，往来都是读书人"（杨静亭《都门杂咏》）。土地庙，因地与丰台花乡毗邻，多以农产品、柳编、簸箕、鸡毛掸和鲜花为主。《同治都门杂咏土地庙》："柳斗荆筐庙外陈，布棚看过少奇珍。缘何游客多高兴，眼底名花更可人。"

药王庙以卖花卉为特色："药王庙里担花忙，茉莉初开贵价偿。最是黄昏新罢浴，晚香玉伴美人妆"（《燕台口号一百首》）。护国寺和隆福寺是京城东西两大集市庙会，《燕台杂咏》写道："万货云屯价不赀，进城刚趁亮钟时。西连护国东隆福，又是逢三庙市期。"《草珠一串》写道："东西两庙货齐全，一日能消百万钱。多少贵人闲至此，衣香犹带御炉烟。"王公贵族下了朝班不回家，先去逛东西庙，他们的衣服上还带着御炉烟味呢！

旧北京有中顶、西顶、南顶等寺庙，都是供奉碧霞元君娘娘的，庙会时妇女拜娘娘求子者众多，以至许多公子阔少、游手好闲之徒也竞相游逛。《续都门竹枝词》写道："南顶烧香浪荡多，扇摇丰润帽香河。游行杂沓争驰逐，道上纷纷跑热车。"

四

"凉果炸糕甜耳朵，吊炉烧饼艾窝窝，叉子火烧刚买得，又听硬面叫饽饽。"（《都门竹枝词》）这首竹枝词包括北京风味小吃的七个品种。这些品种小吃至今仍为北京市民所喜爱。

说起北京的风味小吃可谓历史悠久。拿豆汁来说，据说早在辽代就有，起码有1000多年的历史了。据经济史家们考证，北京小吃有二三百种，主要来自三个方面：一是宫廷内食品传入民间，如元代的烧饼、肉饼、莲子粥，明代的龙须面、小火烧，清代的麻酱烧饼、小窝头、豌豆黄、芸豆卷等；二是南方人在北京做官，带来江南小吃，如年糕、元宵、艾窝窝、南味糕点等；三是由于北京是北方各少数民族融合之区，不同的饮食习惯爱好，涌现出品种繁多的小吃群，如饹饹、萨其玛等。这些小吃进入北京后，都根据北京市民的口味习惯加以改造和创新，形成博采各地精华、兼收各民族风味的特点，因此长盛不衰。

北京小吃在经营上有两种形式：一种是有门店的小吃店，这种小吃店一般经营几种小吃，有的是餐馆店铺，同时制卖具有本店特色的食品，享誉京城内外。比如致美斋的馄饨很有名气。有首竹枝词道："包得馄饨味胜常，馅融春韭嚼来香。汤清润吻休嫌淡，咽后方知滋味长。"（《都门杂咏》）又如小有余芳的蟹肉烧卖："小有余芳七月中，新添佳味趁秋风。玉盘擎出堆如雪，皮薄还应蟹透红。"（《都门杂咏》）至今读起来仍具有很强的诱惑力。此外，还有月盛斋的烧羊肉，会仙居的炒肝，曰俭居的东坡肉，滋兰斋的水晶糕等等都是独具特色的小吃。以宫廷食品闻名的仿膳向来以宫廷小吃菱角糕、豌豆黄、小窝头著称。《旧京秋词》道："菱糕切玉秩黄窝，午膳居然玉食罗。饭饱湖滨同辍茗，夕阳明外见残荷。"

另一种是街头小吃摊，有的是家庭作坊自产自销的，有的是小吃店派到街头叫卖的。旧时的北京以串街卖货的挑担小吃最兴旺。他们有的是推小车，有的是提货篮，有的是挑担子，一边走一边吆喝，每种小吃都有不同的叫卖声，成为老北京独特的风情。每逢严冬到来，在寒风瑟瑟的夜晚，挑担提篮的小贩们发出各自不同的叫卖声。有卖赛牛筋五香豌豆的，卖白水羊头肉的，卖炸丸子炸豆腐的，卖卤煮熏鸡的等等。有一首描写卖硬面饽饽的竹枝词道："硬黄如纸脆还轻，炉火匀时不托成。深夜谁家和面起，冲风唤卖一声声。"寒夜卖饽饽谁来买呢？夏仁虎《旧京秋词》中道："可怜三十六饽饽，露重风凄唤奈何。何处推窗呼买取？夜长料得女红多。"买饽饽充饥的大多是在夜间干活的手工业者和做针线活的妇女们。

<h1 style="text-align:center">五</h1>

现在的北京人都吃上了清洁的自来水，可是半个世纪前的旧北京市民又是怎样的呢？竹枝词对此事有十分有趣的记载："驴车转水自城南，买向街头价熟谙。还为持家参汲井，三分味苦七分甘。"（《燕京杂咏》）这首竹枝词生动地勾画出一幅老北京市民的生活画面。过去，北京市民居家饮用的都是井水，很多家都有浅水井，只是甜水井少，苦水井多，大部分市民靠买甜水过日子。社会上有专卖甜水为业的人，每天从"井窝子"或称"水屋"里装满水车，由小毛驴拉着或人力拉着沿街挨户送水。每到一家以摇铃为记，每天按户按量，按月结算水钱。由于甜水价格较贵，普通人家光用甜水用不起，就将甜水与自家井里的苦水掺和着吃。有的人家用苦水洗衣，混合水煮饭，甜水泡茶。"还为持家参汲井，三分味苦七分甘"写的就是这种情形。

还有一首竹枝词今天的年轻人读起来也会觉得新鲜。"卖水终须辨苦甜，辘轳汲井石槽添。投钱饮马还余半，抛得槟榔取亦廉。"（《燕台口号一百道》）过去没有汽车的时候，北京的主要交通工具是骡马牲畜。骡马的生活习性是怕干渴，饿一天没关系，可不能没水喝。北京作为全国都城，骡马很多，在街巷水井旁设有多处饮马石槽，叫"施水堂"。牲口饮水要付水钱，给多少钱呢？一桶水给半文钱。由于没有半文钱的面值，怎么找钱？就扔给几个槟榔算是两不欠了。这种有趣的细微记载恐怕很难从其他史料中找到了。

提到水车夫，过去凡是在北京干这一行的都是山东人。有一首竹枝词写道："草帽新编袖口宽，布衫上又著摩肩。山东人若无生意，除是京师井尽干。"为什么都是山东人呢？据民国时期徐国枢写的《燕都续咏》里考证："担水夫在明朝时多为山西人，清兵入京定鼎，随驾八旗满蒙汉二十四旗分住内外城，随营伙夫皆山东流民，后担水夫役辄为其把持"。他还写有一首竹枝词："晋人势弱鲁人强，若辈凶威熟与当。垄断把持官莫制，居然水屋比皇堂。"这大概指那些把持"水屋"的业主水霸。北京由于甜水井少，后来发展成按水井划分送水地段，久而久之，就成为"水屋"业主的地盘，掌握居民饮用水大权，对居民进行盘剥，成为当地"水霸"。至于多数送水的水夫其实也是"水霸"奴役、盘剥的对象。

六

京剧是北京文化的一支奇葩。在京剧的形成、发展和成熟的过程中，出现过许多享誉京城的表演大家。在早期的发展中起过奠基作用的名演员，清代的道光、咸丰、同治时期有三位名噪一时，那就是余三胜、张二奎和程长庚，世称"京剧三鼎甲"。现在许多人都不知道了，但在竹枝词里对他们的表演盛誉却有记载。清道光年间杨静亭《都门杂咏》里写道："时尚黄腔喊似雷，当年昆弋话无媒。至今特重余三胜，年少争传张二奎"。在《都门赘语》中也有一首："春台、喜、庆与徽班，角色新添遍陕山。怪道游人争贴坐，长庚明日演昭关"。

北京在清代嘉庆以前盛行昆腔和弋腔，到光绪后期二簧腔代之而起，昆弋腔逐渐衰落。据《天咫偶闻》记载："国初最尚昆腔戏，至嘉庆中犹然。后乃盛行弋腔，俗称高腔，仍昆腔之辞，变其音节耳……道光末，忽盛行二簧腔，其声比弋腔高而急，其辞皆市井鄙俚，无复昆、弋之雅"。大概当时的文人官吏不大习惯二簧腔，说它"喊似雷"，但广大市民和年轻人很欢迎，特别对当时有名的余三胜、张二奎和稍后的程长庚，争相卖座。那一时期余三胜是春台班的台柱子，张二奎是四喜的老生主演，程长庚是三庆班首席，先后形成京剧界三大艺术流派。尤其程长庚名重京华，享誉最久，有"徽班领袖，京剧鼻祖"之称。"文昭关"是他的拿手戏。为培养京剧人才，他在家里开设"四箴堂"招收学生，造就出一代名伶，诸如孙菊仙、谭鑫培、汪桂芬等。有一首竹枝词写道："若向词场推巨擘，个中还让四箴堂。"

京剧到清末民初，名家辈出，出现鼎盛时期，先后有京剧新三杰、四大须生、四大名旦诸家。京城有"满城争说小叫天"（谭鑫培）、"无腔不学谭"、南麒（周信芳）、北马（马连良）等美誉流传。有两首竹枝词写民国时期的京剧情况：

"大栅栏前丝管哗，程谭声调满街夸。光宣以后风流歇，压轴居然属畹华。"（《都门杂咏》）程谭，指程长庚和谭鑫培。畹华指梅兰芳，梅字畹华。

"清音零落旧歌场，一派徽存韩世昌，都道二簧风味好，行腔要学马连良。"（《首都杂咏》）韩世昌是昆曲名演员，由于京剧兴盛而昆曲较微，马连良成为市井争相习唱的"时髦"腔调了。

京剧在其形成发展过程中，随着演员们声誉日隆，社会地位不断提高，在清代末年，将原来演戏时惯用的"绰号"、"小名"一律改成正式名号。这一有趣的改动，成为京剧艺术迈进高雅堂奥的标志。比如谭鑫培叫小叫天，汪桂芬叫汪大头，杨小楼叫小杨猴，陈德霖叫陈石头，何桂山叫何九，黄润甫叫黄三等等，都改成正式名号。宣统元年出版的《京华百二竹枝词》有一首讲了这种情形："日见梨园身价增，呼声一改旧时称。朱红笺写黄金字，雅篆高超无上乘。"

七

反映北京下层人民的生活，是北京竹枝词的一大特色。旧北京是几个朝代的都城，有庞大的官僚贵族阶层，他们花天酒地，尽情享乐。同时也有一个被他们奴役和剥削的广大城市贫民阶层。这个阶层包括众多的手工业者、小商贩、小店铺业主、运脚夫、车夫、贫民、小戏班等等。他们地位低下，生活清苦，终日为糊口而奔波劳碌。竹枝词的作者们多是中小文人。他们与平民百姓接触较多，了解其疾苦，同情其境遇，写出了大量反映这一阶层人民生活的作品，给我们留下了珍贵的下层人民的生活画面。

"摇将煤碱作煤球，小户人家热炕头。妇子三冬勤力作，攒花通枣夜无休"。

（《续都门竹枝词》）

旧北京众多手工业者，大多是连家铺，夜间生活，孩子大人一起干，白天卖货，终年劳作，仅能糊口。

"砧杵声停客未归，手中针线认依稀。当街耐冷缝穷妇，但为他人补旧衣"（《燕台口号一百首》）。老北京由于外省客商往来很多，有些妇女由于家境贫寒，常在街头、旅馆附近靠给人缝补旧衣为业，叫"缝穷妇"。"夫难养妇力自任，生涯十指凭一针。"清栎翁《燕台新词》对此写得很具体，"串店不妨凭短凳，巡檐到处趁斜晖，关怀小鼓咚咚响，盐米兼携带月归。"

买破烂，是贫苦老妇做的营生。早年都是用火柴（俗名取灯）来换，不用现钱交易。有首竹枝词写道："尖细声呼换取灯，背筐老妇串街行。破鞋烂纸皆交易，多少穷黎藉此生。"（《首都杂咏》）

磨铜镜，在玻璃镜盛行前家庭妇女都使用铜镜，铜镜用久了需要擦洗，社会上就有专门走街串户擦洗铜镜的手工艺人，这种行业早已绝迹了，而竹枝词却有记载："乌金尺八口横吹，磨镜人来女伴知，携得青铜旧尘镜，门前立待几多时。"（《燕京杂咏》）诗中描写磨镜的手工艺人横吹尺许长的铜管，妇女们听到后知道磨镜的来了，早早出门等候着，形象生动逼真。

卖胡梳坠什的小贩，旧时常提着包裹在旅馆外高声叫卖，卖货声带有腔板。这种小贩也早就绝迹了，而竹枝词里仍保留着小贩们叫卖时的唱词："叫卖出奇声彻宵，街头客店任逍遥，胡梳坠什捎家走，十个铜元捡样挑。"（《京华百二竹枝词》）

残疾人在旧北京没有生活出路，靠讨饭为生。旧时的盲人为生存往往学乐器，自己行路不便，靠吹奏乐器讨来围观者的施舍。"燕市箫声乞食来，琵琶檀板共追陪。夜深月色明如昼，调奏沿街'一剪梅'。"（《燕京杂咏》）还有些盲人专门给说唱艺人伴奏或独奏而谋生。有一首竹枝词描写了弹奏琵琶的盲姑娘："秋娘袅袅拨琵琶，也抱琵琶半面遮。却信人间重颜色，夜深犹插满头花。"（《朝市丛载》）诗作者带着深沉的同情心，把这位盲姑娘的复杂心态写得楚楚动人，用"半面遮""满头花"写出盲姑娘虽然满目漆黑，仍将自己想象成娇美的样子，她仿佛也自信自己在别人眼里是同样的娇美。然而，她的命运究竟怎样呢？

北京旧时乞丐很多。每遇灾年，大批流民进入北京，政府设了粥厂，进行救济，有的给川资回家，也有不少人沦为乞丐。尤其是那些父母双亡的乞儿最为可怜，每到冬季很难度过。旧时北京一到数九寒天，每天清晨警察都要先清理在城门洞和富人家大门外冻死的乞丐。乞丐所住之处，有一种叫"鸡毛店"。清蒋士铨在《京师乐府》里写道："牛宫豕栅略相似，禾秆黍秸谁与至。鸡毛作茧厚铺地，还用鸡毛织成被……天明出街寒虫号，自恨不如鸡有毛。"有一首竹枝词写道："乞儿终日向寒啼，羽翼徒怜养未齐。三个青蚨眠一夜，鸡毛房里似鸡栖。"（《燕台口号一百首》）

八

反映北京民俗民风方面的竹枝词可以说浩如烟海，不胜枚举。但仅从上述便可以清楚地看到竹枝词在民俗文化中的地位和价值。北京竹枝词与北京的民俗文化浑然一体，勾画出一幅清晰的旧北京风貌，体现出浓厚的京味特色，鲜明地表现出我国诗歌艺术的优秀传统。今天看来，这对于传统诗词如何更好地表现新的时代精神，反映社会主义新北京的风貌，体现新的京味艺术特色，具有重要的借鉴作用。希望竹枝词这一传统诗歌艺术之花，在新的时代开得更加绚丽多姿！

1996年春节定稿

《北京诗苑》1996年第2、4期

竹枝词里的爱情诗

竹枝词源于民间歌舞。竹枝词里的爱情诗，也是从民间情歌里演化加工出来的。一方面保留了浓郁鲜活的生活气息和地方风土特色；另一方面又经过文人的艺术加工，形成优美深邃的意境。它纯美动人，情思质朴，在诗歌的海洋里发出熠熠的光彩。这部分诗可以说是我国从唐至清一千多年来普通劳动人民爱情生活的写照。本文仅就这一历史年代竹枝词里的爱情诗作一简要述略。

东边日出西边雨
道是无情却有情

让我们还是从最早唐代刘禹锡创作的两首爱情诗开始吧。唐代长庆二年（822年）刘禹锡当夔州刺史的时候，在这年正月他到建平（今巫山县）见到民间唱《竹枝》联歌，吹短笛击鼓，边唱边舞，以"曲多为贤"带有赛歌性质，引起他极大兴趣。它不仅学会了唱，而且还仿屈原的《九歌》作《竹枝》9篇，作为新词传唱。加上此前作的两首，共计11首。这些诗一经传出就像一缕清新的风和一泓清亮的水带进了诗坛，尤其是其中的两首爱情诗更是脍炙人口，久传不衰，成为刘禹锡诗歌的代表作。至今仍为广大群众所传诵。是哪两首诗呢？

其一：杨柳青青江水平，闻郎岸上唱歌声。东边日出西边雨，道是无晴却有晴。

诗写的是在一个动人情思的水乡，一位初恋少女忽然听到从江上传来的歌声。细一听正是心上爱的那个小伙子唱的。她又高兴又疑虑，但看他边走边唱从江边走来，又给了她很大鼓舞和期待。诗人巧妙地运用民歌中常有的谐音双关语，"东边日出西边雨，道是无晴却有晴"，将这位初恋少女微妙复杂的内心活动——从迷惘不安到期望和信心，维妙维肖地刻画出来。真乃"双关巧语，妙手偶得"。此诗一出，不胫而走，广为传唱。据一本宋人的笔记记载，直到南宋时期，在江苏太湖一带的客船上还听到船夫唱这首《竹枝》呢！

其二：山桃红花满上头，蜀江春水拍山流。红花易衰似郎意，水流无限似侬愁。

这一首以一位少女的口吻，借景生情，用鲜明而贴切的比喻，抒发自己内心情恋之苦。她仰望山头桃花灼灼，俯看蜀江春水东流，这美丽的春天景色使她不禁想起久未见面的情郎来，心中顿生嗔怨，不禁叹道：郎的情意就像红花一样容易凋谢呀，而侬的愁呵，却如蜀江的水，日夜奔流，无穷无尽！诗写得情真意切，九转回肠。后来南唐后主李煜大概受到这首诗的启示，将亡国之愁引发出"问君能有几多愁，恰似一江春水向东流"的浩叹！

刘禹锡这两首爱情诗为后代开了先声。到了元代杨维桢编著的第一本竹枝词专辑《西湖竹枝词》出版。书中爱情诗占了很大比重，成为该书一大特色，虽然当时曾受到一些道学家的抨击和批评，对后世产生了一定影响。但是，从明、清以来各地出版的竹枝词来看，爱情诗仍迭出不穷。这些诗带着鲜活的生活气息，以清新质朴的笔调，写出广大平民百姓在爱情上的欢乐与幸福，缠绵与情趣，相思与嗔怨，悲愁与向往，抒发了人性中最清纯、最真挚、最热烈的情爱。从这些诗里找不到虚情假意，更没有矫饰和"包装"。既不是偷香窃玉的爱情游戏，更不沾夹色情狂的邪气。总之，它展现给人们的是一个真善美的爱情世界。

三潭印月三轮月
不及湖心一点心

爱情，最宝贵的是真心的爱，专一的爱。早在西汉时期卓文君的《白头吟》里就有"愿得一心人，白头不相离"。千百年来，早已成为人们广泛认同的恋爱观和道德观，成为男女两性间营造爱情的根基。

在我国长期的封建社会里，由于旧礼教的束缚，妇女争取婚姻自主是很难很难的，获得真正的爱情更为难得。唐代女诗人鱼玄机大声疾呼："易求无价宝，难得有心郎"。在《西湖竹枝词》里也有一首诗深沉地唱道："三潭印月三轮月，不及湖心一点心！"他们最担心的是怕得不到自己所爱的人的真爱。有一首竹枝词是这样写的：

莫道新欢如瑟琴，西湖水证白头吟。
蜜蜂飞入花深处，不要繁红只要心。

——清·张振孙

青年男女结婚了，要办嫁妆、修新房、搞婚庆，男欢女悦，热闹非常。然而，在这位新娘看来，这些都不是最重要的。最重要的是新郎那颗真正的爱心。她要和新郎在清澈明亮的西湖水边发誓作证，爱到白头，伴到老。诗运用比兴的方法，以蜜蜂采蜜为比喻，形象而生动地表明"只要心"的强烈追求。同时，也亮出了新娘那颗真挚的爱心。

> 湖上交秋风露凉，湖中莲藕试新尝。
> 莲心恰似妾心苦，郎思争似藕丝长？！
> ——元·宇文公谅

一对青年夫妻在秋天莲藕熟的时候，在西湖岸边的餐馆里品尝新藕，边尝边聊自然少不了情话绵绵。诗中拣选出女主人以俏皮的口气对丈夫的探问：我的心就像莲心那样苦呵，可你是不是像藕丝那样经常思念我呢？这种试探性的情语，反衬出他们爱情的甜意如蜜。

男女爱恋通常是通过纯情的语言来表达心与心的交流，达到心心相印，加深爱的契合。请看一位热恋中的女主人，敞开心扉，向自己爱人的倾吐：

> 南北高峰作镜台，十里湖光如镜开。
> 行人有心都看见，劝郎肝胆莫相猜。
> ——元·朱彬

女主人把西湖的南北高峰比作镜台，将清亮的西湖水比作镜子，深情地说，这面大镜子能把每个人的心都照出来，我这样真心爱你，你应该看得清楚，你我肝胆相照，千万不能互相猜疑呀！

生活中两性之间的情爱，不是道貌岸然，也不常是圣言说教。请看一对热恋中的情侣的调情诗：

> 又道芙蓉胜妾容，却将妾貌比芙蓉。
> 如何昨日郎经过，不看芙蓉只看侬。
>
> ——清·徐釚

诗运用回环重叠的笔法，写一位少女向自己心爱的人说：你不是说芙蓉比我漂亮吗，那为什么昨天经过这里时你只瞧我而不看芙蓉呢？这位天真活泼的少女与心爱的小伙子的调情逗趣写得极其真实生动，以天真痴语写出万千爱意，丝毫没有狎昵矫饰之感。

当然，男女之间情爱达到心心相印、深情意笃之时，自然升华出一种甜蜜的幸福感。明人邵泰宁有一首非常优美的爱情诗：

> 似郎年少妾殷勤，水色天光死不分。
> 外湖水是里湖水，南风云挽北风云。

居住西湖边的一对青年夫妇，手挽手地一边欣赏西湖景色，一边说着他们相爱的蜜意和向往。女主人感到身边的丈夫是这样年轻漂亮，而自己也是勤快热情，这是多么匹配的一对呀！她沉浸在两心相悦的美妙感觉中，掩不

住心中的喜悦向丈夫说，你看那西湖的闪光水色辉映得多
么美，我们要像他们那样死也不分开；你看那里湖和外湖
的水相通相连融合得多么好，我们也要像他们那样你中有
我，我中有你，亲密无间；一会儿女主人抬头望见耸立在
西湖的南高峰和北高峰，会心地说，我们要像这两座山的
云一样永远缠绵依傍。诗连续用了三个比喻，层层递进，
从不同角度把西湖的山水之美与年轻夫妻的铭心之爱十分
和谐地融为一体，仿佛整个西湖都被她的爱所笼罩，变成
他们二人主宰的爱的世界。

如何一个团圆月
半照行人半照侬

　　恋人送别和久别相思是爱情诗中最情深意笃、牵肠动
心的。"悲莫悲兮生别离"。（屈原）别离使人怀愁，使
人抱恨，使人痛苦，使人尝到酸甜苦辣的各种滋味。李商
隐"相见时难别亦难"，不言离别之苦而道送别之难，为
前人所未有。这"难"到了什么程度呢？清代诗人彭羡门
《岭南竹枝》有一首云：

　　　　木棉花上鹧鸪啼，木棉花下牵郎衣。
　　　　欲行未行不忍别，落红没尽郎马蹄。

　　诗展现出一幅送郎远行的画面。木棉树开着红艳艳
的花，树上鹧鸪鸟啼叫着，树下一对恋人相依相偎，旁

边站立着一匹送人远行的马。男女主人公都没说什么话。
然而，鹧鸪鸟"行不得也哥哥"的叫声不正是女主人的心
里话么！那木棉花似的火样恋情，使两人长久地偎依在一
起，谁也不肯先说出个"走"字，时间似乎完全凝固起
来，以致木棉树落下的花瓣把马蹄都淹没了。这场景大概
连马儿也感动得不忍心载主人远行了。写"别"之难，竟
然到了如此缠绵悱恻，难舍难分的程度。

送郎千里，终需一别。爱人之间的送别，常常引发出
缕缕忧绪，有许多心里话要一诉衷肠。有一首西湖竹枝词
写道：

> 别郎心绪乱如麻，孤山山角有梅花。
> 折得梅花送郎别，梅子熟时郎回家。

诗写得纯朴自然，明快流畅。女主人送郎远行，心绪
很乱，欲吐心语，如何表达呢？就折一只孤山的梅花吧，以
花代情，以梅代言，以孤山自喻，一片纯情，真挚动人。

> 青晖堂前牵郎衣，别郎问郎何日归。
> 黄金台高倘回首，南高峰顶白云飞。

诗写得委婉含蓄，一往情深。女主人是读过书的小
姐，送郎外出考取功名。她没有直说要等他回来，只是说
当你功成名就回望家乡时，会望见南高峰有白云如絮，缠
绵回绕。其情淡淡而寓意深深。

当然，送别的爱情诗里更多的是千叮万嘱。有的是劝勉："情郎莫似湖头水，城北城南随处流。""愿郎莫学杨花薄，一逐东风不恋家。""郎在程江江畔过，劝郎莫上百花洲。"

有的是嗔怨："恨妾如星圆处少，怨郎如月缺时多。""荷叶团团比侬意，露珠不定似情郎。""何如化作东江水，郎若东时奴不西。"

更多的是期盼早日回家："愿郎也似江潮水，暮去朝来不断流。""劝郎好学双飞燕，一度秋风一度归。"

这些诗读起来充满活鲜鲜的生活气息，俚而不俗，言浅意深，语近而情遥。

爱人久别相思是最难捱的了，"三百六十病，唯有相思苦"。宋代词人张先把相思之情苦，比喻为有千万个解不开的心结。"天不老，情难绝。心似双丝网，中有千千结。"在古诗中有一首妻子对远离的丈夫因相思之极转而向丈夫戏谑的诗，说你走的时候夸自己腰间有龙泉宝剑护身，现在请你试试能割得断我无尽的相思吗？"从来夸有龙泉剑，试割相思得断无？！"在《羊城竹枝词》里有一首却写得直抒胸臆，丝毫不加掩饰："不弄春蚕不织麻，荔枝湾外采莲娃。莲蓬易断丝难断，愿缚郎心好转家！"这一"缚"，一"转"，把一位少妇相思的难捱表达得淋漓尽致。

在竹枝词里，那身边物，眼前景，一花一草，一石一木，都引发情人无限相思。那重重心事，想丢丢不掉，想躲躲不开，"才下眉头，又上心头"。有一首巴蜀竹枝词里写道：

> 院里迎春郎手栽，花时郎绕百千回。
> 从郎去后春无主，纵有风吹花不开。

请看，把女主人那种终日惆怅、六神无主的相思之苦，活脱脱地刻划出来。

月亮的阴晴圆缺，总是被人们用来和自己的命运相联系，自然也成为恋人们引发相思的情物了。

> 目断浮梁路几重，可怜家伴最高峰。
> 如何一个团圆月，半照行人半照侬。

这是一首《洞庭竹枝词》。住在山区的少妇，望着圆圆的明月，见景生情，思念远去江西浮梁经商的丈夫。她情不自禁地埋怨起月亮来。月亮呵，为什么只许你每月都能圆，却不肯让我和丈夫团圆呢？诗写得如泣如诉。

离别越久，相思愈重。梦境，成为情侣们经常幽会的地方。爱情诗写梦中相会的不少，然而，梦总是空的，"不知魂已断，空有梦想随"呵！有首竹枝词则另辟蹊径：

> 与郎久别梦相思，不作西园蝴蝶飞。
> 化作春深鶗鴂鸟，一声声是劝郎归。

苦苦相思，害得女主人不再作西园相会的蝴蝶梦了。

而是化成一只杜鹃鸟，在梦里叫着"劝郎归"。鹈鹕，即杜鹃鸟。鸣声凄厉，能动旅客归思。这比情人梦中欢会，醒后空自悲伤，更加凄婉深沉。当然，梦里相思，盼郎早归，很多情况下是担心丈夫行路不安全，怕"出事儿"。清人有一首齐昌竹枝词道：

逐末休辞蜀道难，心随郎楫下青滩。

他生莫作商人妇，夜夜惊魂梦急湍。

这位女主人的丈夫是往四川做生意的，女主人每天都吊着一颗心，怕丈夫遇险，心中只有爱人的形象，夜里做梦都被青滩那个地方湍急的水声惊醒。

相思愈苦，结爱愈深，从而产生一种坚强的信念，"你心坚，我心坚，各自心坚石也穿。"（宋•蔡仲《长相思》）有一首竹枝词是这样写的：

小姑疑郎去不归，为郎打瓦复钻龟。

青山尚有飞来日，不信人无相见时。

是呵，西湖的飞来峰都能够从远地飞来，我那爱心如铁的心上人总有一天会相聚的。

上塘杨柳下塘荫
阿侬爱人不爱金

爱情有价码吗？用金钱和权势就可以获得爱吗？在金

钱与物欲横行的社会里，婚姻可买卖，女人论斤卖，似乎成了司空见惯的事。然而，在竹枝词里却另有一种声音来回答：

> 不爱郎君紫绮裘，不爱郎君珊瑚钩。
> 永求同生愿同死，化作莲花长并头。

这是一位少女对所追求的爱情最直率的表白。当社会上把金钱和权势当作换取"爱情"的筹码时，诗中女主人却以反传统的大无畏气概，毫不含糊地说不！她所爱的不是荣华富贵，官事亨通，要的却是郎君真正的爱，不仅活着的时候相亲相爱，就是死后也要变成"并头莲"一起开放。

另一首竹枝词可以说是上一首的补充：

> 上塘杨柳下塘荫，阿侬爱人不爱金。
> 塘水西流东入海，水深不似阿侬深。

响亮而明确地提出所爱的是人而不是金钱。"为郎歌唱为郎死，不惜珍珠成斗量！"

清人写的一首东莞竹枝词云：

> 自少生涯海月边，不知朝市不知年。
> 不愿我郎做官去，愿郎撒网我摇船。

"愿"什么，"不愿"什么，态度极其鲜明，十分明确。那些自小生长在海边的渔家女孩儿们，对"朝市"官场不感兴趣。他们就是想过男撒网女摇船的渔家生活。"郎爱捕鱼侬织蓑，劝郎不必要登科。"这样的日子"且比鸳鸯更亲切，早朝双去暮双回。"

金代大诗人元好问在一首词中道："问世间情是何物？直教生死相许。"至爱产生大勇。真心地爱，可以使人无所畏惧，任凭地老天荒，海枯石烂，敢于以死相许。在封建专制社会，封建礼俗，家长制强迫干预，成为扼杀青年男女恋爱婚姻自由的枷锁。在漫长的历史中，不知有多少有情人未成眷属而遗恨终生，有多少忠贞爱侣以死殉情。竹枝词里有不少爱情诗以强烈的感染力写出人们对恋爱婚姻自由的渴望和呼声。请听一位镜湖边的女子的歌唱：

春望山头松百株，若耶溪里好黄鱼。
黄鱼上得青松树，始是阿侬弃郎时。

她一旦觅及知心所爱，则锐意以往。还有一首竹枝词将自己与心爱的人比作藤和树，"藤生树死缠到死，藤死树生死来缠"。此等为爱而热烈拥抱死亡的激情，真是慷慨痴绝，率情以赴。当一对热恋中的爱侣，受到权势的强力干预，硬是被强行拆散时，他们情爱如钢，心坚似铁，愤怒地以死向罪恶的权势宣战：

生不丢来死不丢，生死共妹六十秋。
生在人间是莲藕，死在阴间共枕头。

　　这就是爱情无价的宣言，这就是竹枝词里对爱情的礼赞！这对现代流行的"闪电式"的"爱情"，弱不禁风的爱情，把爱情视为玩玩而已的游戏，不是绝大的讽刺吗！

郎自服劳侬自饷
得闲且摘苦丁茶

　　不言而喻，男女之间的爱恋总是和他们所追求的幸福美满的婚姻家庭为归宿的。他们向往着，企盼着，总有一天要成为恩爱夫妻，组成幸福家庭。什么是他们心目中的美满幸福呢？有一首江西竹枝词是这样描绘的：

　　　　芒鞋草笠去烧畬，半种蹲鸱半种瓜。
　　　　郎自服劳侬自饷　得闲且摘苦丁茶。

　　蹲鸱，即山芋。这对青年夫妻过的日子真够清苦的了。然而，读着他们从心底里流出来的清纯的话语，又是多么有情有味！真是自得其乐，无怨无悔。这大概就是他们关于爱情的幸福观吧！其实，我国广大劳动人民在劳动生活中结成的爱情，浸透着生活的酸甜苦辣，甘苦与共，相濡以沫，共同铸造欢乐，共同承受艰辛，你中有我，我中有你，自由自在，鱼水交欢，这不正是爱情所营造的那个"伊甸园"么？

　　　　文昌桥下水波清，种菜人家爱晚晴。

妾自提蓝郎摘菜，一双黄蝶更多情。

谁说那些普通的劳动人家生活单调，不懂情趣呢？那一双黄蝶在菜畦中间忽东忽西，翩翩起舞，双双对对，在小两口眼前时隐时现，能不引发他们的爱意吗？草、木、山、水、鸣禽、蝴蝶都会使他们的爱情加深加重，恩爱深深，天长地久。当月明之夜，他们倚坐岸边观赏江心的皎月时，觉得皎月再美，也不如他与爱人的情意美，"到底月圆终有缺，不如侬意与郎情"。在夏季美丽的莲花池畔，他们见景生情，唱道："侬比莲心心最苦，郎如藕丝丝更多"。他们见到篱边的豆花盛开，双蝶飞舞，又幸福地唱了起来：

豆花开遍竹篱笆，蝴蝶翩翩到我家。
妹似豆花哥似蝶，花愿恋蝶蝶恋花。

当然，他们所企盼的幸福是国泰民安，只有天下太平，平民百姓才能过上好日子，请听：

放船早出里湖边，阿侬唱歌郎踏船。
唱得望湖太平曲，与郎长共太平年。

2002年整理旧稿

《北京诗苑》2003年第4期

竹枝"书简"（五则）

致广东增城市罗期明先生

期明先生：您好！

　　您的来信来稿我都见到了。您在努力学习和写作竹枝词诗体，我很赞赏。因为它易于融入现代社会，易于表现当代生活，所以，北京诗词学会和我个人一直积极倡导。至于我自己却未能写出水平来，正如我在给一位老诗友的信中所说："少爱竹枝老未佳。"这绝不是客套话。竹枝词首先是诗，不是顺口溜。它是俗中寓雅，雅俗共赏。这首先要有深厚的生活体验，从中找出自己的新发现，从不同角度的新体验中写出的竹枝词，才能不落俗套，人云亦云。因此，从这一方面说，竹枝词又不是很容易写得好的。因此，我多次向一些诗友谈，写竹枝词千万不要以数量取胜，而要以质量取胜。今年九月，中华诗词学会在山西晋城召开第20届中华诗词研讨会，中心思想就是突出精品意识，要求出精品，提高中华当代诗词的整体水平。孙轶青会长在会上号召，要按照适应时代、深入生活、面向大众的要求，努力做到思想性与艺术性的完美结合。为了提高竹枝词的写作水平，北京诗词学会今年拟出版一部《竹枝词新唱》，是近些年在《北京诗苑》上发表的竹枝词选本。其中，您的《增城竹枝词》五首入选。预计这本书年内可出版，届时将寄您审正。

　　谨致

冬安！

段天顺

2006年10月29日

致北京朝阳区金台诗社社长王国俊老师

王国俊老师：

您好！您寄来的大作《第二个春天》和金台诗社《学习园地》都看过了。我非常钦佩您老而好学、老有所为的精神境界。您主持的金台诗社的诗友们，是那样朝气蓬勃地学诗，写诗，以诗为乐，以诗歌安置自己的心灵，从而有滋有味有教养，这是一件多么有意义的社会文化建设工程呵！据我所知，北京市已有一批类似的诗社活跃在社区基层。我想积以时日，一定能在这些诗窝窝里飞出金凤凰来的。

您是一位有文化素养的老师，学起诗来自然来得容易，进步快。当然，诗是运用语言的艺术，如何把诗写好需要下功夫才成。您在信中提到的竹枝词写作也是这样，看起来容易，但写出味道来却并不容易。我曾与一些诗友聊过，都认为最难写的是把那个竹枝味儿写出来。说起竹枝味儿来，大家各有体会。我的体会应指竹枝词里蕴涵的幽默感。幽默，是个外来词。用我们的语言来表达，应指与诙谐、风趣、俏皮、逗眼儿等相近。为了表达这种特色，常常通过比喻、隐语、俏语、歇后语等迂回地表现出来，避免直白和一览无余。其实这都是从民间歌谣中承袭和提炼出来的。这样，竹枝词既可融俗，又能寓雅，达到雅俗共赏。有人把竹枝词理解为一味地俗，把使用现代语言理解为直来直去的"顺口溜"，那样就"走样儿"了。您写的竹枝词里，我喜欢那首《朝来农艺园采风》中的"（六）砍瓜吟""（七）火龙果"。特别是《火龙果》

是一首佳作。读起来清新流畅，活泼跳跃，引发人的诸多遐想。其他诗体，如五律《剪纸迎奥运》，是一篇上乘之作。您的词和曲，有几首也感觉不错，可以多写一点，熟能生巧。北京，是元曲的故乡，我们应该对它更关心一些。总之，初学写诗，要把"学"放在首位，多读诗，读好诗，背诵诗，都是基本功。好了，我写得太多了。

2008年元旦即到，祝您阖家欢乐！

段天顺

2007年12月28日

致臧振彪诗友

——关于一首竹枝词的出处

按：臧振彪诗友于2010年4月给我来信称："您在《漫话竹枝词》一文中，曾引用过一首竹枝词，即："临湖门外是侬家，郎若闲时来吃茶。黄土筑墙茅盖屋，门前一树紫金花。"文中未注明出处。今年3月您在讲竹枝词大课时，亦引用了这首竹枝词，请先生能否进一步说明该诗的出处。"我接信后，于同年（2010年）6月22日给臧振彪写了一封回信，内容述后。

振彪诗友：

您好！很钦佩您对竹枝词这种认真学习的态度。受您的启发，我索性花了点时间找到了该诗的出处，简述于后。

据陕西人民出版社2003年出版的《历代竹枝词》第一卷（王利器、王慎之、王子今辑）所载，该诗名为《湖州竹枝词》，作者是元代的张雨。

张雨，浙江钱塘人（1277-1348），原名泽之，一名天雨，字伯雨，号句曲外史，又号贞居子。与赵孟頫、杨载、虞集有文字交。曾居茅山，著有《茅山志》、《句曲外史集》三卷，《集外诗》一卷，《元品录》五卷。元代著名诗人杨维桢有评论说：张雨"早年书无不读，尽用以为诗。其诗俊逸清赡，侪辈鲜及。晚年弃妻子寄迹老氏法中。诗有如'丹光出林掩明月，玉气上天为白云'，不目之为仙才不可也。始隐茅山，后徙灵石山中。诗名震京师"。

书中还有附记：有《古今词统》载此诗云："盘塘江上是奴家，郎若闲时来吃茶。黄土作墙茅盖屋，庭前一树紫荆花。"一作神女赠揭傒斯，署名张天雨。有眉批云："竟是白话，此'竹枝'之最胜。"

我还存有1991年三秦出版社的《历代竹枝词》（初集），亦为王利器、王慎之所辑。除上述《湖州竹枝词》外，还选录张雨另外两首，为《西湖竹枝词》和《遵道竹枝词》。我忆起是从这部书中看到这首《湖州竹枝词》的，也很赞赏"竹枝最胜"的评语。

段天顺

致郑伯农同志

伯农同志：

值此春节来临之时，祝您节日快乐，阖家幸福！

我记得去年在一次会上和您聊起竹枝词和诗词音乐事，您说古代词牌中有不少带"子"的名称，不知做何解释？如生查子、渔歌子、竹枝子等。竹枝子与竹枝词有何关系？后来，我查阅《敦煌曲子词集》一书，该书由王重民辑，1954年商务印书馆出版。在阴法鲁先生的序言中曾说：宋沈括《梦溪笔谈》卷五说："唐天宝十二载，以先王之乐为雅乐，前世新声为清乐，合胡部者为宴乐（燕乐）。"又说"这里所说的雅乐是秦以前的古乐；清乐是汉魏六朝的乐府；燕乐是隋唐的西域音乐。……就音乐文学史上说：配雅乐的歌词保存到现在的是'诗三百'，配清乐的歌词是'乐府'，配燕乐的歌词是'曲词'或'曲子词'，或简称'词'。……真正原始的词，应当是生动活泼的出于乐工伶人之手的作品。《敦煌曲子词集》今天恰恰弥补了这一段缺陷。"

关于"曲子词"，王重民先生在《叙录》中说："《云谣集》（按指《敦煌曲子词集》中卷）所选的"杂曲子"是今所谓"词"，古原称曲子。按曲子源出乐府，五七言乐府原称词（即辞）或称曲；而长短句则称曲子也。特曲子既成为文士摛藻之一体，久而久之，遂称自所造作为词，目俗制为曲子，于是词高而曲子卑矣。"

据上述，《敦煌曲子词集》中的许多带"子"的如山花子、生查子、鱼歌子、捣练子、天仙子、何满子、竹枝子等词牌，都是产自民间的曲子。竹枝子与唐代刘禹锡的竹枝词是两码事。

不知是否可以这样认识，由于我对音乐文学知之甚少，特请您审酌指点。

再祝

大安！

段天顺

2011年元月29日

致野草诗社王渭先生

王渭先生：

您好！年前在一次学会的集会上，您曾提出关于竹枝词的拗体特色，到底拗到什么程度的问题。最近，我翻了翻书，有些说法，想与您交流一下。

在1981年，由四川人民出版社出版的《成都竹枝词》，卷首曾刊登近人任半塘的一篇长文《竹枝考》。文章对竹枝词的源流做了较为详细的讲述，也涉及到竹枝词的拗体特色问题。

文章开头即说："《竹枝》民歌中，七言四句出于蜀，二句的较早，应为四句之源。"

在四句体竹枝一节，指出"盛唐以前已行，中唐刘禹锡倡为民歌体。""别名《竹枝曲》、《竹枝词》、《竹枝歌》、《竹歌》。""体别，以早期辞为初体，以民歌拗格为常体，以七绝为别体。"对于竹枝词的名称，则称"民歌就叫竹枝，无'词'字。'词'是'辞'的同音简体字，不是'赵宋词业'的'词'，不相混。"

文章中对"民歌拗体为常体"之说，举出三首诗例。一例初体，指"表明接近盛唐之早期辞。举顾况竹枝词为例。即"帝子苍梧不复归，洞庭叶下荆云飞。巴人夜唱竹枝后，肠断晓猿声渐稀。"（顾况比刘禹锡早70年）二例为常体拗格。举刘禹锡竹枝词为例，即"山桃红花满山头，蜀江春水拍山流。花红易衰似郎意，水流无限似侬愁。"三是别体，举五代孙光宪诗"门前春水白苹花，岸上无人小艇斜。商女经过江欲暮，散抛残食饲神鸦。"

文章接着做出解释说：初体，别体非不拗。顾（况）诗中"荆云飞"，三平连，"夜唱竹"三仄连。孙（光宪）诗中，亦以三句皆平起，而拗。惟刘（禹锡）诗"四句皆平起，且首句又以四平相连，斯为最拗。"

从以上可以看出，竹枝词以拗格为特色，似乎讲得十分清楚了。刘禹锡那首"斯为最拗"也说到"家"了。实际上，竹枝词的拗格是与近体格律体的绝句做比较而言的。

我个人认为，自古以来民间的语言、语音与官语、文语是有差别的。民歌和民间歌舞都是与当时当地日常生活语言和民间曲调相适应的。竹枝词与绝句不是一回事，不能用绝句的格律尺子来衡量竹枝词。然而，这两种诗体随着社会的发展、文明的进步，到了近世，文人们写的竹枝词，随着普通话的普及推广，各地区来往日繁，语音差异缩小，所以，在清代和现代竹枝词作品中，有一部分与绝句无甚差别，形成竹枝词的"别体"。两者更多的是在格调上有所不同罢了。

以上看法，是否有当，请批评指正。

段天顺

2011年3月17日

明末僧人东皋
为刘禹锡竹枝词谱琴曲

偶然翻阅近年出版的《经典中西名曲欣赏》一书，发现在该书第二节古代歌曲第六《竹枝词》一节中，刊有刘禹锡竹枝词琴歌一首。现录于下：

1=C4/4

```
·  ·  · · ·
6 2 1 1 2 | 2 1 2 2  - |
杨柳青青    江水平 ，

·     · · ·
5 6 3 3 2 | 1 2•3 2  - |
闻郎  岸上    唱歌声 。

·     · · ·
5 5 6 6 3 | 5 5 1  - |
东边  日出    西边雨 ，

·  · · ·
2•5 5 1  | 2•2 2  |
道是无情    却有情 。
```

该书编著称："曲调清雅淡远，表现出了纯朴的少女对爱情的向往和追求。"

上述这首刘禹锡竹枝词琴歌是谁作的，从哪里来的呢？据本书介绍称："这首琴歌竹枝词，最早收录在日本琴家铃木龙选编的《东皋琴人蒋兴畴传谱》。后由师承管平湖先生的古琴研究家王迪发掘整理。"

经查《辞海》称：东皋（1639-1695）是明末僧人，初名兆隐，别名东皋。俗姓蒋，名兴畴，浙江浦阳人。明亡后于1677年应日本长畸兴福寺明僧诚一之邀赴日，说法之余，讲授琴艺与书画、治印之术。日人集其传播，成《东皋琴谱》谱内均有歌词。

由此看来，这首竹枝词琴曲从东皋1677年东渡日本以前就存在了，至少是明代或明以前的古老琴歌。本来竹枝词是民歌，是唱的。刘禹锡改编的竹枝词，也应该有歌谱，但我们见到的极少。我没看到过，这一首弥足珍贵，故录之存赏。

2014年春节

《新竹枝词集》自序

拙著《燕水竹枝词》于1993年出版后，受到水利界朋友和诗友们鼓励。1997年，《北京晚报》、《北京社会科学》杂志发表我的《竹枝词与北京民俗》一文后，北京电台文艺台又连续做了播放，有不少朋友和竹枝词爱好者问起这本诗集。当他们得知此书早已售完，就动员我重印再版，以飨读者。起初，我仅将原书作了简单整理，请老友、水利史专家周魁一教授写了序言。原出版单位中国水利出版社社长史梦熊老友和该社编辑李荣华同志给予了大力支持。后来，又有朋友向我建议说："把近年来写的其他方面的竹枝词一并汇为一集出版，岂不更好？"我觉得是个好主意，便欣然同意。经过一番整理后，将全书扩大为五个部分，（一）燕水竹枝词；（二）纪事竹枝词；（三）纪游竹枝词；（四）酬赠竹枝词；（五）竹枝词散论。这样，就把这些年我写的竹枝词和与友人之间的酬赠以及两篇研究文章并为一书，取名为《新竹枝词集》。

我在旧版《燕水竹枝词》自序中曾说，"在各种诗体中，我很喜爱竹枝词。"回想起来，从开始学写竹枝词，至今已有二十多年了。其间尽管我曾写过其他多种诗体如律诗、古风和长短句等，然而，我常写不辍的是竹枝体诗，觉得写起来顺手，以至有的朋友评论说我的绝句诗，几乎都带有竹枝词的格调。所以在这次编选时，竟然分不清竹枝词和绝句的严格界限了，只好任其"不伦不类"吧！

　　说实在的，我喜爱竹枝词，绝不认为它是唯一最好的诗体。我一直认为好的诗歌应是内容与形式的统一。什么样的主要内容以什么样的诗体来表现，是诗作者应该讲求的。在社会主义新的历史时期，需要用多种诗体的谐和交响来反映这个伟大时代。我们的祖国是个诗歌的泱泱大国，传统诗词是中华民族的文化精神。它是涵养发育新时代诗歌的取之不尽用之不竭的资源宝库，我们绝不能避之不用，更不能采取摈弃的态度。竹枝词属于传统诗词的范畴，与其他传统诗体比较起来，它较易于从多层面上反映现代丰富多彩的社会生活，而且容易被广大群众所喜闻乐见，可谓"雅俗共赏"。可以说，在传统诗词中竹枝词是一种较易掌握，做到"古为今用"、"推陈出新"的诗体。正是从这个意义上，多年来，我执迷于对古代竹枝词的搜集和研究工作，结合工作感受，努力创作反映现代社会生活的"新竹枝词"。虽然，由于个人的文学功底有限，才力微浅，诗味不多，所期望的社会效果不足为道。但是，屈子有言："路漫漫其修远兮，吾将上下而求索。"这本区区诗作，就作为一个诗歌爱好者的尝试和探索可也。

　　最后，以一颗赤诚的心，感谢老友周魁一先生，篆刻家陈宝全先生，感谢作家出版社的编辑，为本书出版所做的努力。

1998年3月于北京安贞里住所

（陈宝全,篆刻家，北京印社副秘书长、中国书法家协会会员。）

我与竹枝词

（一）

我本是个做实际工作的干部，或说是个"万金油"干部，哪里需要就被调到哪里去。不过，调来调去，始终没调出北京市这个"圈儿"。

我出生于京西房山区的一个小山村。在乡村上小学时，老师要求学生背诵古诗文，时间久了，我就喜欢上了。我还喜爱家乡的山歌小曲，在山间地头或晚饭后常听农民叔叔、哥、姐唱，我也跟着学。以至从农村到北京上学，直到参加工作，几十年来仍喜欢搜集民歌民谣。至于我对竹枝词发生兴趣，却和我父亲的点拨有直接关系。

我父亲一辈子在北京从事教育工作，就是做党的地下工作时，也一直以教中学语文为掩护，有时写点诗词和朋友唱和。记得，一次在和父亲聊起民歌小调时，父亲说起唐代诗人刘禹锡将巴人的竹枝民歌，改编为竹枝词诗体，对后世影响很大，他说这种诗体语言通俗易懂，易学易写，鼓励我写点竹枝词。

1969年，我从北京市级机关下放京郊密云县农村劳动。1971年从农村调回城里，分配到市水利局工作。我就喜欢上了水利这一行当。我曾在一篇小文中写道："当我看到水的美姿，听到水的美声，观察那些有良好效益的水利工程，接触那些勤劳敬业的水利职工，就常常引发我的灵感，写上几笔，或诗词或文章。尽管我的写作功底不厚，诗味不多，但蛮有情趣。"

这一时期，我的笔调大多有意带点民歌的"竹枝味儿"。可用我的两句诗来概括："平生事业为孺子，捡得余闲理诗文"。日子久了，这几乎成为我大半生的习惯，成了我的一种工作和生活方式。

我最早发表竹枝词作品是1978年，以"吴爱水"笔名写了4首竹枝体小诗，发表在当时北京唯一的一份文艺刊物《北京文艺》上。写的是怀柔北部山区的小水利工程。那几年，我每年都有半个月去那里"蹲点包片"搞"三秋"。有一首，至今还能背诵下来，题目《小水电站》："背倚青山傍浅涯，早迎旭日晚披霞，分得一缕清溪水，直把浪花变电花"。

1991年，我的水利文集《燕水古今谈》出版。在这本文集中，有一篇《北京水利新竹枝》15首，受到著名历史地理学家、中国科学院院士侯仁之教授的注意。他在为本书写的《序言》中写道：作者"以水为纲，采取了灵活多样的写作方法，有散文、有随笔、有考察记录、有专题论述。既话古，又论今，甚至还利用竹枝词的民歌体裁，即景写情，引人入胜"。受到侯老的启示，我写竹枝词的胆量也就大了起来。到1993年初，在中国水利出版社的支持下，出版了我的第一本诗集《燕水竹枝词》。这本诗集出版后，我得到的较早的反应，是有一位中学生给我的来信，信中说他喜爱诗，也喜爱竹枝词，希望我能给他寄一本有我签名的《燕水竹枝词》，我十分高兴地满足了他的要求。我以为我的诗能得到一些年轻读者的关注是我的心愿。中国水利史研究会会长周魁一教授撰文："《燕水竹枝词》这些诗作朗朗上口，耐人咀嚼者甚多，不啻是一部北京水利史诗。一经发行便为大家所传唱。"中国水利水电科学研究院水利史教研室主任谭徐明先生撰文称："以活泼清新的笔调，独辟蹊径，将北京古代和现代水利的历史画卷展现给读者，给人以诗情画意的感染和深沉悠远的回味，这便是《燕水竹枝词》的特色。"北京诗人李荣著文称："这部诗集不仅佳篇见丰，就连诗前小序和诗后注释都严谨有味，可见作者的创作态度多么认真。"后来，《中国水利报》副刊以近半版篇幅刊登了部分诗作和周魁一教授的文章。

1994年，我主持北京诗词学会工作后，曾将这本《燕水竹枝词》诗集寄刘征、杨金亭两位诗家教正，得到了他们的一致肯定。刘征老来信说："蒙惠《燕水竹枝词》，吟味再四，推古今民歌之陈，而出现代之新，深所爱佩。"他还赠诗云："广源通惠访遗踪，更爱春郊绿映红，一卷竹枝唱燕水，相逢不恨晚相逢。"

后来，我又收到武汉水电大学教授、水利史学者黎沛虹先生为《燕水竹枝词》而作的诗："（一）金瓯一轴美如诗，历久风情燕水施。更喜春晖重绣锦，竹枝页页赋天姿。（二）欲绘山川何样姿，最难为处是才思。京郊潇洒生燕竹，许我春来摘数枝？（三）非是穷通未有时，江山如画惹诗思。才高不似财粗味，自有痴人爱认痴"。令我感动的是，2009年，在我第一本诗集《燕水竹枝词》出版

18年后，我仍接到河北省《石家庄日报》编辑王律先生寄来的这本诗集，请我签名题字后给他寄回。看到这位陌生朋友的信，直觉他的真诚扑面而来。我立即按要求签名寄还给了他。

实际上，在《燕水竹枝词》出版时，我已调到北京市民政局工作了。但我和水利部门一直没有断线，我仍然担任北京水利史研究会会长（该研究会是个跨行业的学术社团，也包括民政部门主管的救灾救济工作）。我本着干一行爱一行的理念，努力熟悉民政业务，也读了不少关于社会学、民政史志、民俗史方面的书籍。其中包括80年代初期和中期，由北京古籍出版社出版的《清代北京竹枝词》、《北京风俗杂咏》、《北京风俗杂咏续篇》等著作，这几本书收录有三百多首清代北京竹枝词。我徜徉其中，就如同走进一座大花园，每每为她们的婀娜多姿和鲜活的语言所吸引，所痴迷。同时也深深体会到这种诗体对文学和存史、补史的特殊作用。于是，经过经年努力，我在1997年写出了一篇《竹枝词与北京民俗》的文章，在《北京晚报·百家言》连载，文章介绍了如北京节令时俗、庙会时俗、饮食民俗、市民生活饮用水习俗、戏曲时俗等民俗竹枝词，一幅幅风情画展示出来。文章发表后，没有想到竟有几家刊物转载，北京广播电台文艺台，还为我录了音，不止一次地播放。这其中，姜德明先生在《北京风俗杂咏续编》序言中说："是不是现在还有写新竹枝词的？我期望这一文学样式得以流传。"我并不认识姜德明先生，但是，我非常感谢姜先生的提示，现在，北京诗词学会以及其他省市已有一批诗友在继续和发扬着"这一文学样式"；"竹枝"薪火已在北京诗词会诗友中点燃，并正向我国广大地区蔓延发展！

从1994年我主持北京诗词学会工作以来，为进一步研究竹枝词如何更好地融入当今社会，我总结出它有四个方面的特点：（一）语言流畅，通俗易懂；（二）格律宽松，雅俗共赏；（三）格调明快，诙谐风趣；（四）广为纪事，以诗存史。针对北京诗词学会的大部分会员都是初学诗词，他们积极热情，希望尽快学习入门。而竹枝词是一种容易学习和写作的诗体。别看它貌似简单，但含量丰富，较易于融入当今社会。我认为，竹枝词在表现时代精神，反映社会生活方面有先天优势，完全可以成为传统诗词与时代同步的"切入点"。我的这些主张，得到了杨金亭主编的全力支持，也得到了北京诗词学会其他领导人和驻会诗友以及一批诗人学者的广泛支持和赞同。

从1997年开始，在北京诗词学会会刊《北京诗苑》开辟了《竹枝新唱》专栏，每期发表竹枝词新作。我在北京诗词学会举办的诗词讲座上带头讲竹枝词课，在各诗社也开讲，有请必讲，几年来，我讲了有二十多次，有的诗社，我讲了二至三次，诗友们都喜欢听。我的讲稿曾被诗词杂志《诗词翰林》和本市及外地诗刊转载。受《中华老年报》之约，在《松窗随笔》专栏和《北京社会报》我都写过有关竹枝词的文章数篇。可以说，竹枝词在北京地区传统诗词的诗坛中已基本"家喻户晓"了。

（二）

在这期间，1998年，我的第二本诗集《新竹枝词集》由作家出版社出版。约有诗作三百多首，还有5篇《竹枝词散论》。这本诗集，是将竹枝词作为反映当代社会生活诸多方面内容分类编的。除"燕水竹枝词"以外，还包括"纪游竹枝词"，"纪事竹枝词"，"酬赠竹枝词"等篇章。

《新竹枝词集》发表后，很快得到反应。部队老作家郑云林先生，在接到我赠的《新竹枝词集》后于1999年春节给我来信说："书一到手，即捧读不歇，如坐春风，真乃一个新字了得，读余即兴赋三绝句，以吐心声，并做乙卯贺诗寄先生，聊博一笑可也"。

一

月光斜抹透窗纱，听唱竹枝清韵嘉。
昨夜案头春几许，指头香染腊梅花。

二

流水行云时代情，大江东去小桥横。
兴酣掷卷一凝睇，铁板铜琶尚有声。

三

心向江河情有加，涓涓纸上笔生花。
诗人掬得清流水，烹就芳香万盏茶。

北京青年诗人，北京报刊副刊编辑朱小平先生写来《新竹枝词集》读后感诗四首，现选二首：

一

梦得风流未绝尘，渔洋韵骨铁崖心。
铜盘一扣踏歌起，独树骚坛处处闻。

二

书生本色并诗人，经世襟胸断玉昆。
携卷一麾江海去，行间字里见真淳。

一位河北省保定专区的水利高级工程师张铭新老先生，以前我们不相识。他看了《燕水竹枝词》以后来信称："文革后很长一段时间，悲观自弃，蹉跎岁月，陷入低沉情绪中，不能自我解脱……想不到读了段公诗之后，首先吟咏对象都是水利，和我有密切关系，特别感到亲切，而且诗的格调清新，意境高雅，充溢着乐观气氛和生活情趣，大大感染了我。在我这接近干涸的精神生活里，确如饮甘泉，使我犹如死水的心灵，又泛起波澜。"此后，我们常有书信来往。1998年我的第二本诗集出版。他看后对本书的封面设计感觉很不错，还写来四首诗。信中说："我觉得书的封面，立意设计当是匠心独运，别具新风，是充满诗情的画，而且是蕴藉含蓄的一首朦胧诗。按照我的猜测，画是象征着诗人的人品诗品的，于是，写成四段顺口溜。"

赞《新竹枝词集》封面诗画

一

竹节缀成新词集，新词吟诵似闻笛；
远播绿野连天地，清气盈空涤心怡。

【注解】

《新竹枝词集》五个大字，从形象上看极似竹枝缀成。……封面下半部是绿色田野，清新生活气氛极浓。上半部是清净的天空，高雅宁静。在这样的天地中融入了诗人的心情灵感，涌现出新竹枝词。

二

翠竹数竿生燕郊，东风吹来舞妖娆；
非是板桥石隙物，缤纷沃土绿如潮。

【注解】

扇面上数竿翠竹，根生大地，枝叶繁茂，凌空飞舞，潇洒自如。也曾见过郑板桥一幅竹画，从山崖石缝中钻出数枝，虽说是"咬定青山不放松"，但一无汲取营养的沃土，二无发展普及的环境，区区数竿，稍嫌孤高。

三

似火红花难驻颜，如兰燕水古今谈；

"只缘参悟风铃语"，半是诗人半是仙。

【注解】

画面上还有一支红蓝铅笔，端详半日，当是用来染画流淌千年历尽沧桑的燕水"凭今鉴古记废兴"呵。

四

刘、白去后千余年，代有才人学大贤；
高山流水成佳话，酬唱诗词未了缘。

1999年6月

我见到这四首诗后，很快转到该诗集封面设计者，我的小女儿段跃的手里。她看了后也会心地笑了。现在，当我再翻阅这四首诗作时，张铭新先生早在八年前作古了。我谨将1994年写给他的那首小诗以志怀念之情。诗云："畿南徐、保有嘉名，燕水潇潇记治功。江汉琴台弦瑟老，竹枝俚语系嘤鸣。"徐、保，指河北省徐水、保定地区。

还有，在我给诗友讲授竹枝词时，常听到一些诗友背诵或朗读我的竹枝词，也还有些诗友对我写的竹枝词提出修改意见。我心里常常告诫自己，诗友们对我的鼓励和帮助并不表明我有多大的"诗才"，而正说明"竹枝词"这种古老的诗体所具有的"雅俗共赏"、融入当今社会的魅力，从而使我更加坚定相信，"新竹枝词"在新的时代的"生命力"。

（三）

2002年末，《北京诗苑》会刊已发表了三百多首竹枝词。为进一步推动这一活动。北京诗词学会召开了《竹枝新唱》座谈会，邀请二十多位作者并请北京作协驻会主席李青等参加指导。在会上，我做了"竹枝词与时代精神"的主题发言。与会人士，对竹枝词如何与时俱进，贴近生活，融入社会，反映时代，发表了颇有新意的体会。大家发言踊跃，实际上成为一次推动"竹枝新唱"的"加油站"。会后，《北京日报》在文艺副刊上，以通栏标题，发表了我的主题发言，并配以图片。座谈会认为："竹枝新唱"无论从内容或艺术表现上，都一洗旧体诗中的旧情调，以耳目一新的时代语言，描绘了新时期多姿多彩的生活，朴实生动地彰显了那些可喜的新变化；同时，也辛辣地讽刺和鞭笞了社会的丑恶现象。不少优秀作品给北京诗坛吹进一股喜人的气息。座谈会呼吁广大会员和作者迈开双脚，开拓眼界，感悟生活，面向多种精神需求的社会人群，与多种艺术门类，相谐共进，携手前进，活跃于社会，服务于社会。

竹枝词，这种诗体，按传统的说法是以"咏风土"为主。然而，随着世事的变化，社会的发展，这种以"纪事"为特征的文学诗体，以它活泼幽默的时代语言，使竹枝词所表现的题材内容，越来越丰富，尤其对于表现当代五彩缤纷的政治、经济、社会、文化诸多领域都大有用武之地。

为进一步拓宽竹枝词的写作领域，我试着做了一些努力。比如，1997年香港回归，我怀着激动的心情看了香港总督府最后一任英国总督告别总督府的降旗仪式，全神贯注地看了全过程的细节，随后以竹枝词的笔调写了组诗（四首）把这一历史时刻记录下来。诗发表后，首都文化界朋友赵洛先生来信说："兄写香港回归，震大汉之天声，消百年之忧愁，十分精采，读来神往。"湖北由胡盛海先生主编的《中华当代竹枝词》也编选了这首组诗。序言中写道："段天顺先生的《记香港总督府降旗仪式》让一个见证伟大时代的历史镜头在人们心中定格，抒发作者民族振兴的自豪感和百年圆梦的喜悦之情"。

1999年北京作家袁一强出版《皇城旧事》小说，这部反映旧京底层社会生活（殡葬行业）的长篇小说，是作家长期深入殡葬职工生活，多年积累素材而写成的一部成功作品，被誉为"一幅绚丽多彩的旧北京民俗风情画"。曾获北京市庆祝新中国50周年征文佳作奖，并获首届老舍文学奖提名奖。我读了这部小说感到十分"过瘾"，似乎好久未读到过北京味那么浓的京味小说了。于是，捉笔展卷，先将书中以精到的京味语言写出的有关章句，录为小序，然后按章节写出十几段竹枝词。比如，《老刘头》一首的小序称："老刘头是三十多年的老杠业，年轻的时候钉过皇杠、抬过亲王，十几年前抬过袁世凯。"竹枝词云："莫道杠夫是末流，双肩抬走帝王侯；刘头（儿）最喜津津道：'皇杠、亲王、袁大头！'"。作者对于旧京丧葬习俗，多有精到的描写。我都以竹枝词作录。其中包括孙中山在北京去世后，先暂放于香山碧云寺，南京中山陵修成后才移灵南京。作者将这段"奉安移灵"做了真实的场景描写，为北京的民俗史增添了珍贵的内容。我在竹枝词中慨叹道："一世艰辛撼帝亡，中山陵墓柏苍苍；'奉安'遗事无人记，独有才情写盛章。"这16首竹枝词，曾在《北京社会报》上发表，一个相识的老朋友曾在小型集会上朗诵过《老刘头》那首诗。

2000年诗人易海云先生的诗集《长天云海路漫漫》即将出版，邀我写篇序言，实在勉为其难。时至"五一"佳节，风和日丽，读海云诗，如临清流，如啜泉茗，遂乘兴援笔，得竹枝8首，以为序焉。首诗云："读海云诗好畅怀，天遥海阔任安排。一支彩笔泼复点，幅幅丹青入画来。"当然，为老友序文，也要指出不足，提出"期望"。因道："爱向诗丛觅妙词，诗人绝律更清漪。宜将椽笔干千象，霞起云天绘彩霓。""宁作流星一线开，清词丽句写将来。好从胜域斑斓地，更著雄声绕燕台。"

一群从50年代开始在共青团北京市委办公室工作的小青年，经历了四十多年的风风雨雨，当他（她）们离退休后，于90年代初又不定期的聚会了，并起了一个极重友情的名字"晚情之家"。其中有位女"秀才"陈宁，将每次活动都以随笔的形式记载下来，悠悠十年了，先后记载了19次活动，或促膝畅谈，或吟诗赏花，或品尝佳肴，或外出郊游，或庆喜寿，或贺乔迁，或吊亡友慰问亲属……总之，同忧同乐，内容十分丰富。正如陈宁所写的："这些年来，大家每次相聚，总是感到格外亲切、愉快、欢乐和温暖。也许，这正是我们晚年生活的一种需要，需要活动，需要关怀，需要朋友，需要感情交流。我们这样做了，而且也得到了，得到了一份深深的值得纪念的晚年情。"我看了随笔，随之写出15首竹枝歌，不揣浅陋，列入随笔之末，以博晚情之家诸老友敞怀一笑耳。

当83岁的北京水利界著名的总工程师高振奎老先生溘然长逝，他生前的工作业绩，尤其他日常幽默风趣的言谈笑貌，深深地萦回脑际。于是，我转悲为嬉，以诮逗的笔调，向老先生做了五段调侃竹枝词。开头第一首云："未肯人间享寿翁，飘然一去挽清风；泉台许是遭洪水，急请先生做"总工"？！小注云：先生一生乐观豁达，言谈风趣。余每次见面问及健康时，他总是说："快向八宝山报到了"。最后一首写道："一代工师卧碧峰，潮白永定颂清名；潇然一钵铮铮骨，伴与山青并水清"。高总的骨灰安放于密云水库山上。他是当年修建密云水库时的施工总工程师。

北京的诗人写北京，天经地义。北京的风景名胜、文物古迹、历史名城，写来连篇累牍，不可胜数。可不可写写经济，写写名牌，写写老字号？会不会把诗变成商业广告？其实，"竹枝词"却不管这些，早在清代，竹枝词就成为描写北京"市廛""商贾"的常见诗体了，那有何妨？北京诗词学会经我的提议，2007年组织了十来位诗友"志愿者"，到北京的名店全聚德烤鸭店进行采风，这个有一百四十多年历史的老店，从传统经营到现代化管理，坚持服务质量，不断开拓，发扬品牌效应，成为北京餐饮商业的典型，名扬海内外。大家写出一百多首竹枝词，并编辑成册，成为该店奥运会的礼品。我写了10首，其中一首《全聚德老匾》云："风雨沧桑百四春，聚德兼重聚才人；品牌一自推新法，天下谁人不识君！"《北京鸭小史》："自古京鸭美名扬，玉泉清水是家乡；运河吃惯漕粮米，个个丰姿焕彩光。"

（四）

2004年，中华诗词学会主办的《中华诗词》诗刊第二期，"吟坛百家"专栏，发表了我写的新竹枝词22首。

2007年下半年，为纪念北京诗词学会成立20周年，将十年来《北京诗苑》会刊发表的"竹枝新唱"汇成专辑，名为《竹枝词新唱》，收入300多首竹枝词。杨金亭主编在"竹枝新唱足新声"的序言中说："在老中青诗友的热情支持下，这个栏目佳作荟萃，影响日深。事实上已形成一个具有全国范围的刊登竹枝词创作的中心园地，前后历时10年，刊发出的基本囊括了当下竹枝词的精品佳作。"这部诗集出版后，得到了北京和其他一些省市的诗人、学者和广大诗友的积极评价。海南省三亚市李池先生来信称："这本书好就好在有生活气息，言语鲜活，少酸腐气。因这本书是"大众读物"，不是"小众读物"，我读书不多的爱妻，看到这本书也爱读。"北京著名文化人，北京古籍出版社原总编辑赵洛先生来信称："赐书收到，至感至真。不少佳作，反映真切。……原竹枝大白话，轻松迷人，恰似窗前新绿的柳丝，摇曳多姿。心境，新情，新意无穷尽。元好问曰：'眼处心生句自神'；张船山曰：'好诗不过近人情'，'真极情难隐，神来句必仙'。为兄贺，为竹枝体诗人贺。"

2008年，中华诗词学会在河南南阳市举办第22次全国诗词研讨会。会上，我以《竹枝薪火亮京华》为题，向大会汇报了北京诗词学会在会员中开展学习和创作竹枝词的情况，引起与会者的广泛关注。

说实在的，这些年在新竹枝词的写作与推广方面，得到不少老朋友和众多诗友的鼓励和支持，许多人给我写信写诗，给了我很大的支持和勇气，我对此表示衷心地感谢，其中还有不少来信来诗，未能复答，对此我表示深深的歉意。比如，在诗词学会合作共事多年的柳科正诗兄，他早在1999年写给我的诗，我去年在《北京诗苑》上见到才想起来。他在诗中鼓励我说："水经注后山经杳，谁为诸山一垦荒？"燕水写了，还应该写燕山呀！我只能向老友检讨说，我"觉悟"得太迟了，十年前老友的鼓励，未能"理采"呀！我又联想起三年前见到肖永义诗翁写给我四首《新竹枝词集》读后作。其第二首云："词人岁晚欲何之，燕水燕山踏遍时，江河未了平生愿，百丈柔情绕竹枝。"其第四首云："熟路轻车宋与唐，闭门觅句慨而慷。竹枝芳草情无限，何事荒原吊夕阳！？"这大概是他在看了我那首《七十戏笔》后对我的"劝勉"和"提醒"。我的诗中有"回首夕阳轻自笑，还他一介是书生"的话，当然，"书生"也有两面！毛主席说道："书生意气，挥斥方遒！"我要铭记肖翁对我的提醒！

（五）

2009年的春节后，中华诗词学会代会长郑伯农先生为北京诗词学会会刊《北京诗苑》撰写文章，题为《从竹枝词谈到诗体创新问题》，文章对竹枝词发生、发展的源流进行了清晰地梳理，有很强的学术价值和理论指导意义，对当代竹枝词发展给予充分肯定，给我们继续努力推广竹枝词增强了信心。

与郑伯农会长的专论几乎同时，还收到刘征老给我的一封信，他在信中说："学会一向重视竹枝词的研究和写作，出版了专著。你更于竹枝词情有独钟。竹枝词起源很古，却又很新。新在哪里？形式短小，通俗易解，富有民歌情趣，接近大众生活。作者易于掌握，读者喜闻乐见，非常适合今天普及推广。学会不妨在竹枝词上大做文章，使之成为学会的一面亮丽的品牌，成为当代诗歌百花园中的一朵遍地生根的极有媚力的鲜花。"

带着郑伯农代会长和刘征老的深情瞩望，在北京诗词学会今年初的全体理事会上，我和学会理事们一致对竹枝词继续在新时期的发展和提高充满信心。将2010年作为北京诗词学会的竹枝词年。3月23日我在今年全市召开的诗词讲座上，讲了《关于进一步提高竹枝词作品质量的几点思考》参加听讲的有五百余人，讲了四个方面的内容：（一）要在幽默风趣的格调上下功夫；（二）要在"新"

字上作文章；（三）坚持雅俗共赏；（四）保持竹枝词可以加注和创作组诗的传统。端午节时举办了陶然诗会和竹枝词作品的征集发奖会，下半年将举办北京第二次竹枝词研讨会，进一步从理论和实践上提高写作质量。还准备向各兄弟省市诗词学会写信，恳请提供本地区的优秀竹枝词作品，准备出版一部全国性新竹枝词作品集。

是啊，我们几千年的泱泱诗国，源远流长，诗体繁多，精采纷呈。在庞大的诗歌宝库中，自当百花齐放，各有千秋。我自己在学习和写作过程中，根据个人体会和广大诗友的意愿，为传统诗词文化更好地融入当今社会，建设当代诗词文化大厦，以竹枝词为"切入点"，取得了一些初步效果。这仅是"沧海一粟"而已。我认为中华传统诗词文化的命运，将以适应新时期的新面貌，阔步前进！

2010年春节后

附1：评析京城竹枝新唱

——诗界评析摘录

郑欣淼：竹枝新唱气如虹

北京诗词学会自1988年成立以来，经过几届领导和全体会员的共同努力，开拓进取，创新发展，成果显著，有目共睹。

特别是段天顺会长主持工作以来，学会发展进入最好时期：不断登上新台阶，开创新局面，得到了中华诗词学会乃至全社会的认可，受到了国内外诗词界的好评。作为社团组织，连续多年获得了北京市先进社团单位荣誉称号。会刊《北京诗苑》、《诗词园地》被公认达到国内同类刊物中的一流水平。学会正式出版的多部诗集、论文集都达到较高的水平。

北京诗词学会十分重视突出北京特色。段天顺会长一贯倡导的竹枝词，不但唱响北京，也唱响了国内大部分地区，影响到海内外，并广泛受到好评。近年学会提出的重振燕赵诗风工作已起步，并受到诗友的关注。每年一度的端午诗会，已成为北京品牌，今年北京第七届端午诗会暨回龙观风雅杯诗词大赛正在紧张而有序地运作之中。宣传北京精神、办好一年一度的"首都诗词界新春茶话会"等，也都成为北京诗词学会的传统品牌。住北京、爱北京、写北京、为北京服务，一直是北京诗词学会的重要任务。北京特色、北京品牌已彰显北京诗词学会的创新和风格。

赋诗一首以示祝贺:

竹枝新唱气如虹，燕赵诗风一代雄。

沧海珠明新境界，云帆万里乘东风。

——摘自在北京诗词学会第四次会员代表大会上的讲话

（郑欣淼：中华诗词学会会长）

杨金亭：向民间歌谣吸取营养

从上一期开始，我们在《吟坛博议》栏目中，连续两期，重点推出了当代著名文艺理论家郑伯农应段天顺会长之约，为本刊撰写的一篇题为《从竹枝词谈到诗体创新问题》的专论。作者运用历史唯物主义的大诗歌发展观，阅读了大量的古今竹枝词的作品及有关这个诗体演变发展的理论资料，多方面地钩陈辑轶，旁征博引，在深入研究的基础上，对竹枝词的发生、发展、集成、创新的历史源流，进行了科学的分析梳理。这篇很有学术价值的专论，在普及竹枝词、史论的同时，对当代竹枝词的创新，乃至推动整个诗词创作，沿着社会主义先进文化的方向前进，也给予了诗词界以多方面的启示。

文章对段天顺所领导的北京诗词学会及其会刊《北京诗苑》所倡导的新竹枝词创作，得到了遍及全国乃至海外华人诗词界的响应，给予了充分的肯定。文章在援引了段天顺提出的竹枝词具有："语言流畅，通俗易懂"；"格律较宽，束缚较少"；"格调明快，诙谐风趣"；"广为纪事，以诗存史"等四个艺术特征后，指出竹枝词之所以在"绝句如林的诗歌王国中能够别树一帜，长盛不衰的根本原因"，是由于它和民俗民风结合得十分紧密，由于它"广为纪事，以诗存史"，以至填补了不少空白，一些不能入诗的国事、民事、社会轶闻、生活花絮，通过竹枝，这种风土味很浓的诗歌进入艺术画廊，得以传之于世。寥寥数语，突出了竹枝诗体的本质特征，也揭示了本刊倡导竹枝并已成为全国竹枝词创作中心园地的成功奥秘。

　　作者通过竹枝词从民歌到文人诗的发展过程的梳理，进一步揭示了民间歌谣得文人的润色而广为流传，并给文人诗不断注入新的创作生机，进而推动诗歌不断发展的规律。专论启示我们：产生于"饥者歌其食，劳者歌其事"的民间歌谣，是文人诗的源泉。正如鲁迅所说："歌，诗，词，曲，我以为原是民间物，文人取为己有，越作越难懂，弄得变成僵石，他们就又去取一样，又慢慢地绞死它。"（《鲁迅全集》12卷，339页）又说："从唱本说书里是可以产生出托尔斯泰、弗罗培尔的。"（同上4卷441页）当前我们的诗词创作中，有不少有作为的诗人词家，如以刘征、程光锐为代表的"三友诗派"，以王亚平、秦中吟为代表的"大边塞诗派"，以段天顺为代表的"新竹枝词派"，他们就很注意向各种民间歌谣，乃至"唱本说书"等民间艺术中，汲取营养，创作出不少"贴近实际、贴近生活、贴近群众"，且为当代人民大众喜闻乐见的精品佳篇。

——摘自《郑伯农竹枝词专论的启示》

杨金亭：竹枝新唱动京城

　　本刊自1995年改版十年来，为了适应新时代的要求，在对传统诗词文体进行新的改革探索方面，已取得如新体新诗，乐府新声等多方面的收获；首先引起全国诗词界广泛关注的，还是那个已开设了10年的《竹枝新唱》专栏。到目前为止，专栏已累计刊出竹枝词新作500多首，其作者遍及全国城乡，许多从未见过有竹枝词问世的老诗人词家，也兴致勃勃地寄来竹枝新作，为我们这个专栏增光添彩。比如，本期该栏推出的蔡厚示刘庆云、欧阳鹤、石理俊四家，都是创作、研究成绩卓著的老诗人，而杨逸明、张福友、郑邦利、胡迎建等，则是近十年来以独具风格的创作崛起于旧体诗坛的中年诗人词家。他们寄来的竹枝词新作中，都有令读者耳目一新的力作。这实在令编者感动。

　　纵览众多诗词报刊，如此持之以恒地大力提倡竹枝词创作，而且成为这个诗体的中心刊登园地的，似乎只有我们一家。回顾既往，我们为竹枝词在本刊的百花争艳而欢欣鼓舞；展望未来，我们为这个诗体将会赢得更大的读者群而满怀信心。这正如段天顺文章中所指出的：竹枝词源于民间歌舞，属于传统诗词范畴。然而，它语言流畅，明白易懂，格律较宽，雅俗共赏的诸多特点，使它较易于融入当今社会。在表现时代精神，反映社会生活方面有先天优势，完全可以成为传统诗词与时代同步的"切入点"。

　　我们希望有更多的诗人词家以更大的热情，参与"竹枝新唱"的创作，有更多既新又美的竹枝佳作源源问世；也希望我们旧体诗队伍中，那些长期陷入公式化概念化的

"非诗误区"，以及那些陷入仿古、泥古"死诗误区"不能自拔的诗友们，从竹枝词"贴近实际、贴近生活、贴近群众"的"切入点"中，得到启示性领悟，尽快走上与时代同步，用自己的声音为人民歌唱的现实主义的创作道路。

《北京诗苑》2005年第2期

（杨金亭：著名诗评家 中华诗词学会副会长）

刘征：绿遍原野的小草

天顺学长：

春节过后，寒意稍减，春消息虽尚杳然，但似乎已听到若有若无的蛩音了。书室宁静，龙井茶香，欣然与君笔谈。

在北京诗词学会二十周年的庆祝会上，得知学会富于特色的工作成绩，很受启发。学会一向重视竹枝词的研究和创作，出版了专著。你更于竹枝词情有独钟。竹枝词起源很古，却又很新。新在哪里？形式短小，通俗易解，富有民歌情趣，接近大众生活。作者易于掌握，读者喜闻乐见，非常适宜于今天普遍推广。学会不妨在竹枝词上大做文章，使之成为学会的一面亮丽的品牌，成为当代诗词百花园中的一朵遍地生根的极有魅力的鲜花。

不特此也，学会的两项活动很有意义。一是为全聚德烤鸭店写诗，一是为陶然亭公园写诗。这些活动可算是一种新的尝试。开拓一条途径，使诗词走出诗坛的窄小圈子，走向社会，直接走进民众的生活，又使诗词获得新的用场，又给社会生活增加高雅的诗意。唐代是诗的盛世，诗歌广泛地走进民众生活。就我所知，已发现写在酒壶上的诗就有一百多首，其中有王维的六言绝句。歌女能唱白居易的《长恨歌》，身价十倍，缠头自然丰厚。诗，既有擎起天空的大树，又有绿遍原野的小草，才构成完善的诗的盛世。

我想起早年访美，有些餐馆的面包，掰开来其中藏着一个纸条，纸条上印有诗句、格言或俊语。我国南方某市的一条大街，路两边隔不远即树立一个诗牌，有些学校校园里也树立着诗牌。我想，如果北京餐馆的馒头，内藏风雅，有些大街和公园也树立诗牌，那该多好啊！北京是诗歌大国的首都，理应成为诗歌之城。

人老了容易唠叨，戒之。

谨祝康吉

刘　征

二零零九年二月四日

（刘征：著名诗人　曾任《中华诗词》主编）

邢贲思：弘扬中华诗词文化

"从20世纪60年代初、北京古籍出版社曾出版过的一本《清代北京竹枝词》可以看出，竹枝词有明快、语言诙谐、流畅易懂、雅俗共赏等特点，有纪事、存史、补史等作用。因此，通过对竹枝词的倡导是否有助于更多的社会各界人士，通过诗词形式来认识社会并提升自己？我们愿意做一些这方面的尝试。"

"近十几年来，在北京诗词学会不遗余力的倡导下，在北京及至全国，掀起了一股强劲的中华诗词创作的'竹枝风'。不少人开始用竹枝词记北京、忆北京。洪学仁先生在这方面的写作上起步较早并具规模。"

——摘自"为洪学仁先生第三本竹枝词集

《竹枝三百首》出版而作"的序

（邢贲思：为原中共中央党校副校长、原《求是》杂志总编辑、华夏文化纽带工程组委会常务副主任）

孙杰：1990年代竹枝词创作的生力军

北京诗词学会从20世纪90年代开始即倡导写作当代竹枝词，成为竹枝词创作的一支生力军，该学会于2010年11月又在北京举办了新竹枝词研讨会，对新竹枝词的创作进行了深入研讨。1993年，段天顺出版有吟咏北京水利建设情况的《燕水竹枝词》，之后在1998年又有《新竹枝词》面世。洪学仁、白钢先后合作，在2005年、2009年相继出版了《北京世象竹枝词》、《北京生活竹枝词》，记述了解放后60年来北京的城市发展与社会生活。

——孙杰著《竹枝词发展史》上海世纪出版集团

上海人民出版社2014年8月版

附2：诗社吟咏竹枝词活动

塘萍：北京诗词学会风景线

北京诗词学会能数年如一日地倡导"竹枝新唱"，是因为有一位领头人——段天顺先生。段老是诗词界公认的当代竹枝词研究专家，从《竹枝词与北京民俗》、《竹枝词里的爱情诗》等散论到不久前出版的《竹枝斋诗稿》，对于竹枝词爱好者来说，都是十分珍贵的教材。段老不仅有理论研究，同时注重艺术创作实践，早在1994年，当时的《民政之声报》就刊登过他的《京华敬老竹枝词》九首。他认为，竹枝词"以俚词而入雅调，别有一种风格。"容易学，容易写，由此入手，对于继承、弘扬传统是个好载体。他的研究成果，被众多诗友认可，爱北京，写北京的竹枝新唱，已在学会蔚然成风。

为满足诗词写作者、爱好者的需求，学会多次举办新竹枝词研讨会、座谈会；在《北京诗苑》上，专门辟出"竹枝新唱"和"漫话竹枝词"的专栏。1997年，由学会编选、北京出版社出版的《当代咏北京诗词选》一书，就收入了不少会员们创作的新竹枝词。近年来的竹枝新唱更是佳作连篇，令人欣喜。

竹枝新唱，扎根生活，天地广阔。放眼望去，真是北京诗词学会一道亮丽的风景线！

——摘自《北京社区报》2012年3月14日

玉泉诗社：玉泉山下学竹枝

今年春天，段天顺同志在玉泉诗社作了一个《漫话竹枝词》的长篇发言，引发了诗友们的极大兴致，诗社及时组织大家研究、学习竹枝词。形成眉飞色舞说竹枝，情真意切写竹枝的热潮，出现了诗社成立六年来最活跃的局面。两个月来，已有十多人，写了二百多首竹枝诗。在说竹枝、写竹枝的活动中，大家初步体会到：①竹枝诗易懂、易学、易写、易流传，很好地运用它，可以产生很好的社会效益；②竹枝诗反映民风、民俗、民情、民歌味，对诗词创作中克服一般化、概念化的弊病，使诗作富有时代气息、地域风情、性格特征大为有益。

田舜：干休所里唱竹枝

不知怎的，人到老年凡有点文化的都喜欢诗歌，爱好舞文弄墨。就拿京城里许多部队干休所的老干部来说，上老年大学、组织诗社、读诗写诗十分普遍。许多老同志尤其爱写竹枝词。别看它是旧体诗，但语言流畅，通俗易懂，雅俗共赏，又没有那么严格的格律要求，较易于反映现代社会生活。最近有机会读到干休所一些老同志写的竹枝词，使人耳目一新，越看越有味道，就像欣赏一幅幅老年生活的多彩风情画。高兴之余，觉得不能独享，索性捡出几首和更多的老年朋友一起欣赏吧！

在北京，许多老年人喜欢爬香山，那的确是一项很开心的活动。请看一位老红军在爬香山时那宝刀不老的精神状态：

> 香炉峰去白云间，耄耋红军视等闲。
> 倘若长征重上路，敢摇轮椅上岷山。
>
> （作者 郑直）

练太极拳剑，是适合老年人的体育活动。然而开始学练时，可不是那么轻松啊！

> 宝剑森森劈晓风，青光闪闪赤辉中。
> 人言太极轻如燕，我咋招招像冲锋？
>
> （作者 郑直）

撂下枪杆，拿起笔杆，满不是一股劲。一位老军人张桓学写两首竹枝词，前后隔了几年，两种不同感受，读来极其风趣：

> 推敲骚首句难成，背手低吟绕室行。
> 老伴斜看哼一句，无才还想当诗翁？！
>
> （作者 张桓）

学诗真是个苦差事。然而持之以恒，两年过来，情况就变了：

> 推敲再四句微工，绕室低吟味觉浓。
> 老伴乜眸轻一笑，咱家出个大诗翁！！
>
> （作者 张桓）

诙谐风趣的竹枝词写出众多老年人学诗的苦乐情怀。老年朋友看了，一定会庆赏作者的成功，并激励自己追上去。

近些年旅游业兴起，祖国的山川胜景，激励了多少老年人更加热爱自然、热爱生命、热爱祖国。请看一位老同志在参观被称为全国第一村的华西村的感受吧！

华西一曲自编歌，唱得村民齐奋戈。
苦斗年年成首富，洋人来作打工哥。

乡村都市已难分，都市今应逊此村。
农舍幢幢如别墅，奔驰停在自家门。

（作者　李翔）

好新鲜的事物啊，两句精彩尾句，华西村境界全出。

王国俊：竹枝诗稿到咱家

竹枝诗稿到咱家，满屋清香放彩霞。
越读越甜越有味，决心学好颂传她。

王政民：我学竹枝词

我对竹枝词的热爱，是从1997年在《北京晚报——百家言》专栏上读了段天顺同志的《竹枝词与北京民俗》一文后开始的。不久又得知段天顺同志的大作《新竹枝词集》正式出版，我便到新华书店去购买，跑了几家书店都没有买到。因为我购书心切，便决定到出版社去看看，于是我便骑车到朝阳区农展馆南路十号作家出版社，一位工作人员对我说："这里只办批发，不办零售。"经我再三求告，他也看出我这个白发老头，跑得气喘吁吁，满头大汗，实属真心，不知他与谁通了电话才破例卖给我三本。我如获珍宝，很快就粗读了一遍，因为我不仅喜欢古诗，还想学写古诗，只是我找不到门路。有了《新竹枝词集》好像请来了一位老师。作者是北京人，写的多是北京事。我从北平解放时就来到北京，也算是老北京人了。觉得更加亲切。我与段天顺同志并不相识，后来得知他是北京市房山区人，我是北京市门头沟区人，虽然现在归属两区，实际上我们的故乡都在百花山上，所以又成了老乡。

书读完后，马上就拟了一首小诗写在书后：

> 京人京串京味浓，古为今用书真情。
> 竹枝功底实非浅，好句何必平仄声。

当时我是觉得竹枝词好写，又是民歌体，不必受到格律诗那么严格的限制，后来才得知，是要按七言绝句的格式写成。特别是看到刘禹锡的11首竹枝词，竟被收入《万首唐人绝句》书中，给了我更大启发。

不久我便参加了北京诗词学会，在学会的帮助指导下，我对古诗词有所认识和提高。2005年，我便以"喜读段天顺《新竹枝词集》"为题，写了三首竹枝词，发表在2005年《北京诗苑》增刊上。

一

> 竹枝手捧喜冲冲，京事京人京味浓。
> 歌颂京郊山水景，弘扬古迹唱民风。

二

采风工作巧相连，妙语真情集万千，
去旧出新歌雅曲，古为今用楷模篇。

三

燕山河水太行情，水库湖泉繁似星。
造福人民环境美，莫忘治水工程兵。

——摘自王政民：《晚霞诗集》

（王政民：北京门头沟区人）

工人师傅王奎亭寄诗赞竹枝词

拜读大作，感慨颇多。请转告段老，有一个普通工人十分敬重老人家的人格风范，喜爱老人家的诗词文章，衷心祝福段老健康、吉祥、幸福。（本应当面聆听教诲，实不敢当，惭愧）

治水济民政绩佳，诗风雅丽写京华。
爱人民与生花笔，段老原来是大家。

2012年2月

湖北省鄂州市诗词学会会长胡盛海先生致信

段天顺会长：

　　您可能会感到奇怪，一个素不相识的同志怎么会写信拜年呢？其实不然，我早就熟知老先生的大名，并拜读了您的大作。早年拜读了您的《燕水竹枝词》，以后在《中华诗词》上拜读过您论述竹枝词的文章，从华夏翰林的《诗词丛刊》上拜读过您的《怎样写竹枝词》系列讲座，近从《中华诗词学会通讯》06年第4期《孙轶青〈开创诗词新纪元〉研讨会发言选登》中看到您的发言。这些都给了我深刻的教育和启发，知道您不仅是一位高级领导干部，而且是一位诗词功底深厚的诗词家，从1994年以来就是北京市诗词学会的会长，为中华诗词事业的发展做出了积极的贡献。

　　我从年龄上比您小几岁（我生于1940年）是您的老弟，从诗词艺术角度说是您的徒弟，我只是个诗词爱好者，功底浅薄。我是2002年担任鄂州市诗词学会会长的，地方小，诗词擅长和爱好者少，工作也做得少。我们诗词学会于2005年在《中华诗词》第6期上向全国征集《中华当代竹枝词》，现正准备编辑出书，希望能得到您的指导和支持：一是请您将您的大作《怎样写竹枝词》全文惠赐于我会，在书中刊出，以作为指导读写竹枝词的综合要文，出书后，根据您的需要寄若干册于您；二是请惠赐您的竹枝词大作，或从《燕水竹枝词》中选若干首。

　　春节即到，想必您的事一定很多，不过多占用您宝贵的时间，信就写到这里，诚望春节后能得到您的答复和惠赐。

　　敬祝
新年吉祥，身体健康，阖家康泰，万事如意。

湖北省鄂州市人大常委会　　胡盛海

2007年春

海南省三亚市李池先生致信

段天顺先生：您好！

　　由您主编的这本书我读而再三不舍释手。这本书好就好在有生活气息，言语鲜活，少酸腐气。我离休后二十二年来读过不少中华诗词刊物，但合我口味的诗作很少。我曾写过一首《诗坛叹》："吟哦山水缺真情，答赠良朋滥可憎。偏是少关民疾瘼，好诗寥落若晨星"。因为这本书是"大众读物"不是"小众读物"，我读书不多的爱妻看到这本书她也爱读。

　　此致
　　敬礼！

三亚　李池

2008年2月28日

文苑散论·序跋

在北京漫长的历史发展演变过程中，其雄浑壮丽的山川景物，豪侠仗义的风土民情，慷慨悲壮的历史事件，凝成它独特的文化风貌和鲜明强烈的格调：雄浑、刚健、悲壮、忧愤。

存续古都"灵气"

——在1996年首都文化发展战略研讨会上的发言

研讨首都文化发展战略是一件非常有意义的事情。我在考虑这个问题时有三个立足点:一是大文化概念,涵盖各行各业,以教育、文化、科技为重点;二是古都文化概念,北京作为文化古都,有丰厚的文化积淀,继承和发扬北京优秀文化传统,从中汲取营养,继往才能开来;三是现代文化概念,首都文化发展战略目标,是适应社会主义现代化国都的要求,高瞻远瞩,"汇纳百川",建设有中国特色的社会主义现代化文化。

根据上述的基本观点,结合自己工作实践,有三点思考,提供大会参考:

一、从大文化观点出发,在各行各业大力倡导文化意识,使人们一走进北京就能受到浓郁的文化熏陶和感染。

现在首都作为文化中心的性质早已确定。但总的感觉文化氛围不浓,文化整体素质不高。怎么办?我认为首要的是倡导文化意识,大力发展行业文化。文化不仅是宣传文教部门的事,更是各行各业的事。实际上各行各业都有各自的文化蕴含,只要有这种意识,自觉倡导,锲而不舍地推行,就能把首都的文化发展变成各行各业的自觉行动,形成各自的行业文化。我认为大力提倡行业文化对于提高全体市民整体文化素质大有好处,是一条比较可行的途径。

我是做实际工作的，在我从事民政工作期间就有这种体会。民政工作尽管是政府的一项重要行政工作，然而常常不被社会所重视。职工自己也认为民政就是"发发钱，拜拜年""看坟守墓"，干民政低人一等。为提高职工认识，我们有意识地在民政系统倡导文化意识。我们曾在李大钊烈士陵园管理处与职工讨论过一个问题：陵园管理处的职工仅做个看坟守墓人呢？还是要成为李大钊革命思想的学习和传播者？是把陵园仅看作坟地呢？还是要把陵园作为进行革命传统教育的基地？经过讨论，形成一个共识：管理好陵园，就要当作教育和传播基地来建设。为此，他们建立起李大钊革命思想学习研讨会，要求工作人员学习李大钊著作，请李大钊研究人员讲课，收集和调查李大钊革命事迹的文物。有一位北大历史系毕业生自愿来陵园工作，成为研究会的骨干。现在这里已正式成为青少年教育基地，每年有上万人来此瞻仰学习。研究会出版的《万安丛书》，已出版《李大钊传略》和《文艺名家》两套。万安公墓除李大钊烈士陵园外，还有许多文化人的陵墓，如朱自清、韦素园、张西曼、李广田等等。陵园管理处准备有计划地出版一批具有自己特色的书，把公墓管理处变成生产精神产品的基地。

事实上，当我们把民政工作从文化角度来审视时，清楚地看到民政工作在许多方面包含着丰富的精神文明，它是黏附在我国优秀的文化传统和革命传统中的，在这个领域发掘和弘扬优良文化传统，就会从它的每一个角落和工作细节中散发出浓浓的文化气息。

其实各行各业又何尝不是如此呢？这些年许多企业提倡企业文化，都属于建立文化意识的范围，所以我认为，行业文化应该列入文化发展战略的视线之内。

二、以国务院批准的《北京城市总体规划》为依据，强化规划意识，不能随意取舍

1993年国务院批准的《北京城市总体规划（1993——2010年）》，更加明确了北京的城市性质，指出"规划的基本目标是进一步加强和完善全国政治中心和文化中心的功能"，使北京"成为全国文化教育和科学技术最发达、道德风尚和民主法制建设最好的城市"。无疑这也是首都文化发展战略研究的目标。现在重要的是要认真贯彻这个规划的指导思想，认真组织《总体规划》的实施。要抓紧编制详细规划和各项专业规划，其中对于文化发展方面的规划实施应给予特别关照，在资金投入上给予保障，如果一时筹不到款，也应先把地皮留下来。规划上定了的，应视为法律，不能由于某种原因随意取舍。

《总体规划》明确要求将北京建成"世界第一流水平的历史文化名城和现代化国际都市"。现在，我就首都向现代化国际大都市迈进过程中如何保持文化古都风貌问题谈点个人认识。北京有3000多年的建城历史，有900多年的建都历史，早就以文化古都著称于世界。文化古都风貌是历史文化的固化，人们就是从天安门、紫禁城、天坛、

鼓楼、三海以及四合院、最高学府、京剧艺术等等各种具体形象来认识这座文化古都的。首都文化发展战略就要精心研究如何把保护好文化古都风貌和发展现代化城市建设很好地结合起来。在这里我想重点谈谈水文物的保护和开发利用问题。从北京城市发展史上看，北京是依水而建的，北京城的选址与水有直接关系。金中都废弃后，大都城址向金中都的东北转移，这个转移不是偶然的。一是由于那里有古高梁河遗留下的三海水域，忽必烈早就看上了这个风光秀丽的地方；二是为了躲避永定河的洪水威胁，史书上记载永定河发水冲过辽南京城。所以，大都城址恰恰建在永定河的洪积冲击扇的脊背上。北京城市的发展过程遗留下许多古水道和水利工程，都是历史文化的载体和见证。比如，一说起通惠河、北运河就和元大都城的发展联系起来，一提到莲花池、莲花河就想到它是古蓟城的水源，一提到长河就和北海、中南海、紫禁城挂起钩来。可以说，这些河道本身就是历史文物。它们至今还在发挥作用。因此，在规划上就要在认真保护的基础上，把保护和开发利用结合起来，为现代化城市建设服务。前两年北京水利史研究会与水利规划部门有过设想，结合通惠河的治理想方设法保留一部分古代闸坝工程遗址遗物，同时在朝阳、通县之间河岸建造一个以大运河文物博览为内容的水上公园。大家知道，北京长城文化现在已经普及了，但对京杭大运河的历史文化远未普及，身为北京人很少有人知道大运河的历史了。实际上京杭大运河对北京城市的发展，对我国南北经济的沟通和发展有着不可磨灭的功劳。它是世界上最长、最老的运河，是中华文明的重要载体，在世界航运史上卓然有名。我们应该保护它的遗迹并加以开发利用，形成一种文化产业。当然，现在河道污染，无从谈起，但北京早晚要搞南水北调，应先列入规划，待治理污染后，即可进行。

谈起保护水文物，我认为应该汲取过去的一些教训。比如在"文革"时期错误地把前三门的护城河和东护城河、西护城河都盖上板消灭了，不仅完整的护城河不见了，使本来水面就少的城区更显得枯燥，缺乏灵气。近年不断发生侵占水面的问题，出现城区水面越来越小的趋向。与当今国际大城市比较不能不是个缺陷。去年，为治理莲花河的污染，有人又提出用盖板的办法消灭这条河道。我认为用这种办法治理污染是不足取的。莲花河虽小，却是古蓟城和辽金古城历史的见证，不能在地图上消灭它。我们决不能一方面宣传保护古都风貌，一方面又实实在在地消灭着古都风貌。

三、努力挖掘和汲取北京传统文化的精华，为首都现代化文化建设服务

在研究首都文化发展战略问题时自然要研讨首都文学艺术的繁荣和发展问题。我个人是外行，没有发言权，但我喜欢传统诗词，最近诗词学会曾议论过传统诗词中的北京风格问题，我对此做过一点研究。我发现在历代歌咏燕赵的山川形胜、北京历史风貌和重要历史事件以及北京籍

诗人的诗风常常散发出一种鲜明强烈的色彩，一种雄浑、刚健、悲壮、忧愤的格调。从荆轲的《易水歌》开始，到唐代陈子昂的《蓟丘览古》、祖咏专门写蓟城壮丽山川的《望蓟门》，北京地区诗人贾岛等人的豪健诗风，以及金代诗人元好问、晚清林则徐、龚自珍、戊戌六君子、康、梁诸人，都有雄浑刚健、感时愤世的作品。由于北京地处古代燕赵中心，这种诗风，文学史上概括为燕赵风骨或燕赵诗风。

形成这种燕赵风骨不是偶然的。早在唐代，韩愈在《送董邵南序》中说："燕赵古称多慷慨悲歌之士。"宋代苏轼说："幽燕之地自古多豪杰，名于国史者往往而是。"又说："劲勇而沉静，燕之俗也。"清代赵翼在评论元好问的两首《出都》诗说：元好问"盖生长云朔，其天禀豪健英杰之气。又值金元亡国，以宗社邱墟之感，发为慷慨悲歌，有不求而自工者"。可见，在北京漫长的历史发展演变过程中，其雄浑壮丽的山川景物，豪侠仗义的风土民情，慷慨悲壮的历史事件，凝成它独特的文化风貌和鲜明强烈的格调。从此格调所表现的思想内涵看，多是轻生重义、壮志酬国、忧国忧民的，基本上属于今天我们所倡导的爱国主义范畴，最能表达爱国主义的激情，这正是古都灵气与现代精神的一个结合点。

无疑，这种北京历史文化中的传统风格，不仅对于当代传统诗词创作有积极意义，对于整个文学艺术门类都有积极意义。在展现爱国主义、集体主义和社会主义的时代主旋律方面，大有用武之地。不错，时代在前进，北京的民风民情也有了极大变化，然而，北京地区的人民革命斗争，与大自然的斗争一直没有间断过，在几十年社会主义建设中出现过许多可歌可泣的事迹和人物，如一个城市的灵魂绵延至今。弘扬这种精神，激励教育后人，是文艺界义不容辞的责任。不客气地说，现在我们北京文学艺术音乐领域里这种"燕赵风骨"是不是太少了？

当然，我们提倡燕赵风骨，绝不是排斥其他风格。北京作为现代化大都市，正在向国际化发展，这是大趋势。我们绝不能"坐井观天"，而要"汇纳百川"。支持和尊重反映时代精神的多种风格，在反映时代主旋律上需要多种乐声的和谐与共鸣。

作者按： 1996年8月，中共北京市委、北京市人民政府首次召开了首都文化战略研讨会。内容围绕国务院批复的《北京城市总体规划》和中央对北京城市性质的定位展开。此文是笔者在会上的发言，曾在《北京日报》上摘发。

我们需要振兴什么？

——在1999年"五四新文化运动与中华诗词"座谈会
上的书面发言

在纪念"五四"新文化运动80周年之际，中华诗词
社召开以"五四新文化运动与中华诗词"为题的座谈会，
我认为是件很有意义的事情。"五四"新文化运动八十
年来，年年有纪念会，发表过成百上千篇文章，可是把它
和中华诗词挂起钩来研究讨论，恐怕是少有的。据我的感
觉，当代研究"五四"新诗歌运动史时，极少涉及到在这
几十年来与它同时存在的传统诗歌的兴衰涨落。

事实上，在新诗歌发生发展的同时，传统诗词的创
作和活动一直没有停止过。有的是即写新诗也写传统诗，
有的是最初写传统诗，后来写新诗，再后来又写起了传统
诗。传统诗词不仅有人写，而且还组织了诗社，像以柳亚
子为首的南社，入社诗人有一百多位，诗社活动遍及大江
南北，时间延续几十年，我们却很少见到把南社活动放在
中华新文化运动中加以观察和研究。在二三十年代，北方
还有国风社，出版过《采风录》，好像不只一集，活动时
间也较长，关于它的情况现在已经很难找到有关资料了。
40年代在延安有一批老革命家，组织过怀安诗社，由此创
作出的那隽永清丽的延安竹枝词不是至今仍在传播吗？新
中国成立后五十年来，以毛泽东诗词为代表的传统诗词的

传播和它对当代诗歌所造成的广泛而深刻的影响，更是众所周知的了。我认为研究"五四"几十年来中国诗歌运动史，对这一时期传统诗词活动和影响视而不见，就不能对近现代中国诗歌运动做出完整的历史评价，也不能找出中华诗歌跨入21世纪后切实可行的发展方向。当然，这是个复杂的问题，需要在大的历史文化背景下做全面深入的调查研究。今天这个座谈会只是个开头。我建议中国作协和中华诗词学会，组织一批专家学者进行深入的研究探讨。《中华诗词》、《诗刊》开辟专栏发表这方面文章和研究成果。这是第一点。

第二点，一个时期以来我们常讲"中华诗词的振兴"，我认为这个提法不够准确。我们要振兴什么？应该是中华诗歌在整体上的振兴，中国诗坛的振兴。具体说，现在中国诗歌队伍有两支，一支是传统诗词队伍，另一支是新体诗歌队伍，这两支队伍在跨入21世纪面对民族崛起、国家富强的新的历史时代的要求都有个振兴问题。

在弘扬"五四"诗歌面向时代、面向人民、面向生活的优良传统方面，在学习继承中华传统诗词，汲取丰富艺术营养以及新旧诗体优势互补等方面都存在着需要努力的空间。而这些方面都是能不能振兴和繁荣的最根本的问题。传统诗歌创作队伍中青年很少，成员多数是已从工作岗位上退下来的老同志和一部分文化教育界人士，相对来说他们比较熟悉古典诗词，而对新体诗则不熟悉或知之甚少；而新体诗歌队伍，则大部分是中青年，一般说来又缺乏古典诗歌基础。这两支队伍现在基本上是各干各的，互不来往，有的还存在某些成见。我常常想，这两支队伍能不能像"中西医结合"那样来个互相融合呢？采取互相学习，互相尊重，团结合作，取长补短，共襄振兴诗歌大业，岂不相得益彰么？现在看来，大家的这种认识越来越接近。今年春节期间，我听了唐宋名篇音乐朗诵会，把传统诗词与音乐、朗诵结合起来在首都引起轰动，尤其在音乐会开始时有60位小学生以童声背诵了30首唐宋诗词，听了深受感动。当前写传统诗词的这支队伍，有越来越多的人认识到光是强调"原汁原味"是振兴不了的，必须进行改革。实际上已有不少有志之士在继续传统诗歌创作的基础上试写新的古体诗，强调走大众化的道路，倡导今声今韵；有不少写新诗的人呼吁要认真学习和继承古典诗歌的优秀传统，汲取古典诗歌的丰富营养，用中华传统文化的精华滋润自己的笔墨，创作出属于中华民族和崭新时代的优秀作品。

现在当务之急是要在两支队伍的融合和团结方面做一些扎实的工作。根据个人的浅见，提出以下建议：

一、在中国作协的领导下，中华诗词学会联合有关学会召开有部分著名诗人名家参加的座谈会，统一思想认识，高举团结的旗帜，打破传统诗词和新诗的人为界限，带头拆墙填沟，大家携起手来，在党的文艺方针指引下，"增进理解、增进友谊、认识时代，深入生活，贴近人民"，共创21世纪诗歌的大繁荣。

二、致力于传统诗词的改革。尊重一部分人坚持写"原汁原味"的和"旧瓶装新酒"的传统诗词的同时要鼓励"新瓶装新酒",加大改革力度,丰富多种体裁,适应多种媒体。在党的"二为"方向指导下不加"框框",不立"戒律",允许试验。《中华诗词》开辟专栏发表作品(包括新诗)。

三、倡导新体诗歌作者学习古典诗词以正确态度继承我国优秀的文化传统,汲取中华传统诗歌的艺术营养;提倡有条件的新体诗人写点传统诗词,鼓励他们参与传统诗词的改革。建议《诗刊》增加发表传统诗词的篇幅,现在仅有两页,太少了。同时开辟传统诗词改革栏目,发表有关作品。

四、各种文化媒体对传统诗词要开禁。包括电视台和报刊文艺副刊。

1999年5月

以风雅之才　求兼济之学

——介绍晚清时期的宣南诗社

清代嘉庆、道光年间北京出现过一个很有名气的诗社，叫宣南诗社。当时一些著名人物如陶澍、林则徐、梁章钜等都是成员，龚自珍、黄爵滋、魏源、张维屏诸名家也与该诗社有密切往来。

从近代史料看，嘉庆九年（1804年）京城创立了一个诗社名宣南诗社，最初的名字叫消寒诗社，时间很短，即停止活动。十年以后，于嘉庆十九年（1914年）又恢复活动，一直延续到道光中期，活动时间长达二十余年。由于该诗社成员多居住宣武门以南一带，并且经常在成员潘曾沂的宣武坊南的住处开会，该社大约于道光元年（1821年）就改名为宣南诗社了。

参加宣南诗社的成员，大多是东南各省居京的中小官吏和文人，他们定期集会，雅歌投壶，相互唱和，以诗会友。早期经常与会的有9人，由于有些成员被派出京任职，经常流动，参加诗社活动的人也不断变化，最多时达到34人。参加活动的不仅有诗社成员，还有他们的朋友，据潘曾沂的一首诗中说在陶然亭的一次集会就有42人。诗社活动情况据胡承珙《宣南吟社序》："间旬日一集，集必有诗。……尊酒流连，谈剧间作，时复商榷古今上下。其议论足以启神智而扩见闻，并不独诗也。……夫吾人系官于朝，又多文学侍从之职，非有簿书相会，率无少暇，而得以其余从事于文酒唱酬之会，斯足乐矣。"他们经常集会的地方，有陶然亭、龙树院、花之寺、万柳堂等处，活动内容，有的是成员间的送行饯别，有的是赏花饮酒，有的是纪念古代名儒诞辰活动，还有的是互相酬唱。当过吏部尚书和漕运总督的张详河，在回忆他参加诗社活动时说："宣南诗社，京朝士夫朋从之乐，无以逾此。或消寒，或春秋佳日，或为欧、苏二公寿。……陶制府官江南时，岁寄宴费。余监司山左，亦仿此例。至是辄忆野寺看花，凉堂读画，为不可多得之胜事矣。"可见，诗社成员不仅参加集会，还缴纳会费，即或到外省做官也照缴不误，诗社的凝聚力是很强的。

潘曾沂记述诗社在他家的活动时说："同会宣南诸公，风流蕴藉，出言有章，以示其标格"。他于道光四年还请画家王学浩绘《宣南诗社图》以记其活动盛况。后来潘回江苏老家把此图带回，又请当地文人朱绶为此图写了一篇《宣南诗会图记》。较详细地记载了诗社的活动情况。由于他们酷爱诗词，后来不少人颇有成就。如徐宝善，字廉峰，是宣南诗社的成员，嘉庆进士，官至御史。著有《壶园诗抄》、《三十六峰草堂诗》等，时人罗雅林评他的诗说："诸作造思曲秀，行笔骏健，敛才就范，中有自如之致。"又如吴嵩梁，字兰雪，官内阁中书，诗与黄景仁齐名，著有《香苏山馆集》，《清史稿》有传。再如周之琦、潘曾沂、程恩泽等皆有诗名。至若陶澍、林则徐、梁章钜等不仅政声赫赫，且诗文亦享誉当时。

宣南诗社活动时期，正是清朝走下坡路时期。内则朝廷腐败，国祚日衰，灾害频仍，民生凋敝；外则帝国主义列强侵略，掠夺领土，民族矛盾、阶级矛盾日益尖锐。内忧外患，对诗社成员不无影响。他们一些人逐渐关心民生疾苦，议论时弊，"商榷古今上下"，倡导经世致用之学。他们的诗词创作也多有忧愤激越之作。据道光四年朱绶写的《宣南诗会图记》中说："而诸君又皆能以风雅之才，求廉济之学。今之官于外者莫不沈毅阔达，卓卓然有所表见，则是见斯会之不凡……"。应该说，这种看法是符合实际的。宣南诗社的有些成员后来成为著名的爱国主义者和享有政声的官吏。比如潘曾沂在《秋夜作示董国华》写道："江南米价随潮长，天上诗愁落叶多。旦晚若为根本计，小儒议论即谣歌。"诗社成员董国华的《和作》也说："连雨流浪唤奈何，漏痕无迹可牵萝。……眼前突兀成虚想，破屋徒为老杜歌。"表明诗社成员对民生疾苦的关心。潘曾沂后来回到江苏吴县老家，总结农业增产经验，写出"区田法"。林则徐于道光七年路过苏州与潘相晤，对"区田法"大加赞赏，亲自写了《区田歌》替他宣传。又三年林则徐从家乡北上赴京，与潘又在苏州相晤，潘写道："净极梅花性，孤山一树前，涓涓波浅处，矫矫岁寒年。霖雨在车下，微云指汉边，天衢正开豁，独鹤在青田。"诗中鼓励林赴京出任。后来林则徐当了江苏巡抚，潘推行"区田法"屡有成效，写了若干首诗寄给林则徐。显然，他们这些诗，不一定是在诗社集会上吟咏的，然而却实实在在代表了他们关心国计民生的思想。

又如陶澍，是最早参加诗社的成员之一，与诗社关系密切。他于嘉庆二十四年出任川东兵备道时，诗社成员在万柳堂为他饯行并赋诗。陶曾有诗追忆其事："我行叱驭西，诸公亦频徙；尚记万柳堂，离筵共杯酬。"（见《陶文毅公全集》卷五十四）。后来潘曾沂把《宣南诗社图》送给陶澍时，他激动地写了《抚今追昔有作》诗，表示他对该诗社的浓厚感情。陶澍长期在外做官，官至两江总督，为政清廉，在改革漕政、兴办水利等方面卓有成效。他任总督期间，林则徐为江苏巡抚，二人共事多年，志同道合，去世前推荐林则徐继承己任，成为近代史上的佳话。

据魏应麒《林文忠公年谱》称参加宣南诗社的还有当时著名爱国思想家和诗人龚自珍、黄爵滋、魏源、张维屏等。但据近人考证这些人虽未参加诗社，但和诗社成员来往密切，多次参加集会吟咏唱和。比如在道光十年于右安门外花之寺看海棠，由徐宝善（诗社成员）、黄爵滋发起组织，赴约者有诗社成员和他们的诗友共十四人。这种集会名为赏花，实为志同道合者议时论政。龚自珍和他父亲龚丽正都和林则徐的关系较深并有诗文来往。龚丽正于道光二年（1822年）入京与林则徐一同被道光皇帝召见。林则徐写诗说："最羡承恩频顾向，一门华萼总联芳（君召对时，蒙承询贤昆季甚悉）。"后来在道光十八年（1838年）林被任命为钦差大臣南下禁烟，龚自珍本想随林南下，因故未成。龚在林临行时赠与一方紫石端砚，砚背刻有王羲之"快雪时晴帖"以祝成功。此砚一直珍藏在林氏身边，后来他还写了一首七绝刻于砚后，诗云："定庵贻我时晴砚，相随曾出玉门关。龙沙万里交游少，风雪天山共往还。"表示了他与龚自珍浓厚友谊。龚与宣南诗社其他成员梁章钜、程恩泽等都有诗文交往。至于魏源，他在嘉庆十九年来京时就住在诗社成员胡承珙家里，经常参加诗社活动。他于道光八年任内阁中书舍人。十一年回南方协助陶澍、林则徐等筹办漕运、盐务、水利等，收到了实际效果。总之，宣南诗社不论从该社的集会活动、成员间及诗友间来往，都不能简单地看成仅是文人们"歌雅投壶"的消闲组织。该诗社对当时兴起的经世致用之学及爱国禁烟进步思潮都是有积极作用的。

《北京诗苑》1995第1期

倡导"燕赵诗风"

——在北京中青年诗词座谈会上的发言

1995年在北京诗词学会主办的《北京诗苑》改版时，我曾和学会的同志议论，应逐步把刊物办得具有北京特色、北京风格。今年初杨金亭主编在《北京诗苑》1996年第一期《卷首语》中提出把"追求北京风格"作为今年的编辑意图。我很赞成金亭同志的意见。下面我就这个问题作一点引伸，以抛砖引玉。

什么是"北京风格"？现在还不能做出较科学的界定，有待进一步探讨。但是，从北京历史文化的发展演变过程来看是可以寻找到一些轨迹和脉络的。众所周知，北京已有三千多年的建城历史了，从燕国的都城到全国的首都，漫长的历史演变，形成了丰厚的文化积淀。这一地区雄浑壮丽的山川景物，豪侠仗义的风土民情，慷慨悲壮的历史画面，凝成它独特的文化风貌和鲜明强烈的色彩。如果翻开我国的诗歌历史，不难发现，在历代对古燕赵地区的山川、都邑、风物和重要历史事件的歌咏中常常以雄浑、悲壮、豪侠、忧愤的情绪为基本格调。

首先应提到荆轲的《易水歌》，这个历史事件就发生在北京附近。"风萧萧兮易水寒，壮士一去兮不复还。"短短14字，高歌慷慨，凄婉激烈，深刻勾画出这一事件的悲壮色彩，充分显示出燕赵壮士轻生重义的性格。据《史记》所载，荆轲唱这首歌时，送行的人们"士皆瞋目，发尽上指冠"。这首诗对后来燕赵诗风的形成有极大影响。

继《易水歌》之后，最有代表性的是唐代陈子昂的诗。陈子昂于公元696年随军到幽蓟之地参加平乱，由于他直言陈策，受到主帅打击，心中忧愤，写下著名的《蓟丘览古》。泫然流涕而歌曰："前不见古人，后不见来者。念天地之悠悠，独怆然而涕下。"诗沉郁悲壮，充分表达出陈子昂壮志未酬，忧愤深沉的内心世界。他的《燕昭王》一首也充分代表了这种风格。"霸图怅已矣，驱马复归来。"

唐人写蓟城壮丽山川的诗还有祖咏的《望蓟门》"燕台一望客心惊，笳鼓喧喧汉将营。万里寒光生积雪，三边曙色动危旌。沙场烽火连胡月，海畔云山拥蓟城。少小虽非投笔吏，论功还欲请长缨。"他通过描绘蓟门雄阔壮丽的山川形胜，抒发个人为国报效立功建业的雄心壮志，格调雄浑高昂，感奋人心。

唐代诗人中还有北京籍的贾岛，他虽然很早离开自己的家乡，但在他的诗里还带有燕赵人性格中的豪侠气概。如《剑客》："十年磨一剑，霜刃未曾试。今日把示君，谁有不平事？"豪侠气概，直吐胸臆，不失为燕赵风骨！另一首《上谷送客游江湖》也有此风格。"莫叹迢递分，何殊咫尺别。江楼到夜登，还见南台月。"

后来唐代韩愈在《送董邵南序》中说："燕赵古称多慷慨悲歌之士"。宋代苏轼也说："幽燕之地自古多豪杰，名于国史者往往而是。"又说："劲勇而沉静，燕之俗也。"清初孙承泽进一步把燕赵民风与燕赵地区的山川形胜、艰苦的自然环境联系起来，指出"圆矩之粹，蒸为贤豪"，"感时触事则悲歌慷慨之念生焉"。他说得很有道理。

谈到燕赵诗风时，还应提到金代诗人元好问，他是山西忻州人氏，属赵地。他的诗具有燕赵风骨。金亡后，他写了两首《出都》，是写被摧毁的中都城的（今北京广安门一带）。其第二首："历历兴亡败局棋，登临疑梦复疑非。断霞落日天无尽，老树遗台秋更悲。沧海忽惊龙穴露，广寒犹想凤笙归。从教尽铲琼华了，留在西山尽泪垂！"诗写得悲怆慷慨，感人至深。清代赵翼在《瓯北诗话》中评论说：元好问"盖生长云朔，其天禀多豪健英杰之气。又值金元亡国，以宗社邱墟之感，发为慷慨悲歌，有不求而自工者"。这段话真是说到点子上了。

明、清以降，诗词流于形式主义，间有慷慨风格。晚清出现新风，有林则徐、龚自珍、戊戌六君子、康、梁诸辈，每有雄健气象，感时愤世之作。如康有为于1888年赴京应试，第一次上书变法，为顽固派所阻，遂于第二年出都，写下五首慷慨激昂的七律留赠京中友人，其中有"抚剑长号归去也，千山风雨啸青峰"，表明自己雄心未渝，将继续为变法大业而奋斗。

纵观上述，我认为我们要追求的北京风格，就是要继承和发扬这种历史上形成的燕赵诗风。它所具有的雄浑、悲壮、豪侠、忧愤的格调，对于当代传统诗词创作具有积极意义。大家知道，诗词创作要把握时代，弘扬时代的主旋律。而我们提倡的"燕赵风格"对于表达爱国主义、集体主义和社会主义的时代主旋律，大有用武之地。最近一期《中华诗词》刊登中宣部副部长、中国作协党组书记翟泰丰同志关于传统诗词的讲话，他说："要以高歌新时代为己任，弘扬其特有的艺术传统和魅力，从人民艰苦创业的伟大实践中，发挥时代的美，吟诵时代的诗。"他还说："要认识把握时代，引吭高歌时代，恢宏时代磅礴之气势。"这对于传统诗词创作具有指导意义。

当然，北京走过它漫长的历史道路，是历史上多民族融合之区，做过近千年的五朝帝都，尤其近现代以来，历史上的燕赵古风，已经发生了很大变化。我们要从这座大城市多元化的现实出发，寻找和挖掘燕赵风格的演变和新的表现形态。比如金亭同志在《卷首语》提出"从现代文学艺术史上出现的两位语言大师老舍、侯宝林的艺术创作中，所表现出的北京人的机智幽默，也应当在诗词艺术中得到发扬"。我认为现代"京味"文化中所表现的"机智幽默"风格，正是燕赵古风演变的一种新形态。我们常常发现在这种风格中大度磊落，于机智中寓豪侠，于笑谈中隐忧愤，于幽默中见美刺，显然，这应该纳入燕赵风格之中。

需要说明的是，我们提倡燕赵风格，绝不是排斥其他。北京作为现代化大都市，正在向国际化发展，这是大趋势。在诗词风格上无疑是要"汇纳百川"的，"百花齐放，百家争鸣"仍然是诗词创作的基本方针。

1996年5月

唤醒千年贾浪仙

——在贾岛诗歌学术研讨会上的讲话

提到贾岛，常常想起早在六十年代初，当时的北京市委主管文教的书记、也是新闻文化界著名学者邓拓同志写的一篇文章，文中说："现在北京市各区各县，在历史上曾经出现许多著名人物，有文有武，数以百计，其中一个著名的大诗人，就是唐代的贾岛。"

进入改革开放的新时期以后，1999年初秋，北京诗词学会为了弘扬我国传统诗词文化，纪念北京地区的诗词文化先贤贾岛，邀请首都诗词文化界知名人士20人（包括房山籍老作家苗培时老先生，他热心房山的文物文化事业，最早提出恢复贾岛墓、贾公祠的建议）前往房山石楼镇二站村访谒贾岛墓遗址。此行受到当时区委书记单霁翔等区领导的重视和热情欢迎，并亲自陪同去遗址考察。考察后进行座谈时，区委、区政府的主要领导一致同意筹资恢复贾岛墓和贾公祠，以彰显这位房山籍的唐代诗歌文化先贤，弘扬诗教。隔了一段时日后，房山区著名的韩建集团公司毅然承担起重新修建任务。一气呵成，一座壮观典雅的仿唐建筑贾公祠，屹立在房山韩村河镇，使这座文化先贤遗址重新焕发新生。

2006年下半年，中华诗词学会孙轶青会长、郑伯农常务副会长暨首都诗词界的专家学者20多人，来到韩村河参观面貌一新的贾岛墓和贾公祠，大家表示由衷的高兴和赞赏。议定在2007年以中华诗词学会、北京诗词学会和房山诗词楹联学会联合发起在全国范围开展征集贾岛诗歌学术论文活动，并得到房山区委书记聂玉藻等领导同志的大力支持。房山区文联很快成立了工作班子开展工作。在向各地发出的征稿函中明确提出：为继承我国古典诗歌的优秀文化遗产，促进传统诗词文化在当代的振兴和发展，我们要站在时代的高度，对贾岛的诗歌创作以及他对后世诗歌的影响，进行全面系统地分析与研究，深入挖掘历史遗存和积淀，取得一批富有创造性的学术成果，不断丰富中华传统诗歌文化的内涵。

半年多来，来稿十分踊跃。至截稿之日，全国有18个省市包括香港在内都有来稿，共收到稿件118件。作者包括中国社科院文学所，北京、外地高等院校文科系的教授、研究员、研究生，还有各地诗词学会的诗家和会员，以及高级编辑、作家、记者、中学语文老师等等。为了搞好评审工作，我们特聘请了包括中华诗词学会副会长、中晚唐诗词研究专家雍文华先生、北京大学中文系教授、博士生导师程郁缀先生在内的5位专家学者组成评委会，采取计票方式进行评选。评选出特等奖3篇，优秀奖12篇，佳作奖17篇。

这次征文中有很多作者都没有受前人既定观点的束缚，广泛搜集资料，从时代背景、社会人文环境和个人生活经历以及前人研究成果等方面进行综合分析后提出自己的见解，出现了一批有一定深度和创见的较高质量的论文。比如，陈祖美的《关于贾岛其人其作别解四则》一文，其主旨正像作者所说："历代关于贾岛其人其事的多处记载，或带有某种'演绎'性质，或洵属'诗意'的评估夸张，而对于诗作的评价则每每褒贬乏据，令人无所适从。本文试就韩愈、苏轼、闻一多及其他当代学人，有关贾岛其人其作的言论，略抒己见，故名'别解'。"作者从时代背景、社会交游、出家还俗、忧国怀乡等四个方面，作出"力求寻觅被偏见遮掩了的贾岛的另一种气质和志向"。读后令人感其用功良苦。

像这一类的征文中，还有赵永生的《关于"岛瘦"之我见》，张昊的《落叶满长安》专论贾岛诗歌意境及贾岛诗评中某种倾向的批评。肖远新的《重新认识贾岛》，作者认为对于贾岛诗的一些误读误解的原因："一是盲目照搬前人的结论，一是没有把贾岛的诗歌放到特定的时代背景和语境去考察。"

北大著名教授吴小如先生在《说贾岛"宿山寺"》一文中说："中晚唐诗虽无盛唐气象，而终于能在诗坛各树一帜，都缘不同作者有其独特的生活感受，和各具一套令人难以企及的艺术本领，故亦能开宗立派也"。这次征文中蒋寅的《贾岛与中晚唐诗歌的意象化进程》就是一篇专谈贾岛诗歌意象化的文章。文章称赞："贾岛正是在提高五言律的意象化程度上有突出贡献的诗人，他有意识地强化了大历以还的意象化倾向，无形中使意象化抒情方式的成熟和定型加快了速度。"张震英《论贾岛诗歌的'僧衲气'》，也是从贾岛诗歌的语言、形貌和意境上来分析贾岛诗的独特艺术风貌。认为僧衲气是贾岛诗歌风格形成的重要因素，也是其诗歌中的某些败阙的渊源所在。

有一些征文专就以往较少被人注意的贾岛诗体进行

研究，从而拓宽了研究领域，给征文活动增添了新意。比如，世称贾岛攻五律为其长项。来自香港的郑绍平先生另辟蹊径，却写了一篇专论贾岛七律的文章，篇名是《贾岛为七律诗坛注入的新讯息》，文章指出"贾岛的七律，在部分保留了他苦吟诗人风格的同时还融入了元、白平易通晓的诗风"，指出他为唐代七律诗坛注入了四点新讯息。使人看后有一种新鲜感。军旅作家诗人陈永康同志则从贾岛所处的"历史条件和社会背景"论述了"贾岛诗作的意义及其局限"，对贾岛进行了历史、客观的评价。王贺的征文《贾岛咏物诗研究》是对贾岛的20首左右的咏物诗，从三个方面的特征进行研究，在与同时代诗人姚合、韩愈等的对比中分析贾岛咏物诗追求"深奇之意"的独特风貌。征文中还有一些诠释贾岛诗的文章。像吴瀛的《贾岛与韩愈的唱酬诗考释》，通过韩、贾之间相唱酬的8首诗的诠释，反映出二人在彼此唱酬中的诗情、友情，为韩、孟诗派中贾岛的诗歌地位作了注脚。

对贾岛诗歌的现实意义，征文中也有触及。如易海云《摒弃浮华悟道真》一文，在写贾岛"以矫浮艳"时写道："摒弃浮华，追求质朴；摒弃虚假，追求真诚，这是作诗做人的本旨。贾岛是真正悟得这一真旨的大诗人，也是贾岛诗真正的魅力所在。"陈启文《寻找打开世界另一扇门的方式》副标题"从'推敲''苦吟'看贾岛的精神底色"。作者认为，贾岛精神并未成为遥远的过去，……当诗歌正日益沦为诗人们施展才华的智力游戏时，或许只有深入地理解贾岛"推敲"与"苦吟"的诗学精神，才能重新唤起我们对艺术的精诚和敬畏。"

　　作为贾岛故乡房山区的赵思敬在《贾岛的乡土观念》中写道：我是从"徜徉在贾岛的作品里，穿起一缕缕思乡的针线，缀连成饱含乡情的锦衣，以解读诗人浓郁的乡土观念"。作者细心地从三个方面的作品中寻觅贾岛的思乡之情。第一个方面来自独处时的思乡，第二个方面来自于落第时的思乡，第三个方面来自和友人酬唱时的思乡。以展现乡土在贾岛心中占有的重要地位。表现出贾岛诗歌多角度艺术风貌和丰富的内涵。还有杨亦武的《贾岛与房山》，比较详细地将房山地区的贾岛遗迹，包括贾岛故里贾岛峪、贾岛庵、木岩寺以及明初修建的贾公祠、贾岛墓等做了介绍。作者沉眉还写出《近现代贾岛研究专著略谈》。这些都为贾岛诗歌研究提供了有益的资料。

　　以上是对这次获奖论文作的扼要介绍。总之，这次在全国范围内征集贾岛诗歌论文是有史以来第一次。它受到我国古典文学研究界和爱好者的广泛关注和积极参与，寄来一批好的和比较好的作品。我在这里向广大征文作者表示真诚的感谢。会后，我们将评选出的三项（特等奖、优秀奖、佳作奖）获奖征文正式结集出版，作为这次征文活动的成果展示，以满足读者的需求。

　　应该说，通过这次征文评奖活动，使我们更进一步地认识了贾岛和他的诗歌。贾岛是我国中晚唐时期地地道道的布衣诗人（只是在他生命最后三年，当了个比芝麻还小的小官）。他社会地位卑微，既无权又无势。一生奔波挣扎在饥饿线上。然而，他视诗如命，终生以诗为业，为诗而献身。

他顽强执着地追求，使他的诗歌独树一帜，"有令人难以企及的诗歌艺术本领"，赢得众多的诗人跟随他、崇拜他，竟然营建起晚唐诗坛一个"贾岛时代"！其影响所及，从北宋的江西诗派、南宋的四灵和江湖诗派，明代后期的竟陵诗派和清末的同光体诗派延续长达一千多年。谁曾想到，一个区区"小人物"竟然造就了如此大的"气候"，这是何等的伟大！至若贾岛倡导的"推敲"、"苦吟"精神和摒弃浮华，"以矫浮艳"的铮铮风骨，更是感动着历朝历代的诗人学子，形成普遍的诗歌"教化"。所有这些都足以使他走进第一流大诗人行列而毫不逊色！

最后，当我参加房山贾岛诗歌研讨会的时候，想起了曾为恢复贾岛墓、贾公祠而奔走倡议的房山籍的老作家苗培时老先生。他是30年代左翼作家联盟的成员，一生致力于大众文学，著作等身。曾参加建国初期由赵树理、王亚平等主编的《说说唱唱》文学刊物做常务编委。前些年他写的《慈禧外传》在北京晚报上连载，享誉京城。他热爱家乡，热衷家乡的文物文化，北京著名的平西抗日烈士纪念碑和平北抗日烈士纪念碑的碑文都出自他的手笔。他于前几年溘然仙逝。参加今天的研讨会，我不胜怀念这位令人尊敬的老先生，仓促写了一首打油诗：

参加房山贾岛诗歌研讨会有怀苗培时老

左翼文章大众篇，平西平北忆烽烟。

怀乡热土情难尽，唤醒千年贾浪仙。

2007年11月8日 于房山贾岛诗歌研讨会上

学优景贤　团结兴会

——在北京诗词学会常务理事会上的讲话

1994年6月11日，北京诗词学会召开了一次会长会，就有关学会的指导思想、修改会章以及今年下半年的主要活动等问题，做了研究。现在我就上述几个问题讲几点意见，提请常务理事会讨论。

一、关于学会的指导思想

我认为要搞好学会的工作，首先要有明确的指导思想。并以此统一会员认识，指导学会的活动。

北京诗词学会是个文艺社团。但它又不同于专业文艺社团，具有以下特点。其一是群众性。它的成员大部分是退下来的老同志中的诗词爱好者和研究者。大家聚集一堂，唱和吟咏，交流佳作，互相切磋，共同提高。这些年广大的基层诗社，进行了形式多样的活动，出现了一大批诗词写作的活跃分子。其二是社会性。诗词学会活动直接体现着一种社会效果。它是首都社会主义精神文明建设的组成部分，是首都文化建设的组成部分。近些年学会配合党的中心工作进行了不少活动，产生了一定的社会影响。其三是学术性。学会以发扬中华传统诗词文化为宗旨，举办学术交流、开展作品讲座，不断提高诗词写作的思想和艺术水平。许多会员在报刊杂志发表作品，出版诗集，组织诗书画展，活跃了首都文苑。

去年末中央召开全国宣传思想工作会议。江泽民总书记明确提出文艺要弘扬时代的主旋律。宣传思想战线要"以科学的理论武装人，以正确的舆论引导人，以高尚的精神塑造人，以优秀的作品鼓舞人"。北京诗词学会应遵循这一原则开展学会活动。

根据上述精神，我拟了几句带韵的话，概括北京诗词学会的指导思想：

> 坚持"两为"，歌吟主旋；
>
> 牢记"双百"，繁荣诗坛；
>
> 团结互勉，学优景贤；
>
> 培养中青，赓续永年。

前两句讲的是坚持党的文艺方向和方针。第三句讲的是学会内部要提倡一种好的学风和会风，就是"团结互勉，学优景贤"。我们学会会员来自各条战线，"五湖四海"，各有不同的阅历、经验，文化素养，大家汇集一起，要十分强调团结互勉精神，会员之间要倡导互相学习，互相尊重，"见贤思齐"，取长补短。第四句是针对当前传统诗词后继乏人，学会应该担负起培养中青年诗词队伍的责任。在学会内部要注意培养起用一批中青年诗词作者，发挥他们的作用。

以上是我到北京诗词学会两个多月来做了一点调查研究、与诗友交流后的一些想法。我建议大家讨论一下，如果同意，就定下来，共同遵守。

二、关于修改学会会章

北京诗词学会已成立6年，原有的会章是诗词学会开展活动的重要依据。经过几年来的实践，为适应新的形势，需要做些修改，以利学会活动的开展，也是一项有意义的组织建设。

根据《北京市社会团体登记管理办法》，要逐步把社团管理纳入法制轨道，依法管理。北京诗词学会已批准为法人社团，这既提高了我会的社团地位，也增加了自我约束的要求。为此，在会长会上提出修改原来的会章，通过修改会章，按新会章办事，使会员更加关心和积极参与学会的活动，增加学会的凝聚力，提高学会的知名度及其社会影响。

修改的重点包括：学会的宗旨及法人资格，吸收会员的条件和手续，根据民主集中原则明确组织机构和职能等等。现已搞出一个修改草稿发给大家。这次会先不讨论，拿回去请各诗社进行修改，每个诗社都搞一个修改稿，交学会秘书长汇总后，会长会再进行修改，提交会员代表大会讨论通过。

三、关于下半年的活动

今年学会的活动计划，王建中副会长已在会员会上做了通报。在学会活动方面，我主张多支持各诗社开展活动。我学会基本是由各诗社组织起来的，目前有30多个诗社。这些诗社具有社区特点，一是地区和单位就近；二是人数极少，活动方便；三是便于年老体弱的老同志参加活动。从近年情况看，有些诗社活动得很有成绩，在本地区或本系统（单位）有良好的影响，我们要鼓励和支持他们的活动。有些带有学术性专题性的研讨活动今后学会可委任诗社主办。总之，学会要调动和依靠各诗社的积极性。

至于全市性诗词学会的活动，不宜多办，每次举办要有准备。也可以搞些讲座、诗词理论和诗词作品的研讨，可以与文化团体合作举办与诗词有关的文化活动等。举办这些活动有的请全体会员参加，有的邀部分会员参加。

【注解】

我于1994年4月担任北京诗词学会代理会长，主持学会工作。这是我在第一次召开的常务理事会议上的发言。

1994年6月12日

琅嬛门外锦云平

——为庆祝北京诗词学会成立10周年诗书画展而作

今年6月，北京诗词学会庆祝成立10周年，在中国画研究院和东城文化馆两地举办诗书画展，展品近四百幅。展出期间，参观者十分踊跃，受到社会各界和广大诗书画爱好者的好评。为满足会员和诗书画爱好者的心愿，北京诗词学会决定将部分作品集册出版，这无疑是件很有意义的事情。

北京诗词学会成立于1988年，在改革开放的新时期应运而生，现有会员800多人，其中有老干部、老将军、作家、诗人、书画家，还有一批中青年诗词爱好者，下属30多个基层诗社。十年来，学会团结广大会员诗友，在北京市文联指导下，坚持党的"二为"方向和"双百"方针，努力弘扬中华传统文化，以诗词创作反映时代精神，弘扬主旋律，积极参加首都各项重大活动，包括举办纪念毛泽东同志诞辰100周年吟唱会、纪念长征胜利60周年、纪念抗战胜利50周年以及迎香港回归等诗词吟诵活动。广泛开展爱北京、写北京活动，参加北京市举办的大型诗、书、画展。学会和基层诗社先后出版了《历代咏北京诗词选》、《中国抗战诗词精选》、《当代咏北京诗词选》和即将出版的《会员作品十年选》，还有《北京诗苑》等多种内部诗刊。不少会员在报刊杂志上发表作品，出版了一批个人诗集，为繁荣首都文化事业做出了贡献。为继承和发扬我国诗歌的优秀传统，诗词学会坚持普及与提高并重，定期举办诗词讲座，传播基础知识，指导诗词写作，开展学术交流，组织部分会员开展采风活动，春节期间为军烈属送春联等，丰富了首都的社会文化生活。

诗词歌盛世，书画冶情操。广大会员喜爱诗词，也喜爱书画。不少会员既会写诗词，又善作书画。他们有的是专业书画家，也有不少是离退休老同志自学有成的。这次书画展，实际是一次广大会员的自我检阅。不论社会知名的或不知名的，都以十分认真的态度表达他们爱党、爱人民、爱祖国的诚挚感情，表达他们对自己的组织——北京诗词学会的关心和拥戴。有的挥毫时代风云，有的畅绘山川胜景，有的抒发个人情怀。当人们漫步展厅，举目琳琅，无不感到中国传统诗词与时代精神的谐和魅力，使人生发出一种健康振奋的精神状态。

抚今思昔，联系北京诗词学会的10年历程，不禁想起李白铁杵磨成针的故事，欣然吟出一首小诗来：

为北京诗词学会十周年诗书画展而作

十年磨杵绣吟旌，八百银针织凤城。
今日斑斓迎日起，琅嬛门外锦云平。

1998年6月

更润平芜雅气香

——在野草诗社成立30周年庆祝会上的讲话

野草诗社是北京市在改革开放后最早成立的诗社，由我国著名作家、诗人、文化界人士肖军、姜椿芳、张报、王亚平、楼适夷、汤筶之、金常政、杨小凯等组建起来，被称为"京都结社第一家"，是北京诗词学会最早的创办者之一。可以说在改革开放后的北京，就是从这里首先吹响了我国传统诗词振兴的号角。

卅年来，野草诗社沿着鲁迅的足迹，团结师友，切磋诗艺，增进友谊，开拓前进。近些年来，在周克玉将军直接领导下，诗社兴旺发展，声誉日隆，做出了突出成绩。在北京诗词的百花园中，开出绚丽花朵。他们几次在北京诗词学会这个大家庭中传播经验。现在，我代表北京诗词学会，衷心祝愿野草诗社在建设社会主义和谐文化中，传承国粹，弘扬主旋律，实施精品战略，为中华文化的大繁荣、大发展，做出更加优异的成绩。

现在，我宣读北京诗词学会的贺诗、贺联：

贺野草诗社成立三十周年

东风骀荡暖春朝，望尽天涯绽碧涛。
莽莽原新生万树，蜗蜗居雅列前茅。

诗书翰墨鸡林外，剑胆琴心绛帐骄。

卅载长江前后浪，嘶风群骥月轮高。

贺联一副

一夜春风　又生野草蜗居翠；

卅年澍雨　更润平芜雅气香。

2009年2月19日

有滋有味的社区诗词文化

——祝贺朝阳诗词研究会成立20周年

朝阳诗词研究会是北京诗词学会最早的团体会员之一。20年来，诗词文化活动十分活跃，丰富多彩，队伍不断扩大，成为北京诗词文化大军中一支劲旅，创造了不少好的经验，写出了一批好的和比较好的作品，为繁荣和推动我市诗词文化的发展立了功添了彩。

前几天赵慧文同志给我打电话，邀我参加今天的纪念大会，我欣然答应。我认为对我们20年来所走过的道路，认真的总结一下，回忆回忆，是件很值得的事情。今年，也是诗词学会成立20周年，我们也正在做这件事。对于朝阳诗词研究会我不陌生，你们纪念10周年时，我也来过，现在又10年了。使我印象深刻的有几点：

第一点，你们有一个坚强的领导集体和一支不为名利，热爱诗词文化的志愿者骨干队伍。尤其是当社会上出现追逐名利的浮躁浪潮时，你们耐得寂寞，心甘情愿，在困境中为中华诗词优秀传统文化的传承和发展尽自己的绵薄之力，风吹不倒，雨打不散，坚持再坚持，都是好样的。你们有一批老干部、老教师为骨干，还吸纳一批中青年诗词爱好者到骨干中来，为这个队伍增添了发展实力和后劲。

第二点，你们是从老年大学诗词班起家的，一开始就把学习诗词列在首位，作为诗词写作的基本功，包括诗词史、古今诗词评析、格律训练，古典优秀诗词的熟读和背诵等等，同时也鼓励写作，互相切磋，教学相长。不是一味地倡导写、写、写，还未学会走，就跑起来。20年回头看，正是由于坚持这种方法，才有一批老同志包括一些文化基础较低的老同志，大大提高了写作水平，写了一批佳作，有些还获了奖。体会到"读书破万卷，下笔如有神"的滋味！在这里，我们特别要感谢在老年大学中孜孜不倦地讲述诗词课的陈明强、赵慧文两位老师。

第三点，注意把诗词与其相邻的艺术门类相结合，使诗、联、书、画、乐，互相联通，互相借鉴，相得益彰。提供一个"海阔凭鱼跃，天高任鸟飞"的发展空间。八仙过海，各显其能，才能出精品，出人才。

第四点，大力开发社区诗词文化，组织社区诗社。最近几年在北京各区县的社区文化活动中出现不少诗社组织，仅朝阳诗词研究会下属的就有七八个这样的诗社。我认为这是非常好的现象。诗词文化决不是几个文人的"文化"活动，而要扎根广大群众的土壤中，才能生根开花，枝繁叶茂。精品佳作，也不能仅仅是几位专家说了就算的，要广大人民群众认可才行。也可以这样说，专家也是从人民群众中生长出来的，不是从天上掉下来的。应该说，在群众中认同诗词文化的土壤越丰厚，才能更多地涌现优秀作品和优秀诗人。现在，全国都关注文化的大发展大繁荣，传统诗词文化普遍得到重视。不少社区诗社都得到当地党政领导的重视和支持。最近我看到由一位退休老教师王国俊同志主持的朝阳区金台诗社，就很有生气，社区领导也很重视和支持。

当然，还有许多可圈可点之处。比如，你们一直很重视讲座这种学习方式，现在北京东半部的许多诗社会员都来听讲座。你们很重视组织会员的"采风"活动，不断丰富充实会员的生活感受，成功地举办征诗征联评奖活动，努力搞好《雅风》诗刊等等，都收到好的效果。

说到这里，我记起北京诗词学会成立15周年的时候，北京日报记者写过一篇采访，在文艺版通栏发表。文章重点采访的是朝阳诗词研究会、延庆县诗词楹联学会、桑榆诗社、青年诗社4个单位。题目是《让诗安置我们的心灵》，副标题"北京诗词学会开创社会文化新景观"。这是一种鼓励，也是一种鞭策。让我们一起再接再厉，使北京的诗词文化的景观搞得更加绚丽多彩，新上加新！

2008年4月29日

京味文化的新视野

——在新北纬饭店京味系列活动开幕式上的讲话

非常高兴参观了新北纬饭店新装修的具有浓厚京味文化特色的厅堂会所，这给新北纬饭店增添了大气、雅气和生气。特别是今天有三位重量级的京味书画家马海方先生、杨信先生、邵晨先生在此举办精彩的书画展开幕式，当代实力派京味作家刘一达先生，前来展示近期出版的新作，举行签书活动。所有这些，为美丽北京南城的秋天，增添了一道亮丽的风景。为此，我代表北京诗词学会，向新北纬饭店总经理杜和平先生和贵饭店全体职工致以热烈的祝贺和虔诚的敬意。

是的，文化，从来就是民族的魂。从地域方面说，它也是城市的根。丢掉它就是丢了魂，拔了根。在杜和平总经理和刘一达先生、王建成先生等书画家，以及一批文化人的参与下，今天，还要在这里举办一场有关京味文化的研讨会，更是对于新北纬饭店的文化特色锦上添花。我预祝研讨会取得成功。

在这里，我还要特别感谢杜和平总经理，他邀我将我最近出版的诗集《竹枝斋诗稿》一起进行签书赠书活动，我感到十分荣幸，再次表示衷心的感谢！

本来，北京诗词学会广大会员的诗词文化活动就是京味文化活动的一部分。我们北京的会员，首先是写北京、爱北京。近些年来，广大会员，面向北京，面向社区，写作活动越来越丰富、普及。就以北京的竹枝词来说，成绩是可观的。北京竹枝词到清代得到文人们的广泛喜爱，现代作家中的张恨水，在写天桥的作品中就有京味十足的竹枝词；如今在北京诗词学会的诗刊里，专辟有京味诗画栏目，发表了很多京味特色的作品……

让我们大家共同携起手来，继续开创京味文化的新天地。为首都北京增添诗、文、书、画更多新色彩，为京味的文化建设做出更大的贡献。

2011年9月9日

学养 诗思 放眼宽

——在北京诗词学会第四次会员代表大会上的讲话

祝贺北京诗词学会第四次代表大会取得圆满成功！预祝学会以张桂兴先生为会长的新领导班子领导学会取得新的更大的成绩！继续为学会的发展壮大努力奋斗！对于过去我主持工作那些年在学会领导工作中出现的一些缺点和不当，请新班子予以改进和纠正。

今天，中华诗词学会和中华诗词研究院以及北京市民政局、市社团等领导机关和解放军红叶诗社、北京楹联学会均派员指导工作。特别是中华诗词学会郑欣淼会长，在百忙中莅会做了热情的讲话，使我深受鼓舞，也是对我会的鞭策；还有北京市民政局吴世民局长，也是学会的名誉会长，他在百忙中抽空前来向大会祝贺并表示继续支持学会工作。

本来，按照规定我早就应该交班了，但经上级批准又延长了一届。这次经我继续申请终于实现换届交班。今后，在身体条件允许的情况下，我还要继续参加诗会活动，与诗友们切磋诗艺，继续支持学会工作。在这次闭幕会上，我想赠与各位代表两首即兴诗，我读一下。

学诗二首

——赠出席北京诗词学会第四次代表大会的诗友们

第一首

白发吟坛十八年，切磋今古友朋贤。

叮咛七字拳拳意，学养、诗思、放眼宽。

注：中华诗词为中华文化之精粹。余以为，欲学好诗词提高写作水平，就要不断丰富和夯实自己中华文化学养，重在读书、学习。"读书破万卷，下笔如有神"（杜甫）斯之谓也。

2011年夏，余应房山诗词学会云水诗社社长冯绍邦先生之邀，去房山文化馆与云水诗社诗友相会。余提议在会员中加强中华文化学养的建议。提出学诗应以百分之七十用来读书、学习，百分之三十从事写作。并赠三句古书上的语录为之共勉。（一）学然后知不足（见《礼记·学记》），（二）积学以储宝（见刘勰《文心雕龙》），（三）厚积而薄发（见苏轼《杂说·送张琥》）。

第二首

一自巫山九歌传，尚书才气竹枝鲜；

千载风烟情未老，雅俗共赏是真诠。

【注解】

尚书，指唐代诗人刘禹锡。在当代新竹枝词写作中，应坚持雅俗共赏。要注意竹枝词与绝句的区别。杨金亭先生从诗歌源流上，对竹枝词与绝句的区别作了探讨，认为二者是两种文本。竹枝词源于民间歌谣，为歌谣体诗歌；绝句源于格律诗，为格律体诗歌。两者文本不同，各具特色。

2012年4月28日

以明白晓畅为荣

——在孙轶青《开创诗词新纪元》文集出版座谈会上的发言

非常高兴参加孙老的大著《开创诗词新纪元》研讨会。孙老文集中许多文章，对我们来说都是很熟悉的，它忠实地记录了中华当代诗词发展壮大近20年来所走过的道路，令人信服地反映出孙老为中华诗词在新时期的繁荣和发展所做出的努力和贡献，读起来倍感亲切。

北京诗词学会是在中华诗词学会的关心和指导下建立起来的，也是遵循中华诗词学会和孙老提出的指导思想及每一时期的重要工作部署发展起来的。我从1994年开始主持北京诗词学会工作，我看到的最早的中华诗词学会的文章，就是孙轶青等六位全国政协委员，也是全国知名的文化界人士，在政协八届二次会议上的联合发言（见文集32页）。发言全面分析了中华传统诗词发展的形势和存在的主要问题及困难，并提出了五项建议。这是一篇通过全国最高权威机关向全国全社会发出的呼吁书。对一些当时处于困难情况的诗词组织给予强有力的支持，增强了我们克服困难的信心和勇气。

1996年孙老在全国第九届中华诗词研讨会上提出振兴中华诗词，要坚持"适应时代，深入生活，走向大众"的方针，指出"我们时代的诗词作品，只有具有了时代精神，又源于生活，才能走向人民群众，为人民大众所喜爱。"（见文集84页）在这篇文章中我尤其赞赏和钦佩孙老的以下一段话，他说："我们在诗词创作中应当树立一种新的风气，即以明白晓畅为荣，以雅俗共赏为荣，以喜闻乐见为荣，以社会传诵为荣。越是诗词大家，越应在诗词创作的明白晓畅、雅俗共赏方面起表率作用。"我经常向我的同事们宣传这些观点，并和杨金亭等同志一起在北京诗词学会的诗友中倡导写作新竹枝体。

在新千年来临之际，中华诗词学会与华中理工大学、北京大学、清华大学、中央电视台等在武汉成功举办了"让诗词走进大学校园"。不久又提出"让诗词走进中小学校园"。（见文集148页、165页）我认为这两次讲话，在中华当代诗词发展史上具有里程碑意义。正如孙老所言"让诗词进入大中小学校园，是普及诗词事业和防止后继无人的重大措施"。中华诗词学会作为全国性的诗词群众组织，为弘扬诗教，弥补过去从"五四"以来被冷落和摒弃中华优秀传统诗词所产生的后遗症和缺失，毅然勇敢地站出来，跨越部门的界限，联合教育界知名人士，进行了广泛的社会宣传，奔走呼号，抓"典型"，树先进，不辞辛苦，到处"游说"。经过多年不懈努力，终于获得社会的广泛认同，在教育领域里出现了众多的诗教先进单位和诗词社团，教育部门在教科书里增添了古典诗歌内容。我认为孙轶青老和他的同事们，在这项具有百年大计、千年大计的诗教工程中所花费的心血，是应该重重地记上一笔的。

21世纪开始，在孙老的领导与主持下，向全国的诗词组织发表了《21世纪初期中华诗词发展纲要》，这是在俯瞰"五四"新文化运动以来近百年诗词文化发展的基础上，重点总结改革开放新时期中华当代诗词发展的新经验和新任务。文章高屋建瓴，再一次提出"开创社会主义时代诗词新纪元"的号召！受到全国诗词界的广泛欢迎和热烈响应。更进一步凝聚起全国诗词组织和广大诗人以及爱好者的力量，向更广阔的天地迈进。

北京诗词学会离中华诗词学会最近，孙老多次来北京诗词学会指导工作。1996年春天他应邀出席北京诗词学会举办的中青年诗词座谈会，并以《传统诗词与青年》为题发表讲话，指出"青年是传统诗词的天然爱好者，也是传统诗词继往开来的接班人"（见文集67页）。他语重心长、循循善诱的讲话，给与会青年很大鼓舞。他在讲话中还嘱咐诗词组织要"设法加强与青年的密切联系，为实现传统诗词的大振兴、大发展而共同努力"。现在的北京诗词学会的会员结构，已有了可喜的变化，有不少中青年人参加进来，给学会增加了新鲜血液和活力。当然，这方面工作还有差距。当我们再读这篇文章时，仍然倍感激励与鞭策。

总之，这部文集充分显示出孙老深厚的中华诗词文化的理论修养，强有力的工作能力和智慧。同时，也反映出他孜孜不倦、严于律己、虚怀待人的高尚品格，这些都是我们学习的榜样。我们衷心祝愿孙老健康长寿，宝刀不老，继续领导百万诗词大军从胜利走向更大的胜利。

2006.12.17

徜徉"夕阳画畔"

——在石理俊《夕阳画畔吟》出版座谈会上的发言

这次由北京诗词学会和北京新北纬饭店共同举办的石理俊老先生新出版的《夕阳画畔吟》题画诗座谈会，开得十分活跃。来者绝大多数都是新北纬饭店杜和平经理请来的朋友，京味作家、书画家、诗人、文化工作者济济一堂。

这次集会，是石老题画诗佳作出版的祝贺会，也是以此为契机，进一步开展题画诗的研究和提高写作水平、丰富京味文化内涵等为内容的座谈会。

在这里我先介绍一下石理俊老先生。石理俊是位终生从事文化教育工作的老革命军人。他有丰厚的学养，古典诗词造诣很深，有诗才，是位多年研究题画诗的专家学者。早在上世纪90年代，就出版了以他为主编的《中国古今题画诗词全璧》的巨著。（包括从唐以前至现代的题画诗一万多首中选出2700百多首，还包括作者小传和注释。）2007年又由商务印书馆重印发行。

他是在北京诗词学会成立后，最早请来当会刊编辑的，后来成为学会会刊《北京诗苑》的主编。《诗苑》设立诗书画专栏后，他开始进行题画诗编选和写作。这本《夕阳画畔吟》就是这样一本题画诗专集，也代表这一时期的北京诗词学会的诗词文化成果。

从讨论发言看出，这是一部受到广泛赞扬，有较高质量的诗词集。一方面是佳画名画，另一方面是上品佳诗，可谓诗画联璧，相得益彰。加之石老的诗风平易清丽、雅俗共赏，也为社会人士所欣赏喜爱，成为与竹枝联璧，相辅相携，共同发展的一种诗体。

本来，画中题诗是中国画坛经久不衰的老传统，题画诗写作历来是雅俗共赏，在格调上与竹枝词相近。

我对此研究不多，但我读过郑板桥的题画诗和齐白石题画诗，可以说是题画诗的代表作。

比如：

竹石

郑板桥

咬定青山不放松，立根原在乱岩中。
千磨万击还坚劲，任尔东南西北风。

由于有了这首诗作，立即给这幅画提升了精神境界，发出强大的鼓舞力量，使这幅画成为千古名作。值得欣赏的是，郑板桥的诗句总是那样通俗易懂，简洁明了，与竹枝词有同工之妙。再如：

池上观鱼

齐白石

幽人生不辰，干戈送乡井。
何如池内鱼，闲嚼芙蓉影。

仅仅20个字，却将一个经过战乱而离乡背井的、精神极度压抑的内心世界表现得淋漓尽致。

展卷石老先生的题画诗集，一首诗一幅画地观赏、品读，有种与石老一起徜徉于夕阳画畔的美妙感觉。我在此也举出几首来与诸君同赏：

望母归图（小老虎）

王建成

漫将彩墨写雄才，一片童心笔底来。
双双儿女撒花后，坐盼娘归喊小乖。

把两支小老虎的稚气、淘气和乖气写得极具性灵。

卧马图

杨金波

柳荫芳草夕阳迟，不写奔姿写卧姿。
我爱雄才涵静气，谁通马语解凝思。

写出了雄才静气，大手笔也。

《听泉》题画诗

郝邦义

草桥停好雀，情景忆儿时。
荒径无行迹，幽泉自唱诗。
天真听天籁，清赏动清思。
可算知音么？人痴鸟也痴。

该诗清爽，清思；鸟痴、人痴，天籁知音也者。

还有马海方先生"卖大糖葫芦"、"知趣图"，以及自作诗书画联璧展出的邵辰先生等，可谓珠联璧合，美轮美奂。

为了推动题画诗写作质量的提高，我再向各位书画家推荐北京已故的诗词书画大师溥心畬先生的几段对书画家要学好诗词文化的语录如下：

据北京市文史馆出版的《翊运集》载宁砥中先生《先师溥心畬先生书画轶事》一文中称：

"先生对传统诗词成就最高。先生有一词集名为《凝碧余音》。'凝碧'原为唐安史之时，王维所作感伤诗的诗名，由此可见先生对王维的景仰。……先生常说：'一个学绘画的人，首先要有文学基础。多读书，读诗词，这是画外之功。'他更常向弟子训示，'少读书，胸无丘壑；不懂诗，画境庸俗；不练字，画品有墨无笔。习诗练字，有助于题画，否则，与画匠何异？' 又常说：'一张画没有题诗，便好像无声电影，看起来十分乏味。'"今天，在这个会上，我转赠送给在座的书画家诸公，最后，我诌得韵文四句共勉。

题画诗《夕阳画畔吟》出版

贺石理俊诗兄

白云青峰，碧水芙蓉；
竹枝摇翠，石老诗翁。

2012年10月19日

"幽灵"东渐启才思

——在中华诗词文库《北京诗词卷（近代卷）》首发式上的发言

一、中国近代诗词，在我国诗歌文化发展历史上占有重要地位

中国近代历史，从1840年鸦片战争，历经禁烟运动、辛亥革命，推翻帝制，建立民国，至1919年五四运动，80年间，国家社会处于剧烈变动年代。一方面，内忧外患、军阀混战，民不聊生；另一方面，封闭已久的古老帝国进入了一个中国走向世界、世界走进中国的文化交流时代。北京作为都城，一直处于全国政治、文化中心，历经过诸多的重大历史事件和人事更迭，受到过列强多次欺凌洗礼，也最先感受到来自世界的文化、文明之风。至若北京作为历史名都，可谓物华天宝，人文荟萃，诗歌文化有着悠久辉煌的历史。

应当说，我国的近代诗词，在我国文化史上占有非常重要的地位，大量作品强烈反映出这个时代的风貌，传递着时代的心声，表达出深沉的爱国情怀，包括他们的人格精神至今仍影响着一代又一代人的思想情操，激励着人们前进的步伐。可以说，那些优秀作品至今仍是哺育当代人们精神文化生活的营养剂，对于构建和丰富社会主义先进文化都是极有意义的。

二、为编好这部诗选，我们考虑到作为《中华诗词文库》一个组成部分，应该能比较全面地反映这一历史时期诗词的基本面貌和诗人风貌。所以在搜集面上更宽一些，强调思想内容与艺术特色的结合。具体运作时，包括：（一）以诗存史，注意重要历史人物和相关事件、事迹的作品；（二）以诗存北京诗歌发展面貌、流派、作者诗坛地位和影响等；（三）注意有关北京地区自然风貌和地域特色等内容的诗词作品。比如对戊戌六君子每人都录有诗作，包括康梁，连光绪皇帝都选了诗作。辛亥革命前后孙中山、黄兴、蔡锷、秋瑾等人物都有诗作。孙中山先生有四首录入。以及近代史上知名人物，如曾国藩、李鸿章、左宗棠、徐世昌等都有诗作。

为了反映晚清及民国初年的诗坛流派，注意收集一些代表性作家作品。如龚自珍、魏源、黄遵宪等等，还有南社、同光体等诗派的作品。

三、收入本诗选的诗人、词家的范围，包括以北京籍，或虽非北京籍但在京供职，或久居北京的诗词作者。本书编务工作，执行主编由北京诗词学会副会长赵慧文老师担任，成员有杨新华先生和李树先先生。李树先是北京诗词学会副秘书长还兼学会其他方面工作，所以主要编务工作，由赵、杨二位承担。他们经常要跑图书馆，不辞辛苦。经过两年多的努力，始告完成。本书共计收入作者250人，诗词作品1826首。

四、北京诗词学会，是一个首都诗词文化社团。为弘扬首都诗词文化，我们曾先后编辑出版过《北京抗战诗词精选》（与北京卢沟桥抗战展览中心合作）、《当代咏北京诗词选》、《清代宣南诗词选》、《北京百家诗词选》、《竹枝词新唱（近代卷）》，诗词作品容量大，内容丰富。也会有这样或那样缺点和不足，敬请各位专家、学者和社会人士指正。

最后，我们再一次对为本书出版提供资助的凯风公益基金会表示感谢，向该会段伟红理事长表示虔诚的敬意！

我们还要感谢东方饭店，这座具有近代遗存建筑特色的饭店！在此召开这部诗集出版的首发式，让我们有机会睹物思人思诗思史，更有一番纪念意义。为开好这次会议，东方饭店职工做了精心准备，我们表示衷心感谢！

为此特赋诗一首：

辛卯春夜值《近代诗词北京卷》终审付梓

惊春震哺日核恣，夜审初编"近代诗"。

检句每揾林邓泪，《出都》浩叹"上书"辞。

激扬辛亥"奇女子"，忧愤神州碧寺悲。

思缅百年心事重，"幽灵"东渐启才思。

2012年7月6日

为杨金亭先生《编余诗说》序

当金亭兄的大作《编余诗说》即将付梓出版时，他邀我为该书写篇序言，我欣然接受。

一

回忆1994年我诚邀金亭先生担任北京诗词学会会刊《北京诗苑》主编的事，至今历历在目。

那是在这一年春天我应邀接任北京诗词学会会长不久，对于诗词文化社团如何开展工作，如何面对以离退休人员为主的广大会员高涨的学习和写作古典诗词的热情，我心中无底。那时候，学会不定期出版会刊《京华诗词》，后改为《京华诗苑》。对于如何办好会刊，学会尚处于初期探索阶段，基本上对会员来稿，良莠兼刊，难于起到引领和提高诗词作品质量的效果。经过暂短地了解，我认为，北京是新中国的首都，是个有悠久历史文化的都城，以北京命名的诗刊，自当无愧于首都政治文化中心的地位和人杰地灵的文化传承。正是怀着这种心愿，我想到了杨金亭先生。那时我并不认识杨先生。但是 ，他是全国权威刊物《诗刊》的副主编，我知道；我来北京诗词学会后，又知道他也是北京诗词学会副会长，只是没有参与学会的实际工作；还有一件事是我在90年代初曾读过杨金亭先生给一本《永定河引水之歌》的长篇叙事诗（白话新诗）写的序言。这部新诗集于1992年出版后，是该书作者马耘先生（当时不相识）送我的（他知道我曾在北京市水利部门工作，并发表过诗文作品）。金亭先生在《序言》中对这部叙事长诗给予了热情地鼓励，他动情地说："这部四千行的叙事长诗，能够吸引人讲到终篇，只这一点，就是十分难得的了。"他认真地指出了作品的成功与不足。读后，我十分钦佩金亭先生在文艺理论方面的丰厚学养。

因此，为了办好学会的会刊，经过与当时学会常务副会长会刊主编王建中老先生等商量同意后，决意请杨金亭先生主持会刊的主编工作。

我于这年7月拜访杨金亭先生，二人谈得十分融洽。他那时已年届离休，作为北京诗词学会副会长，愿意帮助学会办好会刊。他说，要干就要干成全国一流的学会会刊。随后在他的主持下，进一步充实加强了编辑班子。在原会刊基础上做了改名、改版，有了明确的办刊思路，在做了充分准备之后，终于在1995年元月出版以《北京诗苑》新名称、新面孔与广大会员和读者见面了。由金亭兄亲自执笔的第一篇卷头语《致读者》，全面阐明了《北京诗苑》的办刊宗旨、目标，栏目设计、稿件要求等等。最后，他语重心长地提醒广大会员和读者，称"我们深知，要办好一个以北京命名，自当无愧于首都政治文化中心地位和京华人杰地灵的诗词刊物，摆在我们面前的任务，不啻是诗词事业的一次万里长征"。

苍天不负苦心人。作为北京诗词学会的会刊《北京诗苑》出刊不久，即获得会员和读者的好评。同时，《北京诗苑》传至中央宣传部翟泰丰副部长那里，得到了他的肯定，他高兴地将《北京诗苑》会刊推荐给中华诗词学会。北京市主管机关市委宣传部还发出了内部简报。从那时起，17年来《北京诗苑》已出版了68期。作为主编的杨金亭先生，即使后来又担任中华诗词学会副会长兼《中华诗词》的主编，他仍然是北京诗词学会的副会长和《北京诗苑》主编，两个担子一肩挑。他一如既往，坚持作刊物的终审和撰写每一期的《卷首语》。金亭先生曾多年编审全国性《诗刊》，立足点高，视野开阔，所作《卷首语》，每醒人耳目，成为每期诗刊的"导读"。当我捧着这沉甸甸的文卷，不禁想起两年前我写的一首小诗："兴会诗缘久慕贤，虎坊畅论两开颜。卷头一自涓涓语，滋养京苑作美泉。"

二

北京诗词学会建立伊始就强调诗歌的"京味"特色。《北京诗苑》会刊曾多次提到带"京味"的要求。金亭先生在1998年第一期卷首语中说："今年的编辑意图，大致集中在追求北京风格一个方面，那就是让刊物多一点北京的风貌神韵，多一点地方的人情特色，让我们的读者打开书页，就有那么一股北京的生活气息扑面而来，……立即辨识出北京这一个期刊的个性。"他热情呼唤："在北京诗词创作队伍中，有那么一个以悲壮豪放美或幽默风趣美为风格追求的诗人词家群走上北京诗坛……京味特色也就自然形成了。"

北京作为六朝古都所具有的深厚的人文文化，特别是诗词文化积淀，是当代诗词作者学习借鉴的资源，并有责任传承和发扬光大。在《北京诗苑》会刊中除设有《京华韵语》栏目外还增添了《北京百家》和《燕山遗韵》两个栏目。2003年学会将已刊出的上述两个栏目共72家942首诗词作品以《北京百家诗词选》为书名正式出版。金亭先生在出版《序言》中说："应当说，我们编选出一个反映了近百年北京诗词文化水准并无愧于北京诗词文化传统的选本。"

推动新竹枝词写作，应是京味文化题中应有之义。金亭先生在一篇卷首语中说："慷慨悲歌的黄钟大雅和风趣幽默的弦歌俗唱，都是燕赵诗风的应有个性。"我认为这符合我国北方地区诗歌发展的轨迹，金亭兄也喜爱竹枝词，经常写作竹枝词，早期他还写过鼓词，和北京曲艺评论。这些年他为推动新竹枝词写作不遗余力，在理论上给予多方面的指导。例如，在本书上编的68篇卷首语中有五篇竹枝词的专论。它们是：

（一）《竹枝新唱》小引（1997年3月）

（二）刚健清新写竹枝（2003年1月）

（三）竹枝新唱动京城（2005年2月）

（四）竹枝新唱《近庖厨》（2008年1月）

（五）郑伯农竹枝词专论的启示（2009年2月）

上述文章都有很强的理论含量，对推动新竹枝词写作有很强的指导作用。例如在推动当代新竹枝词的写作时，为了使作者分清竹枝词与绝句的区别，金亭先生特别在2006年北京诗词学会编辑出版的《竹枝新唱》的序言中讲到这一问题。他说"竹枝词与七言绝句之间，虽然有艺术上的姻缘，但却是两个各自独立的诗歌文本。前者是文人在民歌的基础上创造出的歌谣体诗歌，后者是文人创造的格律体诗歌。"我认为金亭先生从我国诗歌源流上厘清了竹枝词与律体七言绝句不同文本，对我国新竹枝写作，具有很强的理论指导意义。实际上我们倡导和推动的新竹枝词写作，要求贴近大众生活，富有民歌情趣，达到雅俗共赏。最近，北京诗词学会召开第四届会员代表大会，我也发表了一首小诗称："一自巫山九歌传，尚书才气竹枝鲜；千载云烟情未老，雅俗共赏是真诠。"

2012年5月3日

清诗漫笔

——《清代宣南诗词选》序

一

《清代宣南诗词选》，经过一年多的努力终于完成了并即将由北京出版社出版，这是一件十分有意义的事。应该说它是展示和弘扬清代宣南历史文化的一项基础性建设，通过这种展示可以使人们更加清楚地看到"宣南文化"在整个北京历史文化领域的重要地位和价值。

《清代宣南诗词选》是受北京宣武区政府的委托，由北京诗词学会编辑的。编选工作开始，首先遇到要编成什么样的选本问题。北京的宣南地区在清代是个很特殊的地区，正如一位学者朋友所说，可能没有一块地方，像宣南地区那样，曾居住过这么多学者、诗人，写过那么多的作品。清代北京这一特殊的历史文化现象，使我们在编辑指导思想上十分明确地认为，这部诗选不是专门研究清代诗歌流派的选本，也不仅是为现代旅游文化服务的选本。而是从宣南地区特殊的历史文化环境出发，从它的人文传统社会风情等综合层面上去进行"挖掘""筛选"的诗选。为此，划定出三个范围，一是，在宣南地区旅居过的诗人、学者、名士的代表作，名为《清代宣南名士诗词选》；二是吟咏宣南地区的名胜文物、园林第墅，以及文人们的修禊结社，雅歌酬唱的诗作，名为《清代咏宣南诗词选》；三是吟咏宣南地区风土人情、社会百业、闾阎民俗的《清代咏宣南竹枝词》。编选工作的视线从著名诗人学者和清廷中枢大员扩展到中小官吏和不见经传的文人士子作品;从各种不同流派的诗歌代表作到雅俗共赏的民歌体竹枝词。而后者所描绘的林林总总的社会生活,鲜活生动,富有京腔京味。这既是必要的补充,使内容更加丰富,也反映出京味文化特色。

显然,这样的编选范围增加了许多工作量。为此,学会组建了专门编辑班子,由学会会刊《北京诗苑》副主编柳科正先生担任常务副主编,李敏教授任副主编主持开展工作。经过艰苦努力,共选出365位作者1256首作品,以诗为主兼及词和曲。

虽然,有极少数没有在宣南旅居过,也没有写过咏宣南作品的诗人学者,特别是有些满族诗人未能纳入选编范围。但总的看来,这部选本大体反映出有清一代诗歌的基本面貌,呈现了清代各时期的诗歌流派的主要代表作品,可以说是清代诗歌的一个"缩影"吧!

二

清代诗词数量浩繁,作者队伍庞大,流派众多。仅据晚清徐世昌辑的《晚晴簃诗汇》就收录诗人6100余家,超过《全唐诗》2200百余家的两倍。词的方面,据《全清词抄》收录四千余家,比《全宋词》收录的一千三百余家多三倍。读清人诗,有个耐人寻味的现象:清初和晚清时期的诗歌有丰富的思想内涵和较高的艺术价值,评价也高,但对于中期，却往往评价不高。这一时期诗歌量大，可谓洋洋大观，但内容多平庸空泛，格调"肤廓浮滑""无创新意"，给人一种风骨衰微的印象。而此时恰恰是康雍乾的盛世。

清诗这种发展情状诗评家谓之"马鞍形"。这也是有原因的。清初，正当沧桑变革，国内民族矛盾尖锐。一大批具有反清复明思想的诗人，写了不少表现民族大义、富有爱国主义精神的诗篇，使清初诗歌真实地反映了当时的社会矛盾和人民群众的苦难生活，闪耀出以诗歌为武器参与民族矛盾斗争的战斗光芒。其中出现了许多杰出的诗人和作品，如顾炎武、王夫之、黄宗羲、屈大均、钱谦益等，其作品质实浑厚，激越苍凉。吴伟业创造"梅村体"，与钱谦益同为大家。这一时期产生的大量优秀诗篇，有力地转变了元明以来衰颓的诗风，形成清诗马鞍形的前一个高峰。

为什么康乾盛世，值得称道的好诗反而少了呢？这与清王朝大兴文字狱和禁书毁版的文化思想禁锢政策大有关系。清代大兴文字狱，集中在顺治、康熙、雍正和乾隆时期，绵延一百三十多年。有论者说："无论就时间之长，花样之翻新，手段之残忍来看，都是没有先例的。"（见周宗奇《血光之灾——清代文字狱纪实》）其特点是禁书毁版与文字狱并行。乾隆时期，既是文字狱最多的时期，也是禁书毁版最严重的时期。那时结合编纂四库全书，"以征代禁"收缴大量民间书籍，有的加以毁禁或作篡改。据史家考证，这一时期"共禁毁书籍三千一百多种，十五万一千多部，销毁书版八万块以上"。至于民间由于惧祸而自毁的书籍则不计其数了。不仅如此，清廷还在一些重点地区建立"观风整俗"使，加强社会监控，形成严密的监视网。"一狱兴起，遍查各地。从藏书富家到地方书肆，从案犯家里到旅人行箧，莫不为查禁之对象。"一案牵连人数多者一百余人。以至"民间告讦之风盛炽，士习民风败坏"。（见漆永祥《乾嘉考据学研究》）

为说明上述情况，举典型案例一二。康雍时期响誉诗坛的著名诗人查慎行，本名查嗣琏，浙江海宁人。康熙二十八年因为在佟皇后丧期观看首次演出洪昇的《长生殿》而被撤职。和他一起观看的几十位官员、名士包括赵执信和作者洪昇均被削籍归里。查为警励自己而改名慎行，号悔余。他在为赵执信送行的诗里写道："荆高市上重相见，摇手休呼旧姓名。"荆、高，即指荆轲和高渐离。可以想见当时诗人、学者们是怎样一种小心翼翼"颤抖"的心态。然而，就是这位"慎行"先生最后仍未能逃脱皇帝的"文网"。雍正四年，他的三弟查嗣庭在赴江西任乡试主考官时出事了。原来，按一般乡试，考生要经三场考试。这次，第二场二题为"正大而天地之情可见"。四题为"百室盈止，妇子宁止"。雍正知道后就联系起前时汪景祺《历代年号论》文章案。由于汪在文章中指出，"正"字有"一止之象"。并举例说凡是以此为年号的帝王大都不吉利，没有好下场。为此被雍正杀了头。雍正认为查嗣庭出的考题，前题点出"正"，后题点出"止"是有意为之，实属大逆不道。为罗致罪名，还说查是刚被整掉的隆科多的"死党"，又从抄出的日记中发现他对康熙皇帝的"用人行政"多有"攻击"。三罪并处判以"凌迟"的极刑。查嗣庭时已62岁，他从江西主考回京，不到三天，就被抄家逮捕，入狱后不到半年即含冤而死了。但人死了罪不能免，仍"戮尸枭首"。他的大儿子被判斩监候，另一个儿子病死狱中，还有两个不足15岁小儿子均被流放三千里以外。当大哥的查慎行这次又受到株连，以"坐家长失教"罪而"放归回里"，不到两个月就去世了。其二哥查嗣瑮，亦康熙时进士，有诗名，遭"谪遣关西"，后死在"戍所"。他们的子女也都被戍三千里之外。可怜查家一门四进士除四弟早年"过继"出门，未遭此难外，其余三家两代人，家破人亡，均未幸免。查家的全部财产充为修筑海塘工程的资金。

再举曾久为乾隆皇帝赏识的大诗人沈德潜为例，据《清史稿》记载，在乾隆四十三年，东台县民讦举徐述夔《一柱楼集》有"悖逆语"。乾隆发现在该集前面有沈德潜写的传，有称其品行文章皆可为法的话，惹恼了皇帝。沈德潜此时已死去10年了，仍没有放过他，竟"夺德潜赠官，罢祠削谥，仆其墓碑"。

清廷的文化高压政策，杀一儆百，使广大知识分子的思想学术自由受到极大禁束，造成残酷的精神迫害。乾嘉时期被誉为"青莲再世"的诗人张问陶，在一个风雨之夜喊出自己心灵的独白："百年身世一浮萍，几盏醇醪养性灵。读罢离骚还痛饮，不妨我醉众人醒"。在另一首《感事》写道："无灾无难不公卿，才算平安过一生。细领痴聋真妙处，始知愚鲁最聪明。"还有年轻诗人黄景仁那首无可奈何的心灵调侃："仙佛茫茫两未成，只知独夜不平鸣。风蓬漂尽悲秋气，泥絮沾来薄幸名。十有九人堪白眼，百无一用是书生。莫因诗卷愁成谶，青鸟秋虫自做声。"这种饱受精神压抑的内心世界，正是在"盛世"光环下一些有才华诗人心态的真实写照！后来，道光五年（1825）龚自珍以《咏史》为题，对当时"万马齐喑"的现状发出了撕肝裂胆的呼唤："避席畏闻文字狱，著书都为稻粱谋。田横五百人安在？难道归来尽列侯！"诗中前两句已为许多人引用过。其实后两句更深刻地表达了他对文字狱严重摧残文人学士心灵的义愤。他仰天长啸，问齐国田横的五百义士哪里去了，难道都被封官列侯了吗！？

三

清代重视汉文化，从康熙开始倡导经学。他说："治天下以人心风俗为本，欲正人心，厚风俗，必崇尚经学。"后来在乾嘉时期形成颇著名声的乾嘉学派，或称乾嘉考据学，广泛涉猎到中国传统学术文化，包括儒家的经典经、史、子、集乃至天文、舆地、历算、文字、音韵等多方面的研究考据，成为有清一代的主导学术，对清代诗坛有极其重要的影响。

实际上，乾嘉学派与清代历朝的诗人群都有密切渊源关系。也可以说历朝的学者群与诗人群，只是从各有所侧重来区分。像顾炎武一般认为是清代经学的开山大师，但也有名诗传世；钱谦益是清代早期诗坛领袖，同时也是位考据学者。乾隆中期进一步对科考制度进行变革，除首场《四书》文不变外，把经文列为二场，并增加"八言八韵律诗"的科考。经学与诗学成为科考取士的必备科目。不懂经学或不会做诗就不可能中举考进士。因此，清代的诗人兼学者和学者兼诗人的情况比较普遍。除顾炎武、钱谦益外，在宣南居住过的除诗名外也兼学者的还有施闰章、彭羡门、王士禛、朱彝尊、袁枚、赵翼、张惠言、程恩泽、龚自珍等等，不胜枚举。这种诗人学者化现象对清诗的发展有重要影响。一方面，提高了诗人的学术文化层次，扩大了诗人的知识视野，开拓了诗歌的境界。尤其清初学者倡导经世致用，直面人生；乾嘉学者讲究考古知今，"抱经世之才，治以富民为本"（时人评戴震语）；在学风上朴实勤勉，困厄不辍，不图荣利等都推动了"诗教"广布弘扬。即使在康乾盛世的文化专制下，仍有些诗人写出了关心百姓疾苦，反映世道人心，褒贬吏治民风，直书个人胸臆的作品，折射出我国以《诗经》、《楚辞》为代表的诗歌现实主义传统的光辉。

另一方面，由于清廷长期思想禁锢政策，大兴文字狱等，给清代诗坛带来严重消极影响。其直接的后果就是大多数诗歌作品不敢揭露社会矛盾，不敢批评时政，不敢自由表达个人意愿，只能按皇权意愿歌功颂德，或者模山范水。不少有才华的诗人，躲进古文献研究，将"故纸堆"当作"安全港"。最典型的有洪亮吉，他是乾隆进士，授编修。他的诗文富有奇气，才华出众，与黄景仁齐名，为江左名诗人。嘉庆时因上书皇帝语多过激，对皇帝大不敬，被贬戍伊犁，后得赦还家，改号为"更生斋居士"，潜心研读经史。正如他的老友张问陶所云"全焚诗笔留心血，重制儒衣想泪痕"。后与著名学者孙星衍论学相长，世称"孙洪"，在经学研究上颇有成就。乾隆时期，与大兴考据同时，在诗坛内部，出现了沈德潜的"格调"说与翁方纲的"肌理"说，更助长了诗歌拟古主义与形式主义的蔓延和发展。如沈德潜强调诗的音律节奏，结构对偶，把"格式声调"看成写好诗的关键，将"温柔敦厚"作为诗的原则。翁方纲在《志言集序》中说："为学必以考据为准，为诗必以肌理为准。"所谓"肌理"即是义理和文理。这样，在诗风上一味拟古，出现"学问诗"、"考据诗"，把引经据典，作为诗学时尚。在语言上晦涩板滞，读起来懵懂不明，或枯燥无味，所谓"雕文镂采太纷然，开卷沉沉我欲眠。"（张问陶诗句），严重影响了诗歌作为励志怡情的形象艺术的光彩。实际上，当时袁枚就批评过那种"误把抄书当做诗"的现象。张问陶也强调"写出此身真阅历，强于钉饾古人书"、"模宋归唐徒自苦，古人已死不须争"。晚清诗人张际亮也明确指出"或以议论考订为诗，或则轻佻浅鄙，无与于风雅之旨"。然而，"天教伪体领风花"（龚自珍语）。这种消极影响成了康乾盛世诗歌的"硬伤"，使当时诗词的质量处于一个平庸的低谷。

　　这里值得注意的是，竹枝词作为一种由民歌演化过来的诗体，在康熙年间诗坛领袖王士禛的倡导下，得到了广泛发展。钱大昕说："王贻上（士祯字）仿其体，一时争效之。"乾嘉以后，作者日众，许多中小官吏、知识分子，纷纷拿起笔来，以竹枝为体，用通俗的语言，清新的笔调写出大量竹枝词。宣南地区自然成为作者的"大本营"。无论是反映社会生活，记述历史事变，描摹人间苦乐，大都有血有肉，有声有色，与诗歌创作中的形式主义、八股调毫无共同之处。给当时令人窒息的诗坛吹进一股股清鲜的空气，使人耳目一新。晚清著名爱国诗人黄遵宪举起"诗界革命"的旗帜，提倡"我手写吾口"。他写的200首《日本杂事诗》和89首《己亥杂诗》都是竹枝体诗歌，对当时的诗坛影响很大。

清代，到了嘉道时期，正处在走向下坡的历史转变期。内则国库匮乏，国祚日衰，灾害频仍，民生凋敝；外则帝国主义列强入侵，鸦片大量输入。严重的内忧外患，使清廷疲于应付，苟延残喘，对知识分子文化思想禁锢政策有所放松。众多知识分子仁人志士逐渐从埋头考据学风中纷纷走了出来，把目光投向社会，投向国计民生，倡导经世致用之学。九州生气恃风雷。宣南成为众多文人士子结社、展禊、酬唱、吟啸之地。龚自珍，作为这一时期出现的进步思想家、文学家和诗人的代表人物。他的诗文以磅礴的气势，强烈的爱国热情，深刻揭露和抨击清王朝的黑暗与腐败，呼唤变法改革。他的诗瑰丽奇伟，大歌大哭，打破嘉道诗坛的一潭死水。唤起了新一代诗风的兴起，使清诗走向马鞍形的后一个高峰。

2005年5月16日

以诗存史

—— 《中华诗词文库·北京诗词卷（近代卷）》序

两年前，中华诗词学会发出关于编辑出版《中华诗词文库·分省诗词卷》的通知。北京诗词学会认为这是一项重要的文化建设工程，应该认真组织实施。遂于2009年4月成立编委会，邀请数位专家学者建起编辑班子，研究了工作实施安排。决定先编选北京近代、现代和当代诗词各一卷，随即开展了北京近代诗词卷的编选工作，并得到凯风公益基金会的出版资助。经过一年多的努力，即将付梓出版。

我国近代历史，自1840年鸦片战争，辛亥革命，推翻帝制、建立民国，至1919年五四运动，80年间国家、社会处于剧烈的变动中。一方面，内忧外患、丧权辱国、军阀混战、民不聊生；另一方面，封闭已久的古老帝国进入了一个中国走向世界，世界走向中国的文化交流的时代。北京，作为都城，一直处于全国政治文化中心。经历过诸多重大历史事件和众多人事更迭；受到列强多次欺凌洗礼，也最先感受到来自世界的文明之风。至若北京作为历史名都，可谓物华天宝，人文荟萃，诗歌文化有着悠久辉煌的历史。

国家不兴诗歌兴。近代诗词，在我国诗歌文化史上占有极其重要的地位。大量作品强烈地反映出这个时代的风貌，传递着时代的心声；表达出深沉的爱国情怀，呈现了在开放和交流中所获得的广阔视野。君不见，那些可歌可泣的事迹，动人心弦的诗篇，已成不朽之作，为中华民族宝贵的文化遗产；君不见，那些优秀篇章，曾滋养着一代又一代人民的心灵，作为激励人民和教育人民的"教材"，永远活在了人民的心里。至若这一时期诗词作品的艺术风格，更是承前启后，流派纷呈，风采多姿，在中国诗坛发出熠熠光辉。

为了编选好这部诗选，较全面地反映这一历史时期的诗词面貌和诗人风貌，我们注意了搜集的面宽一些，选编时质量把关严一些，强调思想内容与艺术特色相结合。在具体运作时，包括三个方面：（一）以诗存史，注意搜集历史人物、相关事迹的诗词；（二）以诗存诗人的作品风貌、流派、诗坛地位影响；（三）以诗存北京地区的人文风貌和地域特色。书稿编成后，共计收入诗家作者250人，作品1825首。

我们，北京诗词学会作为民间文化社团，谨以此书纪念中国共产党成立90周年和辛亥革命100周年！

2011年10月5日

《咏延庆诗词选》序

延庆诗词学会李自星同志告诉我，学会编了一部古代和现代咏延庆诗词选集，我听了十分赞赏。应该说这是一件很有意义的文化建设。对于弘扬中华传统文化，进行热爱祖国、热爱家乡的教育，促进社会主义精神文明建设和延庆旅游事业的发展都是很有益的。

我最早看到古代咏延庆的诗，那是70年代初的事。那时我在延庆搞水利调查，发现明代万历年间有位怀延兵备道叫胡思伸，曾开发妫河水利，开治水田，广种水稻，获得成功，出现"遥望东路畦疆，不逊江南"的景况。人们把他主持修建的水利工程叫"胡公渠"。记得我还写了一篇小文《延庆治水先驱胡思伸》收在拙著《燕水古今谈》里。就是在这一时期我看到了元代文学家陈孚的《妫川》诗。这首诗展示出一幅古代妫河两岸人民淳朴的生活画面。尽管他未能理会农民们的贫困生活，但却真实地写出农民们"民家坐土床，嬉笑围老稚"的天伦之乐。写出他们热情好客，高兴地把本乡本土自产的粗饭山茶拿来招待客人，"粝饭侑山荘，劝客颜有喜"。随后作者深有感慨地说："足迹半天下，爱此俗淳美。"对古代延庆的民风民俗写得如此生动感人，实不多见。我很喜爱这首诗，从50年代开始我多次来延庆，深深感到这种淳美民风几百年来一直延续至今。现在，这首诗已收录在选集里。

这次编选的古代咏延庆部分，作者主要包括从金代开始历元、明、清四朝，上至皇帝下至遭贬官员和平民百姓，可谓兼收并蓄。读这些诗词，对了解和研究古代延庆的历史沿革、社会民情、山川名胜，以至开发自然资源，发掘文化积淀，无疑是大有裨益的。

选集中的现代部分主要是新中国建立后50年来咏延庆的诗词。这部分诗词反映了延庆多方面的巨大变化和成就，可谓琳琅满目。作品中有当代知名的文人学者，有领导干部，有外地的来访者，也有本县干部和诗词爱好者。尤其令人高兴的是其中不少是延庆诗词学会的会员。他们怀着对自己家乡的真挚感情，饱蘸诗笔，爱延庆、写延庆，讴歌自己的家乡，从而形成了这本诗选的一个重要特色。

当我读这些诗词的时候，感到十分亲切，使我自然联想起新中国建立后延庆的水利建设来。五十年来延庆人民在党的领导下进行了大规模的经济建设，其中兴修水利，改变自然生态环境，是颇足称道的。像建国初期与兄弟省市人民一起修建了官厅水库，六七十年代修建古城水库（即龙庆峡）、佛峪口水库，打通白河隧洞，80年代修建白河堡水库，继而完成南北两大干渠工程等等。延庆人民用自己的双手不断改变自然条件，使延庆的山绿起来，水通起来，土地富饶起来。我印象最深的有两件事：一是在70年代，延庆人民在极其困难的条件下，用了8年的时间，硬是依靠一锤一钎，将7公里的佛爷顶大山穿透，把白河水引入延庆盆地。记得通水那天我激动得写了两首小诗，其中一首道："立得壮志起宏图，只信成功不信输；慢道关山坚似铁，佛爷顶上敢摘珠！"20年后的今天看来，这项工程的修建给延庆人民带来多大福啊！再一件是修建白河堡水库，那是1983年的事了。这座库容近1亿立方米的大型水库，仅用了一年时间就建成了。建成后可以扩大灌溉面积20万亩，占延庆耕地近一半。不仅如此，由于该水库勾通了潮白河、温榆河和永定河三条河系，与密云、官厅、十三陵和怀柔四座水库联通，形成"五库联珠"的供水系统，大大改善了北京西北郊区的水环境。我曾兴奋地诌得小诗云："白水湍湍绕塞出，朔云关月戍楼芜，一朝竖起千寻坝，似箭清流入燕都。"有趣的是当水库蓄水几个月后，那漂亮的湖光山色竟招来了四只白天鹅在这里游弋，给过去荒寒的白河堡增添了生机。当然，现在的白河堡水库变得更加秀美了。正如自星在《春到白河堡水库》一诗所写的："平湖潋滟靖山幽，杏雨缤纷隐隐楼；正是清和时节好，花峰倒影过渔舟。"

在谈到延庆水利时，人们不会忘记已故的北京农业战线的老领导王宪同志。这本诗词选集收录了他的部分诗作。他在《忆延庆南干渠工程》一首云："三流沟通史无前，工程艰险难尽言。大禹治水扬天下，群英引白万代传。"这是王宪同志以诗歌形式做的总结。王宪同志如果在世，看到这本诗词选集一定会高兴的。

自星同志嘱我写序，我仅怀着对延庆人民和广大水利职工的虔诚敬意，拉拉杂杂写下这些，就算作对这本诗词选集的背景文字吧！

1999年4月

《韩新秋诗文选》序

虽然没有和新秋同志见过面，然而，当我读过他《韩新秋诗文选》稿以后，却给我留下了十分鲜明和深刻的印象。

新秋同志是在祖国遭受日本帝国主义侵略，中华民族处于危亡时刻入党参军的。最初他是村里第一任党支部书记，参军后，"抗过日"、"打过蒋"（蒋介石）、"过过江"（鸭绿江），戎马一生。他不是什么知识分子，但是，他酷爱写作，在严酷的战争环境中，他长期坚持学习，勤奋笔耕，记日记，发通讯，写诗文，孜孜不倦，老而弥坚。可以说他的笔杆子一直伴着他的枪杆子，从没有撂下过，这是多么难能可贵啊！《诗文选》中选录了他50多年前写的部分《战地日记》和有关淮海战役、渡江战役等通讯文章。当我们读着这位抗美援朝上甘岭战役参加者的《战地日记》时，读着那些已逐渐被人们所淡忘了的英雄业绩时，再一次唤起人们对"最可爱的人"的无限敬意。这些弥足珍贵的史料，无疑将成为对今天的人们进行爱国主义、国际主义教育的宝贵教材。还有那篇1949年我百万大军渡江时刊在当时军报上的《老太太开突击船》通讯报道，全篇不足400字，却生动展现出那时的军民鱼水之情，从一个侧面反映了人民群众是我党我军取得革命胜利的坚强靠山。

记得有位学者在印章上镌刻着自己"四十学书，五十学诗，六十学词，七十学画"的经历。而韩新秋同志却是在七十岁左右，当他离休以后又学起写诗来了。有趣的是新诗旧诗他都爱。大概是先学写新诗，继而又攻旧体诗。他这种活到老，学到老，写作到老的追求，实在令人赞叹！正如他在74岁时写的《古稀情》绝句中说："雨雪寒风昼夜狂，关山万里送春忙！红颜纵去天涯远，霜发依然百丈光！"那种乐观"忘老"的心态，跃然纸上。再如，他68岁时写的新诗《青春》中说："红是紫红/绿是墨绿；舞是狂舞/歌是高歌；似一幅关山月的《江山多娇》画/似一首李白的《梦游天姥吟留别》；青春呀青春/您同火山谁热？"这首以一颗滚烫的心，擎起的青春颂赞，有谁相信，这是出自一位年近70岁的老人的呼唤呢？

晋代诗人陆机说："诗缘情而绮靡。"新秋同志带着浓郁的乡情，以新诗为体写了一批描绘家乡巨大变化的诗，如《山松》、《家乡的小路》、《碾子岁月》、《太行情》等等。想象丰富，格调优美，富有感染力。"啊！祖祖辈辈的命运被系在牛尾巴上的山村，而今，男男女女竟恋着碾米机，缕缕和煦！声声打破闭塞的新旋律……"（《碾子岁月》）"前天我们相处：您为什么有那么多荒凉，那么多忧伤？昨天我们相处：您为什么有那么多雄风，那么多坚强？今天我们相处：您为什么又山山道路舞，壑壑画桥梁？明天我们相处：您是喜欢淡抹还是浓妆，又要打扮成什么模样？"（《太行情》）。值得称道的是，作者描绘生活中一些小诗也写得极富风趣，像《茶》："才冲出重重的雾绕云缠，又投身于水深火热中修炼，终于为人间化出了一个，心旷神怡的春天！"短短四句，把茶的摘采、制作以及功能效益，完全用诗化了的语言描绘出来，隽永清新，极有味道，读后颇有三日绕梁之感。还有《西瓜歌》、《植树歌》写得也颇有情趣。

新秋同志的旧体诗多是绝句短诗，大部分是90年代以后写的。有些诗清新流畅，饶有新意。如《八年抗战》"太行岁岁复狼烟，战士朝朝步履艰；长夜八年谁与伴，延安灯火亮河山！"把那样重大的题材，那样漫长而艰辛的历程，都浓缩在四句如流水行云般的诗句里，于浅语中寓意精深。在现今写重大政治题材的诗词里，我们常常发现把一些政治口号或现代术语生硬地加进去，原是想加强政治分量，结果反而弱化了诗的意境和效果。新秋同志这首诗却用了"延安灯火亮河山"一句形象化的语言，准确而生动地表达了八年抗战的政治含量，而且使人生发出许多具体的联想。再如，《抗日参军会上》"敌堡如林压太行，村村竟变鬼狐乡；男儿振臂从军去，挥泪跪辞扶杖娘。"作者用写实的笔法，描绘出一幅"母亲教儿打东洋，妻子送郎上战场"的边区子弟踊跃参军的画面。读起来如临其境，老战士们自会记忆犹新的。在现实生活中，作者针对人际关系中的炎凉世态，借古代俞伯牙钟子期知音故事，写了一首《汉阳琴台怀古》："寞寞琴台尺土身，千年《流水》画纷纷；伯牙钟子觅无处，何故知音风卷云？"而当看到四川姑娘张山在25届奥运会上荣获飞碟冠军，为国家勇夺金牌的时候，作者又是那样兴高采烈，满怀激情地写道："天下群雄拼赛场，一招一式撼人肠！巴山妹子巴山样，四海须眉拜女王！"这"巴山妹子巴山样"一句，生动而形象地写出这位四川姑娘力克世界强手的坚不可摧的意志和气概。"感人心者，莫先乎情。"韩新秋同志正是把他强烈的爱和憎融入他的诗里，从而发出感人的力量。

当然，学无止境。学诗也是如此。作为绝句这种诗体，由于字句少，在表现重大题材上常常需要更高的语言和意境的提炼功夫，弄得不好，容易流于空泛。即使有丰富的生活基础，也难于得到充分的反映。希望韩新秋同志今后在诗体扩展、语言提炼和意境营造上更上一层楼，有更多佳作出现。最后，我作为这本诗文选集第一个读者，匆草小诗一首以表示对这位老八路诗友的敬意。

　　　太行多义士，风雪踏神州；
　　　敢问屈骚路，枫栌满壑丘。

　　　　　　　　　　　　　1999年5月2日于劲松寓所

一位咏唱光明的盲人歌手

——为黄安《咏光集》序

80年代中期，我调任北京市民政局不久，在西郊一个1000余人的福利工厂里我认识了黄安同志，那时他在厂里作残疾人工作。后来我读到了他写的旧体诗，那热情洋溢的诗情，清丽流畅的诗句，使我十分感动。他参加北京诗词学会以后，写作很勤奋，经常参加活动，并以响亮高亢的音调朗诵自己的作品，给大家留下了深刻印象。今年春天老黄告诉我说他正在准备出版一本诗集，约我写个序言，我慨然答应。

前些天他的老战友向大张同志将已整理好的《咏光集》交给我。当我仔细拜读以后，发现黄安同志是一位驾驭多种体裁诗歌的多面手。他不仅写传统的旧体诗词，也写新体自由诗，还写过大量的歌词。他热爱党，热爱社会主义，有较深厚的文化功底，一辈子生活在基层群众中，有丰富的生活体验。可以说，他是一位当之无愧的歌唱新时代的盲人歌手。

是呵，黄安是一位双目失明40多年的盲人。然而，只有失去光明的人才知道光明的可贵。于是，黄安终于在经历双目失明的痛苦之后，醒悟到决心用自己的心儿歌唱光明，赞美光明，当一位咏唱新时代光明的"战士"。在几经艰难之后，1958年春，全国第一流诗刊物《诗刊》发表了他的处女作《第一个工作日的清晨》。当时著名诗人、《诗刊》主编臧克家同志给他来信，给予热情鼓励和指导。他在《一支引路巨笔》中兴奋地写到："一支巨笔亲切的指点，我终于望见诗的大门。""少年的梦在黄河怒吼，青春的花是'八一'红星。前方的路虽风雨莫测，奋进的歌当高唱光明。"这"奋进的歌当高唱光明"成为他多年来诗歌创作的主旋律。在《咏蝉》的三首绝句里，他以物缘情，发出"蒲柳稍头唯饮露，莫非生性爱光明"；"年年岁岁歌难尽，似与光明共久长"的矜持浩叹！春节到了，君子兰盛开。他哪里看得见呢，就凭人们的解说和个人的感觉悟出一首行板如歌的《菩萨蛮》来"腰围翡翠轻盈舞，唇含珠宝参差吐，一束首迎春，窗前飞彩云。君来惊满座，送暖先行客。如炬照人寰，芳心默默燃。"是呵，那几束红艳艳的君子兰，多么像一束火把燃烧自己，照亮他人，这正是作者倾心追慕的一种崇高的精神境界。作者在不少作品里呼唤光明，顽强执着的追求光明。他在《种葵》一诗中说："白昼追随红日，始终坚韧不拔；面临黑暗何惧，深信光明将达。"他喜欢光明、热爱光明，企盼光明，哪怕是一瞬的闪电，也赋予它美好的灵性。"大风，威武的勇士；暴雨，烈性的将军；而你，像羞涩的美女，明眸一闪便隐迹藏身。能撕裂沉沉黑夜，可穿破厚厚云层，但你极少露面，将威名也让给了雷声。"（《闪电》）这位咏唱光明的歌手，竟然发现自然界这么丰富的蕴涵，启示人们，鼓舞人们，激发人们奋进！

当然，《咏光集》所蕴涵的内容还要宽泛得多。作者把世界上最美好最善良的都视为光明的表现和征兆，都在他的咏唱之列。从近现代的历史和个人的身世成长，以及党和人民政府对残疾人的关怀中，都使他从心里热爱党，热爱社会主义，热爱祖国。"世上什么最温暖？是和煦的春光无限。世上什么最香甜？是荔枝蜜芬芳无限。呵！亲爱的党！你的关怀比春暖；你的教诲比蜜甜；你的深情厚意时刻滋润着我的心田。"当伟大的毛泽东逝世的日子里，他哀痛万分，用诗的语言传播中华大地的哀痛："大地秋寒风瑟瑟，四海高空骤起云泼墨。浪涌涛呼传日落，全民泪雨天河破。"一首哀悼周总理的《蝶恋花》中写到："默送英灵心已碎，周公何日回京阙？""忽见凌云挥巨臂。电闪雷鸣黑幕层层退。笑语频频传耳际，春光未远将重会。"那十分风趣的"游仙"诗意，道出了千百万人共同的心声。他还饱含深情地写了悼念刘少奇、朱德、邓小平等一批老革命家和英烈们的诗词。他虽然双目失明，但丝毫没有减弱对祖国各项事业建设和发展的关心。他积极参与社会，为祖国的蒸蒸日上而欢呼咏唱！他在一首《临江仙》中写到："永定河边杨柳绿，京华几度春风？年年岁岁喜更容。楼如新笋起，桥似彩环增。有幸此身如岸柳，几度风雨犹生。今随佳木伴都城。无心流水逝，唯盼国昌荣。"

黄安同志几十年生活在残疾人群众中间，与广大残疾人职工有密切联系。他曾担任过北京市盲人协会的副会长，对党关怀残疾人和残疾人事业有切身感受。他以极大的爱心，"寻见了一片新奇的天地"。他克服自身种种困难，写残疾人，写他们的工作和生活，歌唱党、政府和社会对残疾人的关怀和照顾。他给残疾人艺术团写过大量歌词宣传社会，在工厂职工集会上和班组会上经常朗诵自己创作的诗篇，宣传和弘扬残疾职工的先进事迹。这部分作品，尽管有的还比较粗糙，但在社会上和基层职工中却产生过良好影响，就是今天读起来，仍然感到真实生动，朴实地反映出残疾职工的生产生活情形。像1958年前后写的《我们爱新生的福利工厂》、《按摩大军之歌》、《一群幸福的盲姑娘》；还有写残疾工人劳动生产的如《生力军》、《好儿男》、《战高温》、《穿云雾》、《贺新婚》、《标兵颂》、《装红心》《追悼会》等等。80年代出现社会助残活动，广泛开展军民共建。空军指挥学院十队学员与黄安所在福利厂结成共建单位。老学员毕业，新学员接班，一届连一届，为盲残职工和家庭做了许多实事好事。黄安同志写了不少诗词赞颂十队学员的义举。《你猜他们是谁？》具体而微的描写，感人肺腑！他的《卜算子》（与空军学院十队共赏桃花节）被选入北京诗词学会主编的《当代咏北京诗词选》。

《咏光集》里的诗歌时间前后跨度将近半个世纪，涉及到诸多的方方面面，内容十分广博。其中写亲情、友情、乡情的占有一定比例，有不少感人佳作。像50年代他在部队双目失明以后，他的战友们不远百里到武汉看望他，并送去红星牌的收音机。他激动万分，写了一首《苏幕遮》说"恰春来，迎客至，怀抱红星，战友情深系。闻道涉江趋百里，泪落胸前，不觉军衫湿。"

黄安，是从广大职工群众里涌现出的诗词歌手，他的诗歌是给广大职工群众咏唱的，即便是旧体格律诗词也写得明白如话，这是黄安诗歌一个十分重要的特色。读着他的诗词，直觉流畅自然，有如行云流水，丝毫没有生硬晦涩的感觉，而这，正是他运用语言的功力所在。对于一位盲人来说，那需要付出多么大的代价呵！

"平生不解藏人善，到处逢人说项斯。"祝《咏光集》出版成功！

1999年7月2日

为杨广文《爱的世界》序

当杨广文同志诚恳地约我为他的新诗集《爱的世界》作序的时候，我开始有些为难。因为我已很久未认真读过现代的新诗了，很难有发言权。本来，我在青少年时很喜欢新诗，像郭沫若、闻一多、艾青、何其芳、田间、臧克家等名家的诗我都喜欢读，都给了我许多积极的影响。但后来大概是由于工作环境的变化，特别是有些新诗越来越看不懂，距离也越来越远，竟然变得十分陌生，倒是对传统诗词的兴趣越来越大。

不过，当我坐下来认真读了这部新诗稿后，我似乎懂得了不少，从而引起了共鸣。有些诗甚至引起强烈的感情上的震颤。我读着读着，不禁联想起五十年代曾看过的《心儿在歌唱》的音乐影片，它是那样吸引了我，竟然连续看了三次。而这部《爱的世界》不正是作者的心儿在歌唱么！作者以爱为琴弦，弹拨出一首首心灵的旋律，从心里流淌出的一段一段优美动听的歌声，都深深打动了我，像是又回到了自己的青年时代。这些诗悠扬回荡，有的声调铿锵，有的快乐欢畅，有的带着忧伤，也有的似乎渺茫。然而不管是什么音调，它们都没有造作，没有卖弄，摒弃虚假，完全以真诚的感情，纯朴的面目，向人们表达着自己，感染着读者。当然，作为社会主义新时期优秀年轻一代，他们从来不是悲观主义者，不是玩世不恭者，不愿做遁世逃尘的"隐士",更鄙视人生舞台上的小丑。作者播撒的爱,是积极的人生探索,是鼓舞奋发的动力,从而引导人们鼓起"理想"的风帆,坚定痴情的"信念",高擎"追求"的火炬,一同奔向幸福的明天。

> 不要说你给予我的太少
> 不要说追求中没有欢笑
> 自从你闯入了我的心底
> 世界在我眼里就变得渺小
>
> ——《理想》

> 剪一片彩虹做衣
> 还理想一个奇迹
> 幸福不是毛毛雨
> 是秋就要绽放出一生的美丽
>
> ——《生命的轨迹》

作者用深情的目光,拨开迷离的色彩,对爱做了进一步诠释:"因为有了爱的梦幻,便有了追求中的选择与感叹,……因为坎坷锻造了爱的真情,便有了生活中无悔的奉献,期待着人生写下一段辉煌,给爱的回味留下永久纪念。"

"诗言志,歌永言。"好的诗歌都是与时代共进的。作者不是时代的旁观者,是投入到时代潮流中的"战士"，他用自己滚烫的心，热吻着时代，拥抱着大地，高唱出一曲曲新时代的"恋歌"。

> 总把爱
> 当成要走的路
> 总把情
> 比做要过的河
> 总想用生活这支笔
> 蘸饱了岁月研成的墨
> 总愿打开天地这本书
> 给世界染上自然的景色
> ……

诗中没有狂言妄语，没有虚无缥缈，而是饱蘸激情，满怀信心，调整与新时代的步伐，做时代和生活的强者。诗中的主人像一位快乐的使者，"和春天约会"，"与夏日同游"，"同秋天拥抱"，"陪冬天漫步"。他不欣赏秋天的凄凉，"选择了秋天，就要去精心地收获"。他不惯说冬天的寒冷，"选择了冬天，就要勇于同风雪搏斗"。他愿做云"想飘"，愿是雨"在肥沃土地上"落，愿是闪电"能看透黑暗"，愿是惊雷"能震撼山河"。他呼唤着朋友，紧拥着侣伴，相互砥砺"谁都不能回避，这也许是一个苦辣酸甜的拥有；谁都不能退却，这也许是一段风雨兼程的行走"。但是，请相信"一切都是必然：白云陪蓝天说话，彩霞伴阳光长高！"

当然，播撒爱的种子，总希望有爱的收获，爱的痴情，常常需要"爱的依靠"。

> 如果我在风雨中迷茫
> 期待你用心指明方向
> 也许你的胸怀就是最好的依靠
> 那将是停泊我的宁静海港
> 如果我在困惑中飘荡
> 希望你用情稳舵摇桨
> 也许你的真诚就是高扬的风帆
> 那将会引导我再一次启航
>
> ——《爱的依靠》

这不正是年轻一代向时代发出的最真诚最郑重的呼唤么？让时代相信他们，期待他们，引导他们吧！

当然，我不否认《爱的世界》的作者也许还不能自诩为诗人，诗的题材还有待拓宽，诗的意境还有待提高，诗的语言还有待提炼。但是作者确实是把一颗欢蹦跳跃、鲜灵灵的心呈现在读者的面前，确确实实把一代年轻人与时代撞击的心音火花展现给广大读者。我相信广大读者尤其是青年读者会喜欢它的。它会使你的心灵受到启迪和慰藉，说不定将会成为心心相印的亲密朋友。

1999年元月于劲松寓所

为董澍《天马行》序

那是1996年，在一次中青年诗词座谈会上，我认识了董澍。不久，在《北京诗苑》上见到了他的诗。其中一首《七绝·从天都峰攀莲花峰一路领先》诗云："菡萏天梯云上挂，松林鸟阵脚边移。先驱寂寞寻常事，信有人群步步追。"从一个全新的视角领悟出"一路领先"中的高远意境，在同类题材中令人耳目一新，给我留下深刻印象。

4年后，董澍的诗集《天马行》即将出版之际，我通读了诗稿。使我有机会更多地了解到他那些具有独特视角和风格的诗歌。其中既有传统诗词，也有新体诗，还包括有关传统诗词改革的论文，以及通过创作心得总结的诗话。听作者告诉我，他是属马的，诗集就以他高中毕业时写的《天马行》为名。于是我带着好奇心先看了这首古风体诗。当我读到"年华休道难再少，且看千载昭陵石上丹心照！""我欲排云凌紫霄，纵汝倚天挥星旄，星旄漫卷鼓浪涛，浪涛璀璨兮共喧嚣"时，我好像被这位风华初露的少年驰骋的意象带上太空遨游、冲浪。是啊！"俱怀逸兴壮思飞，欲上青天揽明月"呀！

继续看下去，诗稿中竟然有不少作品具有这种风格和气势。比如他16岁时写的一首登香山"鬼见愁"的诗："鬼见犹兴叹，吾来陟此危。少年豪气在，何事不能为？！"还有："平生事，要来之尽兴，去也留芳！"

（《沁园春·雪颂》），"闲看星沉日涌，好借潮推风助，敢闯万重涛。高唱和青鸟，曼舞共金鳌。"（《水调歌头·弄潮》），"遥瞩启明，纷披曙色，潜龙欲试翩跹。谈笑扫腥膻。"（《望海潮·千秋赋》），"望潮流澎湃，后生安让先生！"（《扬州慢》）；新体诗中也有作者驰骋思绪的好地方，比如《天助强者》："最先感悟太阳的启示，最先承诺群星的宿愿。血液里沸腾着太平洋的冲动，脊梁中挺拔起珠穆朗玛的傲岸。天助强者，天助强者，让彩虹圆就英雄桂冠。"读着这些意气风发的诗句，我想起了李白，竟然乘兴朗读起《扶风豪士歌》来："扶风豪士天下奇，意气相倾山河移……"

这本不足为怪，中华传统诗词几千年来都是在不断地取其精华，去其糟粕的过程中继承和发展的。"青出于蓝而胜于蓝"。年轻人学诗、写诗喜欢某种风格，追求某种风格是很自然的事。读董澍的诗，给人突出的印象是刚健豪放的风格，真像是在蒸人的暑天里吹来一股难得清爽的好风那样舒畅。同时，也察觉到屈原、曹操、李白、苏轼、辛弃疾、毛泽东诸家对作者诗风的影响。但重要的是作者在学习前人的时候，不是东施效颦，也不是食古不化，而是努力探索和创造属于自己的诗歌风格，使其更能表现新的时代精神，让传统诗词与崭新时代的脉搏和谐地跳动。因此，总体看来，尽管个别诗也许还较粗糙，在炼意、炼句、炼字上还"稍逊风骚"。但诗中释放出来的阳刚豪迈的气概，直令人生发出一种奋然跃起的激情。而这种鼓舞人们自强不息、奋发有为的激情不是正好反映出这个时代的特征和主流么？！从这一点看，我认为作者的努力是应该肯定的，也是非常可贵的。

当然，诗人的创作风格不可能，也不应该是一成不变的。随着自然环境和社会环境的变迁，诗人思想感情的变化，尤其是所要表现的主题的不同，都影响着诗歌风格的变化。一位成熟的诗人往往可以驾驭多种风格。从董澍的诗中还可以看到多姿多彩的其他方面。比如周笃文先生对《七绝·立马山海关》的评语是"极具动感，愈唱愈高"。对《江城子·寄友人》的评语是"思奇、笔活、情胜、气清，读来令人佳绪纷起，款款欲飞。"对《七绝·静夜》的评语是"结得好，二句可传。"孔凡章先生对《水调歌头·弄潮》的评语是"翻云覆雨，慷慨壮怀。"对《七绝·登浔阳楼》的评语是"更上一层纷万感，诗情尽在不言中。"对《七绝·春露》的评语是"花间月影游仙梦，帘外春声本事诗。"屠岸先生对散文诗《致上帝信》的评语是"奇思妙想。"对组诗《十四行诗》的评语是"体备、法严、格高、韵远。"林从龙先生对《南歌子·西湖》的评语是"形象生动，宛在目前。"傅雪漪先生对《七律·旅思》的评语是"通畅易懂，词意引人。"马萧萧先生对组诗《春之祭》的评语是"写得很漂亮，真好，非常耐看。"王成纲先生对《五绝·镜泊湖畔》等诗的评语是"锤词炼句也颇见功力。"李祥霆先生对《凉州歌·嘉峪关上》和新诗《老歌》的评语是"很好！给了我很多的创作灵感！"杨敏如教授对《七绝·滇池》的评语是"小诗末二句宜生新意，你深知此道。"对《七绝·岷江行》的评语是"潇洒可读。"林岫教授对《短歌·秋水》的评语是"妙在未露题字。"对《水龙吟·大河涛声》的评语是"拟口写物本不易作，此篇颇见贯气腾跃。"王强先生对《诉衷情·雨溪》的评语是"好！字用得险。"对《五律·坐饮桃源》的评语是"颇有陶味。"王燕先生对《乌夜啼》的评语是"道人所未道，此般心力自有识者。"刘梦芙先生对《满江红·赤壁》等诗的评语是"意境开阔，时有警句。"魏新河先生对《念奴娇》的评语是"颇多新意，尤其以新词汇填词甚觉耳目一新。新而不野。"

董澍——这位年轻诗人，还十分关注传统诗词在新的历史时期的发展和振兴问题。他的论文和诗话对当今的诗词改革提出了不少很有见地的意见。而且他本人也身体力行、积极参与改革实践和有关社会活动。他这种以中华诗词振兴为己任的积极态度，我是十分赞赏的。我认为这是一个好兆头，并盼望有更多的中青年诗人和诗歌爱好者参加到这个潮流中来。

2000年8月2日

只要植根于土

——为李荣《水韵心声》序

我知道李荣的名字那是70年代的事了。那时我在水利部门工作，闲时总爱浏览报刊上有关水利方面的文艺作品。1978年我读了他在《北京文艺》上发表的《深山河谷水文工》一诗，那优美的意境和韵律，经过锤炼了的诗的语言深深吸引了我。"荆条扎屋顶，石头架锅灶。门前小路通河边，暑去冬来走千遭。"诗中描绘的景象，立即把我带到了我曾经去过的像永定河上的雁翅水文站、白河上的张家坟水文站以及拒马河的张坊、大石河上的漫水河等等一处处深山峡谷里的水文站和那些常年以苦为乐可敬可爱的水文职工们。作者是那样熟悉他们的生活，懂得他们的苦乐，那样满怀激情地歌颂他们，我当即猜测这是一位水利工作者所写。不久，证实了我的猜测没错，我们相识了，并成为要好的诗友。

李荣同志学的是给排水专业。毕业后一直在北京水利战线工作。他干了一辈子水利也写了一辈子诗。如今虽然已六十开外了，但仍然执着地爱着水利，爱着诗。他这本即将出版的诗集名字就叫《水韵心声》，其中有许多篇是写水和水利的。为了从多侧面多角度来写自己熟悉的水利生活，反映广大水利职工的精神风貌，他运用了多种诗歌体裁，有新诗、散文诗、朗诵诗、歌词以及竹枝词、新古体诗等。尽管有些诗作在艺术表达上还存在某些不足，但都是努力和着改革开放新时期的步伐，为水利建设事业的发展鼓与呼，为水之忧而忧，为水之乐而乐。从他的几首散文诗中可以看到作者怀着炽热的感情抒发自己对水利的深沉的爱。"河浪花，河中的花。一朵一朵，像菊，像莲，像牡丹……在行进中绽放，在行进中抛撒。是情将你高高举起，是爱又轻轻将你放下。可曾知道——岸边，一个纯正而执着的心，在追逐你的圣洁与高雅。"（《河浪花》）在另一首散文诗中，作者由玉带河而引发出"那'玉泉趵突'的御笔厮守的早已是八处枯干"的惋叹，进而呼唤，"黄河在向你伸出援手，长江在向你微笑，珠江在向你翘首。"期待着南水北调工程的早日启动。在《前三门河祭》里对已经盖在地下的北京城内唯一的一条河道表示出诗人极大的惋惜，他真诚地呼唤："归来吧，前三门河！请收下这颗爱心，还有心中的那张设计。"

　　李荣是对基层水利生活娴熟于心的诗人。他善于捕捉由生活而升华出的丝丝灵感，巧妙地装饰成一篇优美的诗章。请看他是怎样写水利人、水利工程，怎样表现他（它）们的风貌吧！"每天，两个背影，从高大走向矮小，而后捞回一串串，鲜活的阿拉伯数字，谱一曲生命的晨昏。"（《两人的世界》）"……凭原始之气韵，窃得光来，给夜以色彩，给迟滞以旋律，给洪荒以复萌。"（《给山乡小水电站》）他还细心地观察那些不起眼的"京郊毛渠小闸"，发现他们虽然"矮小得像个侏儒"，但"并未自卑自贱"。"是挺着刚毅的脊骨，挽一派风韵，耐一生清苦。"当然，密云水库大坝的雄姿，碧水的柔情更使作者畅怀高歌，在当年设计者的彩照前回顾那"惊天动地的劳动……"

李荣，在漫长的诗歌创作道路上总说自己"笨"。其实，也正是由于他真正下了"笨工夫"，才使他的诗熠熠闪光。他甘于寂寞，不怕失败，不搞炒作，默默地在诗歌的土地上一步一个脚印地耕耘跋涉。他是如此痴情，在《晚霞》一诗中写道："我读着你，一遍一遍，可是没读懂，便急匆匆地出示了'再见'。这样的分手，并不感到遗憾，因我们还能相会，在又一个傍晚。"他的"憧憬，总是那么新奇，追求，不遗余力。"经过年深日久的努力，他的诗思更加深邃，诗笔更加洗练，诗的视角更加宽阔了。尤其他的短诗，日见功底，几乎每首诗都使你感到了新的发现。比如：《火柴》"终其一生，就那么点心事"写得隽永清灵，饱含哲理。"一支脱靶的箭，却射灭了一盏灯。"用精粹而含蓄的语言，画出"弱者"的哀怜。"甘以死的代价赢得一瞬。"诗仅一句，却写"流星"启示给人们的最崇高的价值。像这样好的短诗还有不少。短诗贵有新意，有新意就耐人寻味。说到短诗，还应提到作者近年写的新古体诗。他将这部分诗编入诗集《拟古乱弹》栏目。其实，写新诗的人学写点传统诗词也很有好处，常可以收到相得益彰的效果，两者是相通的。这部分诗由于写作时间短，在艺术表现方面难免有不足之处。

但由于作者的新体诗功底厚，所写出的新古体诗，仍有清丽可取的佳作。如在《拒马河畔探遗》中《歧沟关认址》诗："查遗访老认歧沟，千载名关化土丘。就地寻幽随梦远，晚山如浪月如舟。"这最后一句读起来颇有"秦时明月汉时关"的思古之幽情。又如《九九登高》诗："金风肯照喜登高，英姿白发涌人潮。高山不拒先后客，总把豪情送九霄。"写得意境高远，诗笔流畅。《家山再望唱竹枝》中有"老牛舔啃滩，夕阳微雨各半边。牧童闪出石墙后，归鞭甩碎晚村烟。""东方未醒已先行，小径终与大道通。乡集似解朝阳意，热气轻烟冉冉升。"两首写山乡晚景和早市的诗，都十分生动自然，雅俗相谐，竹枝笔意，跃然纸上。诗集中还有一部分散文和写作体会，读者自会领略，就不一一赘言了。最后，我特别要提到李荣在1995年写的那首《我的诗》，这是他以写实的笔法对自己诗歌创作做出的总结。我很欣赏后面的两句："坚信，只要根植于土，定将萌绽微笑，如果秧苗在手，切莫错过春天。"

　　祝老友创作长青。

2000年10月25日

冷暖人间写真情

——钟国生《紫竹诗选》读后感

当钟国生同志和夫人王志洁同志把他们合著的《紫竹诗选》稿送我看时，我欣然拜读，荣幸地成为这本诗选最早的读者之一。

国生同志是我敬重的一位水利专家。早在70年代初，他从"牛棚"出来到北京市东南郊治涝工程指挥部主持工程技术工作。我也刚从农村下放劳动回京分到指挥部工作。那时，指挥部设在农村，大家同吃同住同劳动。在工作中他那认真严肃的工作态度，勤恳谦虚的作风，尤其对北京水利规划、河流湖泊的兴衰、东南郊地区状况都了如指掌，给我留下深刻印象。我当时初涉水利，经常向他请教。以后他调市水利局担任副局长兼水利勘测设计院院长。我也调水利局工作。然而，正当他为水利事业大展身手的时候，帕金森病缠上了他。开始几年带病坚持工作。由于病情日益加重，他不得不从领导岗位上退下来专心治病。从此在他夫人的精心护理下与病魔进行了长期斗争。如今，这对相濡以沫的老夫妻已年过古稀，仍在顽强地抗争着。

读这本诗稿，使我又重新记起那句"人是要有一点精神的"名言。应该说老钟夫妇不是诗人，也不熟悉诗词的格律。但是，他们却以平实的语言，真挚的情感，展现出在苦乐人生之旅中极可珍贵的精神，从而使人们感悟出一种高尚的人格力量。

读他们的诗，自然想到那个时代的知识分子。为了国家的富强，人民的幸福，他们把强烈的爱国心与远大的理想信念结合起来，献身于中国人民的解放事业，并以极大热情投身于新中国的建设中去，奉献自己的才智年华。钟国生同志正是这一代革命知识分子中的一员。他在革命战争年代参加革命，北京解放后以自己所学专业投身于水利建设，在北京市水利战线摸爬滚打、多所建树。他的不少诗作都体现出对水利事业那种浓重的热爱之情，尤其在他正当中年就被病魔缠身以后，他爱水思水之情更加强烈。他在1975年一首《立信心》的五言诗中写道："手瘫犹存半，足颠好奔前。项强宜负重，口钝可直言。怒目批邦害，无情斥鬼顽。头麻心尚暖，尽力在中年。"这无异于一篇与病魔斗争的檄文，写得很有气势，高屋建瓴。那时，老钟不到五十岁，他多么想以自己的坚强意志战胜病魔，继续为心爱的事业建功立业呵！他在1977年写的另一首《清平乐》中也表达了同样感情。那是在粉碎四人帮以后一个夏天，由老伴陪同去玉渊潭采蘑菇、散步。他见到自己曾参加建设的玉渊潭，堤柳垂波，风光秀美，心情十分愉快。进而又想到水利战线的同志正在为今年防汛工作日夜操劳。于是他写道："战友风雨辛劳，我怎枉自逍遥。项僵足颠何惧，抛杖一越沟濠！"这"抛杖一越"生动地刻画出他盼望早日归队参加战斗的急迫心态。1998年我国南方北方大水，牵动着这位年逾古稀的老水利专家的心。他在"思水情"中写道"频频闻得水患声，难抑老兵思战情。愿磨钝刀披旧甲，但恨病魔阻我行！"

诗选中写家庭生活中的爱情、亲情占较多篇幅，这是很自然的事。二位老夫妻在半个世纪的风雨同舟中，互相呵护厮守，同患难共欢乐。正如他们合作写出的《回顾》诗那样："互伴百年同忧乐，披波搏浪泳一生。"在庆贺金婚的日子里，他们回忆着青年时代的《相识》、《初恋》、《蜜月》和《婚后》的幸福生活和工作。还有他们难以从记忆中消失的《文革》中的《浩劫》、《隔离》以及残酷的《株连》。而对自天而降的灾难，他们互相劝勉着"牛棚隔离何所惧，真理在握不轻生！"被"批斗"以后"凄风苦雨归寒室，相励相慰暖心胸。"坚定的信念，牢固的情爱，使他们双双支撑过来。在与病魔抗争的漫长岁月里，国生同志不时地在诗里倾吐着对老伴的赤诚感激之情。"震颤麻痹廿五载，求医问药妻奔忙。""妻费心机来护理，病症控制才有方。""妻学家政专营养，饮食对症开处方。""每日坚持户外走，冬防感冒秋防凉。""吾妻带病年七旬，如此重担一人扛。"廿五年日日夜夜，需要多么大精神支持！这正是这对老夫妻在半个世纪的苦难和快乐中凝聚和渗沥结晶的爱情！他们有两首配画诗写得很风趣。一张照片是志洁在绿茵场上抱着宠物叭儿狗其乐融融，国生配诗戏道："人生易老心未老，勿忘家中好老公！"似乎生怕宠物和优美风光夺走老伴对自己的爱。而另一张照片，志洁则告诉老钟说："风韵犹存心灵美，念念家中病老翁。"这一对老鸳鸯如此恩恩爱爱，你心中有我，我心中有你。正如唐代著名诗人孟郊在一首《结爱》的五言诗中写的："心心复心心，结爱务在深"；"始知结衣裳，不如结心肠；坐结行亦结，结尽百年月！"至于诗选中所写儿女亲情和同志友情的诗，这里就不一一赘言了。

这本诗选作者特别注明是献给钟国生同志的母亲王廷兰女士的。当看过《默默无闻的奉献》和创办"新生幼儿园"的诗以后，使我肃然起敬。我们应该永远怀念这位令世人崇敬的母亲。

2000年春

为陈莱芝《海风吟草》序

我国进入新时期以来，随着社会经济飞速发展，以大批离退休老干部为主体兴起了学诗词、写诗词的热潮。群众性诗词组织、诗词刊物如雨后春笋，诗词队伍不断扩大，形成一道亮丽的文化景观。陈莱芝同志就是较早投入到热潮中来的一位酷爱诗词的老干部。

莱芝同志十几岁参加革命，戎马一生。"跟倭寇拼过刺刀，与蒋军进行过格斗。6次负伤，3次致残，至今身上存留弹片。"是一位屡立战功的解放军战士和指挥人员。同时，他酷爱中华传统文化，离休后从一开始就以饱满的热情投入学习。"就读中国诗书画函授大学3年修业并获优秀学员奖称号，接着连续读海军老干部大学诗书画一至四届，成为永不毕业的'老小学生'。其诗书画多次参展参评，并多次获奖。"离休16年来，他以坚忍不拔的意志，如醉如痴的执著，学诗，写诗，编辑诗刊，组织诗社，辅导诗词，为普及诗词鼓与呼，为诗词教学尽心竭力。我和莱芝同志就是在学诗写诗道路上相识的。他是北京诗词学会最早的会员之一。1993年拙著《燕水竹枝词》出版，他怀着真挚友情赠诗鼓励。后来我们三位诗友又一起编辑《当代咏北京诗词选》由北京出版社出版。近年来，他积极参加北京诗词学会的实际工作，担负着大量的会务和编务工作，他不争名利，甘当老黄牛，为学会的发展做出了重要贡献。

莱芝同志这部《海风吟草》正是他离休十六年来的思想、生活、工作以及参加各种活动的写照。他以诗歌的形式表达出一位老革命战士那种爱党、爱国、爱军、爱人民的炽热情怀，抒发对亲情、友情、乡情和物情的热爱真情。他一生没有离开过部队，建国后一直在海军工作，有不少抒怀述志的诗作表达他对海军的眷恋之情。我很喜欢那首《水兵之歌》：

鸥爱云天月爱楼，水兵卫国写春秋。
忠贞独恋军魂曲，风雨同航骇浪舟。
放眼乾坤行大道，投身沧海立中流。
半生血汗凝诗卷，掷入汪洋啸不休。

我读着这首诗，眼前立即浮现出这位老革命军人昂然站在军舰甲板上，面对滔滔大海引吭高歌！"半生血汗凝诗卷，掷入汪洋啸不休"无愧是一首铿锵慷慨的军旅壮歌！

诗，贵有真情。一生军旅生涯的老战士即将"解鞍"离休时，心情自然是不平静的。一方面理智上认同，而另一方面在感情上又会拉着马缰依依不舍。作者在离休后的一首《豆叶黄》的小词中表达了这种感情。

征尘风卷万夫关，半世兵戎今解鞍。豪气未除百情牵。别亦难，长系军魂梦里间。

词里留下一个"梦里"的空间，人们可以想象到那梦里一幕一幕的场景将是多么牵肠挂肚啊！然而革命和建设事业总是要一代一代传下去，老一代革命军人总是要解鞍交班。于是他离休不久便毅然参加函授大学学习诗书画，踏上甘当老学生的征程。他高兴地在《诉衷情》里写到：

……头白了，人离休，又何愁！更装上阵，无须整休，再上新楼。

应当说，改革开放迎来了我国社会经济的大发展。莱芝同志也和万千老干部一样沉浸在昂扬振奋的心境中。他触景生情，诗兴大发，眼之所见，耳之所闻，心之所思，咏之成韵，常吟在口。他写道：

禹甸生辉热气多，阳光雨露润人和。
退居三线诗千首，犹自为民唱赞歌。
三中甘雨润，十载暖风融；
大地春华发，嫣发映日红。
亲朋笑我做诗狂，做得诗多饿断肠。
但愿此生吟瘦骨，为民歌唱万年长！

当他进入古稀之年后，仍满怀豪情地唱道：

抖落青春从未悔，招来白首事方酬。

苍茫四望阳关好，正是兴诗好兆头。

离休生活是丰富多彩的。然而，他的心总是和部队和祖国联系在一起，在党和国家的重要纪念节日里，在老帅们以及爱国英烈们的墓碑前，都能看到这位老革命军人高昂的爱国诗篇。

1995年当抗日战争胜利50周年之际，在天安门前一大批抗日老干部向人民英雄纪念碑敬献花篮，莱芝同志还接受中央电视台记者采访。在这样一个与作者身世命运密切相联系的重大纪念日子，他抚今思昔，感慨万千，写出一首《满江红》，洋溢着深沉和激越的爱国情怀：

兵老心沉，思亲怀故从无息。共相聚，广场旗垂，地天同泣。五十炮声惊广宇，万千低首深情织。满神州，十亿记同仇，雄歌急，不道歉，予痛斥，想翻案，言何易。任东条战犯，位尊神室？勤政兴军增国力，旌旗红火强林立。志重霄，胆气壮英豪，江山丽。

在《八国联军入侵北京九十周年祭》这首绝句中写道：

铁马洋装击汉营，将军无力保龙城。
云沙掩日旌旗折，祸在朝廷不在兵。

诗写得深沉而凝重，具有厚重的历史感。在一首《过汤阴怀岳王》词里表现出对岳飞这位民族英雄十分敬仰，告勉世人千万不要忘记："有泪无言对早春，莫让忠魂冷。"

诗其实也具有娱乐功能，也是一种文化赏玩活动，与诗的教化功能是相辅相成的。莱芝同志写了不少自娱自乐的生活诗，这里就不再赘述了。

总之，作为老朋友我非常高兴祝贺莱芝兄诗集出版。当然，莱芝同志是离休后拿起笔写起诗来的，属于"半路出家"。写诗是运用语言的艺术，与在机关写公文、条例是两股劲，扭转过来是说时容易做起来难。希望老兄继续发扬"头脑不僵，笔耕不止"的精神，在炼意炼句炼字上多下功夫，写出更好的诗词作品。

2001年11月24日

《贺伟国诗选》序

画家贺伟国先生的诗集要出版，约我写个序言。他出身诗书画世家，名门之后，尤其他的祖父贺良朴（履之）先生，更是上世纪二三十年代名重京华的诗画名家。本来我对书画艺术知之甚少，是门外汉。近些年有感于"五四"以来对传统诗词活动状况史不予书，或偶有述及也常常偏见。比如，在20年代北京有个颇有影响的诗社名"漫社"，社友多为当时名流。长期以来有种说法认为漫社的人"多以清朝遗老自居，以忠于清室，实多无病呻吟不合时宜之作"（见1991年天津人民出版社《中国文学大辞典》）。到底真实情况如何呢？我特约请楹联家、诗人成其昌（常江）教授写了一篇《关于漫社》的专文。成是20年代在北京组建漫社的主持人成多禄先生的后人，是近年出版《成多禄集》的编辑之一。他的文章以史笔对"漫社"进行了客观叙述，可以说是还了这个诗社的本来面目，澄清了一些不实之说。文章于今年6月在《北京诗苑》第二期发表。在这篇文章和《成多禄集》中都提到贺良朴（履之）先生，记载他是1921年7月最早组建漫社的13位成员之一。而且一直参与诗社活动达七八年之久。当时的一位社友邓北堂老先生写道："都中诗社睇园月四举，蛰园月一举，漫社则举而废，废而复举，余与君皆与焉。"君，指贺履之。1927年，贺履之在一首诗的小序中写道：

"漫社改名嘤社，又改声社，社友程笃原、陈翼牟、宋铁梅先后物故，怅然有怀：香山风月梦痕新，凄绝年来叹逝频，为问九原重结社，主盟坛坫是何人？"对诗社和去世的诗友表达出深深的怀念之情。关于贺良朴履之先生的诗，陈声聪老先生评论说："世人只知其画不知其诗亦早由名家陈石遗所编《近代诗抄》选录其诗了。近又见其作数首，不独功力深厚，而在当时盱衡朝局关心民瘼，尤富有爱国爱民思想。"这种评价实不为过。比如一首痛斥慈禧的诗："娥眉祸国气何骄？罄竹难书罪万条；请看城中谁是主，檄文声讨伪临朝。"愤懑之极，笔亦生辣。还有一首描写旧京冬日乞儿的饥寒惨状的古风诗写道："千门健钥行人稀，一声哀吁风凄凄，饥不得食寒无衣，昼犹可耐夜安归？长安市上谁启扉，残更向尽声渐微。朱门酒肉逐昏晓，野草无青载饿殍，荒赈筹金快中饱。"仅举以上诗作，就足可堵住那些妄说漫社成员的诗为"忠于清室""无病呻吟"之口了。其实，诸如像贺履之这样一代学者书画名家，多年来执教培养出一批当代堪称一流的书画大家，应该说是对国家和民族做出的可贵的贡献。

令人高兴的是1997年10月在中国美术馆举办的贺伟国水墨画精品展中展出了1923年贺履之画的长卷《江山秋霁图》，长16.5米，并记有13位名流的题跋。我初步查对一下其中有9位是漫社成员和社友。在《贺履之诗词集》里也有一首《题〈江山秋霁图〉长卷》的七古诗，诗前有小序称："四月廿二日漫社雅集，余以所作《江山秋霁图》长卷征题，自赋七古一章"。可见，漫社的多位社友大概就是在这次雅集时签题的。这巨幅名画珍品，现在已成为记载漫社活动的珍贵文物了。

伟国先生秉承家学，自幼嗜爱丹青，早年从师名家，多年来创造出许多既有传统笔墨，又富时代精神的作品。曾被中南海、纪念堂、各博物馆收藏，海内外报刊发表，深受中外人士喜爱，是一位卓然有成的画家。1997年10月于中国美术馆举办个人山水画展，同时展出四代水墨画精品，享誉京城，一时传为画坛佳话。

"家学渊源书画师，主攻山水又能诗"（书法家冯亦吾老先生为贺伟国画展题诗）。的确如此，伟国先生笃行读万卷书行万里路，"跋山涉水常相访，绘我多娇锦绣图"，长期以来他坚持走访大江南北，名山大川，足迹几遍天下。所到之处，作画写诗，从不间辍，他主攻山水画，也爱写山水诗，应该说这也是我国传统文化中诗画并重的好传统。本来诗与画形体各异，然诗情画意每每意境相通。画意滋养诗心，诗心渲染画意，两相交融，美感顿生。尤其题画诗，更能体现出画中寓诗，诗中有画的境界。伟国先生的诗运笔自然流畅，富于明快格调。比如《远望天都峰》："松鼠跳天都，天然入画图；玉屏云起处，迎客翠岚浮。"游北岳恒山题画诗："云中胜迹隐山颜，遥望苍松隔淡烟，北岳壮游登小路，一德峰下看流泉。"这些小诗，使人感到色调谐和，动静有致，赋予人以美的享受。山水诗的美韵灵犀，又常常可以怡情悦性，净心养志。如《清凉台》诗"人至清凉名利除，狮林高耸势绝殊。景台点翠观云海，休管人间沉与浮。"从诗集中大量的山水诗来看，大自然的瑰丽奇观与社会经济建设的飞速变化，都给予作者强烈的感观印象，从而激发出火样的爱国情怀。如1999年画家受开发大西北的鼓舞，西去甘肃、青海、西藏、新疆采风写生，"收获甚大，受益匪浅"写出了一批清丽可喜的诗篇。比如《白塔山远眺》："塔庙星罗隐树间，临江远望铁桥悬。黄河九曲穿城过，万幢高楼蠹柳烟。"在归来的路上作者高兴地唱道："风光好，汗漫壮游行。青藏高原路漫漫，新疆洲绿草青青，西北日繁荣。"

当然，诗和画的造诣是无止境的。诗是运用语言的艺术，和画同样需要长期下功夫。正如我国诗书画大家苏东坡言："清诗要锻炼，方得铅中银。"最后，让我借用已故老诗人冒效鲁（叔子）的两句诗作为对贺伟国先生诗集出版的祝词吧！

祖国江山多藻绘，
烦劳妆点益光辉！

2001年12月4日于劲松竹枝斋

为萨兆沩《净业觅踪》序

兆沩兄是我50年前做青年团工作时的老同事。90年代以来，由于共同爱好，我们联系又多了起来。他出版的著作和文章常寄给我，像他的诗集《索笈吟草》，还有有关北京的河湖水道，什刹海等研究文章，尤其对元代文学如元曲的研究以及元好问、萨都剌诸家研究文章，我读了以后颇受启发教益。甚至连北京的餐饮也成了他的研究领域，出了一本《北京烧烤》作为京华博览丛书之一，由燕山出版社出版。写到这儿，我忽然想起邓拓在《燕山夜话》里有一篇《欢迎杂家》的文章。兆沩兄不愧是位杂家。邓拓说得好："真正具有广博知识的杂家，却是难能可贵的！"

我很赞赏兆沩兄对元代文史研究情有独钟。元代在历史上是个立国较短的朝代，但却是称雄世界的大国。元大都城的成功修建，成为当时世界上的伟大城市，在北京城建史上具有里程碑的意义。"其美善之极，未可宣言"（《马可·波罗行记》）。就是这个元大都曾出现过世界一流的科学家郭守敬、天文历法家王恂、大都城总设计大师刘秉忠等；出现过元曲大家关汉卿、王实甫、马致远、白朴等；还有一批著名诗人如元好问、马祖常、刘因、萨都剌、揭奚斯等等……从这一角度看，比起唐、宋、明、清各朝代来，我们对元大都的历史文化的研究不是太薄弱了吗？这大概和史料缺乏有关系。而兆沩同志却愿钻这个牛角尖。他不顾抱病之身，钻入故纸堆中，甘于寂寞，"楼阁亭台无暇顾，斗室撰文笔求砚"。用他自己的话说："围绕北京历史文化做细文章"以达"见微而知著"。尤其是他对元大都的人文历史孜孜以求。为使人们更多地知道元大都的人文历史，连续写出一批研究文章，丰富了这一领域的研究成果，我认为这是很可贵的。

记得90年代中期，与北京诗词界的几位朋友议论起"京味"风格时，曾提到古代北京地区的燕赵诗风问题。1996年北京召开首都文化发展战略研讨会，我在大会发言中提到应该"努力挖掘和吸取北京传统文化的精华，为首都现代文化建设服务"。并提出在文化方面应该发扬在古燕赵地区形成的燕赵风骨或称燕赵诗风。从荆轲的《易水歌》到陈子昂的《蓟揽古》、祖咏《望蓟门》以及金元诗人元好问，直到晚清的龚自珍、康有为、梁启超诸人，他们都有雄浑刚健、感时愤世的诗篇。特别对于元好问，清代赵翼在评论其两首《出都》著名诗篇时说，元好问"盖生长云朔，其天禀豪侠英杰之气。又值金元亡国，以宗社邱墟之感，发为慷慨悲歌，有不求而自工者"。在燕赵大地的漫长历史演变过程，这一地区雄浑壮美的山川景物，豪侠仗义的风土民情，慷慨悲歌的历史事件，凝结成独特的文化风貌和鲜明强烈的刚健、悲壮、忧愤的格调色彩。元代著名诗人萨都剌是兆沩同志的远祖。当我拜读兆沩写的有关萨都剌的诗词评介，尤其读《百字令·登石头城》

这首怀古词，更使我尽赏这位曾被推崇为"元词之冠"的大家风貌。这首词的大气恢宏，深沉感慨，堪与苏东坡的《念奴娇》、王安石的《桂枝香》比肩，不愧燕赵人的豪放风古。是啊，"蓟燕曾记，悲歌多少豪杰？"祝愿老友对元大都文化历史继续跟踪发掘，使北京历史文化风貌更加丰姿多彩。

兆沩兄结合研史写诗，以诗叙史，我很喜爱这类诗词。对老兄"发诗文以明志，赖撰史以畅兴"；"求展怡然襟怀，奉为陶然乐"很欣赏。达人知命，悠哉悠哉！一时兴起，搜索枯肠，仅得《念奴娇》半阕以应心迹：

"敢问白发丹心，关西词客，肝胆皆冰雪。铁板铜琶应犹在，还唱大江东去。天地凭栏，八十不老，万象皆参与。扣弦沧浪，何需频问年月！"

2002年6月25日

为王建中《军旅诗痕》序

建中老的《军旅诗痕》将要出版，嘱我写篇序言，我欣然乐从。

建中老的诗我是八年前编辑《当代北京诗词选》时开始读到的。他有一首《观京郊秋收》的诗我很喜欢：

秋意浓时稻穗黄，铁牛驰处刈割忙。

熟田百亩须臾净，不动连枷已入仓。

作者用流畅的语言，清丽的文字，严谨的格律，仅仅28个字，就把北京郊区农业机械化生动形象地刻画出来，给人们展现出一幅可喜的秋忙画面。

前些年我在民政部门工作期间，曾主持编辑过《北京英烈传》。那时曾想搜集英烈们的一些诗作，但由于战争环境里斗争残酷复杂，即或有文化基础的同志，也没有那么多时间和心思去写诗，间有同志写了诗，也多失散了。这次我看到建中老的诗，尤其当我知道有一些诗都是当时在战斗间隙中写的，更感到弥足珍贵。如《踏莎行·经易水》写于1939年7月：

遥望金台，易水未老，悲歌志士知多少？青纱帐里下平原，频击轨路倒翻好。

健儿身手，倭胆益小，紧缩龟堡盼晨早。边区屹立跨省三，军民抗战似春草。

英雄的八路军在易水一带抗击日寇，部队中的诗人自然联想起荆轲的"风萧萧兮易水寒"的故事。从而引发出"易水未老，悲歌志士知多少"的今古浩叹。是啊，几千年来有多少英雄志士，为抗御强敌而浴血献身，如今萧萧易水依然奔流不息，充满着青春和活力。万千军民，在它的周围生龙活虎般开展多种形式的游击战，"青纱帐里下平原，频击轨路倒翻好"搞得日寇终日惶惶，只有"紧缩龟堡盼晨早"了。最后，诗人高兴地称颂晋察冀边区是"军民抗战似春草"，展示出抗日必胜的信心。这首诗，知古鉴今，诗思高远，以生动的语言，将抗日战争的正义性和必胜性，渲染上更加凝重的色彩。

1940年百团大战，作者时任团政委，该团在战斗中一举攻取井陉煤矿。作者以胜利后的欢悦心情满怀豪情地写了一首《破阵子》：

强渡沙河水涨，喜爱沿路舞鞭。快步千程为抗战，巧运百团警敌顽，长驱燕赵间。　　井陉天车直竖，微水细浪如涓。炸弹声中碉堡破，刀影闪时敌伪歼，高歌庆凯旋。

这首诗把八路军的胜利之师，写得豪气盈纸，如闻凯歌。

读建中老的军旅诗，常常发现他在语言运用上注意吸收群众语言入诗，鲜活明快，使他的诗词带有鲜明的时代感和地区特色。比如，在《军民反扫荡》一诗中，写我军民反扫荡时日寇的恐慌心理，"迈步恐雷炸，进村怕户开，烧杀徒逞虐，乱闯空徘徊。"把日寇对我人民战争的恐慌心态，写得既丑恶，又可怜。《欢庆日寇投降》一首《菩萨蛮》里唱道："问君何所意，辽水松江去，收拾旧山河，高粱大豆多。"这位带兵的东北老乡，8年征战，国恨乡仇，在日寇投降时刻，更是思乡切切，涌动心头。在解放战争时期，1948年歼敌暂编第六十二师的一首《西江月》中写道："法库已围数月，敌师突围无功。虚晃一枪向北行，越野挣扎逃命。"把东北战场国民党军兵败如山倒，垂死挣扎的场面，写得如临其境。

建国后，建中同志无论在军队工作期间还是离休以后，仍然勤笔不辍，写出了大量的诗词作品。1988年北京诗词学会成立，他是创建人之一，任学会常务副会长，已近八十的高龄，承担了大量繁重的会务和编辑会刊工作。他亲自动手编稿，帮助作者改稿，学会办公室就在他家。1993年他在《春意》两首诗中写道：

（一）

柳絮飞时放牡丹，暮春天气惹人怜。

一年正值风光好，不去郊游忙辑刊。

（二）

春光岁岁任流连，耄耋常怀马上年。
有限夕阳应惜恋，长歌短句写心田。

这位戎马一生的老诗人，为北京诗词学会倾注大量心血，他孜孜勤奋诲人不倦的精神，获得广大会员的景仰。他在一首《北京诗词学会成立八周年》的五言诗里是这样写的：

燕赵悲歌士，高吟逾八春。山川添绿野，幽蓟减沙尘。诗浪日增涌，词刊岁渐频。笔花连改革，文韵颂奇人。继古非泥古，见新应咏新。低潮思普及，宗旨为人民。

建中老现在作为学会的名誉会长，仍关心学会，参加学会活动，发表诗作。2001年春节，他写了一首《九十初度》：

人生九十古来稀，本愿终身作布衣。
日寇东来天地变，携枪实弹战场驰。
太行山上斗倭寇，东北平原歼蒋师。
铠甲高悬诗赋诵，华夏复苏我自知。

概括了他几十年不平凡的经历。我以一颗虔诚的敬仰之心祝建中老松柏常青，诗心不老。

2003年9月8日

战地朝花夕也香

——《桑榆情老战士十年诗选》序

总参北极寺休干处，十年前在书画协会诗词班的基础上成立起桑榆诗社，是北京诗词学会的团体会员，每年出一本诗刊《桑榆情》。第一次我看到这个名字，就联想起刘禹锡"莫道桑榆晚，为霞尚满天"的诗句。现诗社从十年的《桑榆情》共4700首诗中精选出一部老战士诗词选470首。我看了那一篇篇诗词佳作立即在眼前浮现出"红霞满天"的景象。是呵，那是多么绚丽的景观！

于是，我想到，诗其实不仅是年轻人喜欢，老年人同样喜欢；不仅是属于中青年人的，也是属于老年人的。青年时期，往往是诗情的盛旺时期。而当人生迈入老年后，那人生的丰富阅历，人间的世态炎凉，世事的沧桑变易，常使那年轻时蓄势的诗情，又会像潮水般不断涌上心头。北极寺的老战士们，他们许多人经过枪林弹雨的洗礼，长期经受军营生活的锤炼，赤诚的爱国情怀，深沉的忧患意识，像是沉淀在心间的斑斓"宝藏"，一旦从工作岗位退下来后，便会源源不断地涌动、迸发，使之不吐不快。他们喜欢中华文化传统，学诗写诗，抒发自己的情怀，营建自己老年时期的精神文化家园！

请看下面的佳作：八秩老人无逸同志在酬答参加自己生日庆贺的老友时唱道："八旬际遇竟如何？恰似桑榆

夕照多。国势乘风凌碧汉，诗心若水眷黄河。曾嗟野渡无兰楫，终喜疏篱满菊莎。请与诸君重策马，摇鞭吟诵日新歌。"

邓碧霞同志以《浣溪沙》词调歌唱老人们离退后悠然自得的幸福晚年生活，听后令人一唱而众和："遇事狂吟亦解颐，管它南北与东西。人生七十有何稀？书画怡情嫌日短，诗词敲韵望天低。清风明月总依依。"

学诗写诗是老战士们新的征程，需要攀登呵！在这本诗选里你会看到一道一道亮丽而壮观的风景线。力真："半生戎马未知音，鹤发萧疏始问津。灯下苦吟窗破晓，唤来清气满乾坤。"孔庆伯："珍惜余阴勤夺秒，墨乡沉醉忘炎凉。"赵秋立的《学诗》，写得真实而风趣："衰毛老眼恋诗情，默记平平仄仄平。梦里依稀得警句，翻身寻笔暗摸灯。"王应芳有首《诗画乐》："学海遨游多乐趣，从师绽放报春花。霜飞两鬓童心在，写意抒情唱晚霞。"周岚《学诗》："余年七秩结诗缘，协律修词不得闲。无限风光看不足，入门便是醉中仙。"杨方良同志学诗写诗取得长足进步，越写越有信心，诗瘾越大，他的诗集《军旅诗缘》作为红叶老战士诗词丛书之一正式出版。诗友刘振堂同志赠句云："君诗如慕唐人面，笔底时闻战马鸣。"

在《桑榆情》十年选里，回忆战争年代的诗占了相当篇幅，这是很自然的。老战士们对战争年代的亲身经历印象最深，影响最大、最难忘记的战斗战役以及人和事，最想通过诗词的形式写将出来。"荧屏最爱兵家事，有感常吟戍塞秋。"（贺彬）读这些作品，使人们又回到了血与火的年代。刘振堂同志的《血战万金台55年祭》，把那场在零下40度展开的极其惨烈的战斗，真实地笔录下来，写得气壮山河，动人心魄。而他的另一首《疗伤》则写了当时极其艰难的缺医少药的疗伤条件和百姓对于子弟兵那种血浓于水的深情。还有李静声《忆雪河战斗》，谢一志《无人区》、程耀华《记山东战场一次战斗》，孙有政《忆夜宿猎户家》、聂洞庭《临江仙·纪念济南战役55周年》，胡学魁《怀念工兵营战友》（纪念抗美援朝50周年）等等不一而足。纪杰尚同志《忆辽沈战役》是一首高格调对仗严谨的格律诗，短短八句竟然把那么大的战役写得如此轻松而调侃，既高度概括又不失具体。诗中有句云："困长先捉瓮中鳖，下沈再攻窝里狼。弓压孤城乱栖鸟，阵连千里获逃湘。"充分显示出在这场战役中毛泽东的军事思想及指挥才能。

当然，老战士们众多诗作，不仅是为抒发个人情感而写作的，更主要的是对当代社会有着积极意义的诗教作用。正如吴光裕同志在一首《静海寺听钟》的诗中写道："归璧换歌思血泪，兴邦忧患振兵戎。江山千古兴亡鉴，留于苍生自认同。"这位老战士以强烈的忧患意识，千叮万嘱，谆谆告诫人们，不能忘记过去！

随着现代高科技的飞速发展，军事科技的长足进步，不断给现代军旅诗增加新内容。比如近几年两次载人航天飞行成功，极大鼓舞了全国军民，更给新时期军旅诗增添了璀璨光环。比如封敏同志饱蘸酣笔写道："浩漠苍茫起彩虹，龙腾霄汉展豪雄。一声霹雳惊寰宇，万道霞光耀太空。"邹明智同志原是中国运载火箭研究院的女高级工程师，她的《行香子》以独特的感受，使这首飞天词独具特色。"代代筹谋，岁岁追求，为飞天，白了人头。高科觅路，热血探幽，品艰中苦，苦中乐，乐中忧。茫茫浩宇，巍巍利箭，喜英雄，跃上神舟。九天奏凯，四海欢讴。任心儿醉，声儿哑，泪儿流。"她正是"为飞天，白了人头"的"岁岁追求"者。这首"独白"词，真实地写出了飞天成功后，作者在欢乐中所蕴含的"别是一番滋味"的独特感受。真、善、美，永远是诗人的追求！

桑榆诗社诗友们的诗笔所及，伸延到社会生活的诸多方面，包括感时、记事、怀念、旅游、亲情友情等等，都是他们的吟咏内容。写出一批好的和比较好的作品，比如在亲情、友情方面，徐行的《听孙女弹琵琶》、邓碧霞《临江仙·爷孙乐》、杨方良的《过故人庄》、冯天琪《同窗情》等，各具特色。邹明智的《苏幕遮·牵手》就是一篇感人至深的佳作。她以缠绵的情意，抒情的文笔，写了一对白首夫妻，在轮椅上的喁喁情语："苑中池，池畔柳，背影从容，轮椅悠悠走。座中伊人车后叟。晨抚霞衣，夕理银丝首。想当年，君记否？成塞云乡，同品相思酒。好趁金风欢聚首。一路平安，余旅长牵手。""诗缘情以绮靡"，这首词情真意笃，是一首地地道道的"黄昏恋曲"。我想如果有位作曲家，把它谱上优美的曲调，让他乘着歌声的翅膀，飞遍江河大地，使更多的人受到熏陶、濡染，那该有多么好！

　　郑明哲同志从外孙女编织吉祥结，受到启发，获得灵感。以《中华结》为题，作者充分利用歌行体诗的容量，小中见大，以"结缡结拜结同心""取作散沙凝若铁"为主线，展开一系列的驰骋想象。"几多思与愿，化作吉祥饰。""或随玉坠寄相思，""或伴龙泉匣内鸣。""初充申奥使"、"展我祥和貌"。"更作唐装饰"、"示我锦绣质。""融融暖意溢中华，遍付天涯如蛱蝶。""蛱蝶翻飞去复来，""环球略透春消息。"中华结作为吉祥使者，和平使者化作蛱蝶飞遍全球，在建构人类进步，社会和谐方面建功立业。作者的绮思妙喻，浓郁的浪漫主义色彩，给这首诗增添了无限魅力。无论从思想上和艺术上都是一篇力作。

　　"十年磨一剑"，桑榆诗社的广大诗友经过十年的努力，在诗国的征程上取得了丰硕成果，写出了一批诗词佳作，并涌现出一批有自己风格的作者。充分显示出"老同志能学好诗，写好诗。"（桑榆诗社总结语）正如郑明哲同志的诗句："战地朝花夕也香"呵！纪杰尚同志要我为"桑榆情十年选"写篇序言，就借这句诗作为序言的题目吧！

2005年12月3日

《诗为伴》序

一

今年，是北京诗词学会成立20周年。有人问我，在这期间你印象最深的是什么？我说，最让我感动的是那些中老年会员们，学习和写作传统诗词的那种执着的火一样的热情。

北京诗词学会成立前后的那些年，正是我国改革开放的起动阶段。在这一大背景下，1983年党中央、国务院提出"废除干部终身制，实行干部离退休制度"；第二年中央军委决定在几年内军队裁减人员一百万。在大批老干部陆续退出工作岗位后，我国的继续教育、终身学习思想深入人心，各地老年大学雨后春笋般建立起来。而老年大学所设的学科，最早设立的就是书法、绘画和诗词。因为这正是退下来的老干部们的普遍要求。随后各地诗词学会纷纷成立，出现了蓬蓬勃勃的全国性学习和写作传统诗词的热潮。

在这种学习热潮中成立起来的北京诗词学会，它的成员自然形成了以离退休老干部为学会的主体，并一开始就把组织会员学习和写作传统诗词列为首位。学会和基层诗社，一直坚持办讲座，倡导教学相长，相互切磋，提高写作水平。就以办全市性诗词讲座的情况来说，二十年来，不管是夏是冬，也不管是哪位主讲，或在哪个礼堂来讲，基本上都是满满的。他们听起课来是那样聚精会神，许多人不停地记笔记，或给讲课老师递条子问问题，就是中间休息时，也有不少人围着老师问这问那。我曾经给近20个基层诗社讲竹枝词课，每次印象也都是如此。玉泉诗社一位诗友毕友琴曾有一首《学诗何妨白头翁》诗，读来很是生动：

> 离休非世弃，让贤自从容。
> 挂甲十三载，白发忙中生。
> 读我未读书，了我未了情。
> 挥毫意趣畅，吟哦诗兴充。
> 炼句常对月，构思恋花红。
> 诗为言志发，博览耳目聪。
> 佳句苦吟得，好诗隽永功。
> 听课细品味，解惑拜师朋。
> 情真友谊广，悟道心自明。
> 讴歌新事物，格律赋新声。
> 以文来会友，两情忽融融。
> 共绘诗词美，诗教振民风。
> 偶刊三两首，怡然如饮冰。
> 同好喜相告，快哉一身轻。
> 老去童心壮，何虑须发惊。
> 风流何处寻，白头不老翁。

军队老干部赵秋立的《学诗》，"衰毛老眼恋诗情，默记平平仄仄平。梦里依稀得警句，翻身寻笔暗摸灯。"这种苦学苦练的精神写得既真实，又风趣。

又如一位离退休的老干部张桓学诗写诗数年后，前后写了两首竹枝词，感受不同，读来也极其风趣。其一："推敲搔首句难成，背手低吟绕室行。老伴斜看哼一语：无才还想当诗翁！"学诗真是个苦差事。然而持之以恒，数年过来，情况就变了。张桓老人又写了一首："推敲再四句微工，绕室低吟味觉浓。老伴乜眸轻一笑：咱家出个大诗翁！"可以看出，当诗词成为一种社会文化的时候，对于个人、家庭和社会带来怎样的和谐的精神家园呵！

二

老干部学诗词写诗词，最困难的是那些文化基础较差的同志。他们在学习初期，常常出现形象思维差，语言运用"蹩脚"，格律不合等毛病。这是难免的。人没有生而知之者，就是那些"文艺细胞"多的"天才"，也离不开学。许多老同志下功夫学习，积以时日，20年后再来看，真是要"刮目相看"了。请看下面一首《鹧鸪天》咏老："咏罢重阳咏夕阳，菊花应是晚秋香。识途尚待高龄马，调味还须老辣姜。丝未尽，志犹昂。银须皓首更风光。晚霞更比朝霞美，抖擞精神奔小康。"看完这首词，有谁能相信作者李建章，竟是一位原来仅有高小文化程度，文学知识知之甚少，现已年近八十的部队离休老干部呢！他从1993年开始参加部队干休所诗词班，十几年来专心致志苦学不辍，凡有诗词讲课、辅导的地方，他都一次不缺的参加，做到边听边记，勤写作，多看多读，虚心求教，因此，诗写得越来越有进步。在《中国老年报》、《中华诗词》、《北京诗苑》不断发表作品，还出版了个人诗集《桑榆晚唱》。在北京诗词学会的会员中，像李建章这样的同志不是个例。像年逾九旬的老人张律明，原是退休的老工人，现在已成为多次荣获诗词奖的"高手"。如"江城子•诗赛"云：

暮年兴发似痴狂，抖诗囊，竭枯肠。窗前枕上，廿载苦甘尝。附会杏坛随势进，终不信，老江郎。 毛锥微露试锋芒。眼花盲，岂彷徨。把酒临风，健步学韦庄。漫步浮名天样远，孙山外，有荣光。

正是由于一些诗社以老年大学诗词班为基础，诗词班的有些指导老师也成为诗社或学会的领导骨干。像陈明强、赵慧文老师，都是受到过正规高等文学院校教育，具有诗词学养的学者，也是北京诗词学会的领导成员。

三

实际上参加诗词学会的老干部中，许多是有一定文化基础的，有些人从青年时代开始就喜爱诗词，抗日战争、解放战争的艰苦环境，工作紧张，无暇顾及个人爱好。而从工作岗位退下来后，那人生丰富的阅历，人间的世态炎凉，世事的沧桑变易，又会像潮水般涌上心头，于是，离退休后的生活成为他们学习、写作诗词的春天。这一部分老干部中许多人又是组织诗社活动的主要骨干，他们或是诗社的领导，或是进行辅导交流，或是编刊审稿，耕耘不辍。比如，早在抗战前即参加过上海"左翼作家联盟"，抗战发生后参加新四军，戎马平生的乐时鸣老将军，喜爱诗词写作，离休后长期主持北京最早的由老作家肖军、姜椿芳、王亚平等组建起的野草诗社任社长，也是北京诗词学会顾问。又如，在解放战争时期参加革命的北大毕业的盛绳武，长期在北京市担任区的党政领导工作，长于诗词书法。离开工作岗位后，组织起嘤鸣诗社，担任社长多年，现在也是北京诗词学会顾问。对乐、盛两位的诗词作品，据著名诗人、诗评家杨金亭评论说：乐时鸣的诗，善于从历史事件和历史人物的沉思中，升华出全新的诗意，创造出不少令人过目难忘的清词丽句。例如："雪山天际跃，草上大军飞。""地球红一线，化作五星旗。"（《临江仙》颂长征）。盛绳武的《乙亥吟草》，书艺诗情，令人一新耳目，诗人写景纪行，自然潇洒，有些佳作，到了融情入景，物我两忘的境界。他善长于平淡中寄托感慨。人生哲理的体悟，从意境中自然流出。（以上均见《北京诗苑》1996年第四期）还有王建中、阎学增、张还吾等同志，都一参加革命即以诗词感事抒怀，老年热衷于诗社的领导工作，诗词伴随革命终生。记得新中国美术奠基人之一的蔡若虹同志，晚年长期以独特风貌在《北京诗苑》发表诗词，在他93岁高龄去世前12天还给我们写信、寄诗。我们送了这样一副挽联："画若投枪，情深赤脚，自有灵犀通大众；诗扬正气，神往遥天，频教泪眼望长虹。"

在解放战争时期参加革命的清华大学毕业的白祖诚，北京解放后在中共北京市委机关工作，1959年被打成"右派"，下放劳动改造，20年后才被彻底平反。由于他受家庭的熏陶，自幼喜爱诗词，打成右派后，感到"胸中块垒梗咽不吐难快"，就偷偷地写起诗来。他说："写出诗来，我得到了一段时间的平静，也感到一点心灵的升华。"积多年之功，写出上千首诗词。后来自己精选出300多首于1992年结集出版，取名《藏柏园诗选》。他的老友著名作家王蒙在"序"中说："披肝沥胆，真情流露，有血有泪，掷地有声。……咏景感事中抒发着一个历经风云变幻的知识分子的情思。他的诗集，是一颗淌血的心的历史，也是我们千难万险的历程的见证。"

建国后大批知识分子参加国家建设工作，现在，他们也都成为退休的老年人了。那些热爱诗词的老人们把参加诗词学会和诗社活动作为他们老年人生活中的重要内容。有位中国运载火箭研究院的女高级工程师邹明智，退休后加入诗词写作行列，写了数百首诗词，并结集出版了《随心集》。诗集中写飞船航天为内容的诗词就有十来首，每次发射卫星，她都写出诗词吟咏抒怀。还写有新诗《航天老人》长达百余行。我国神舟五号载人飞船成功发射后，她连写了两首表达她浓浓的航天情结。其中一首《行香子·飞天》云："代代筹谋，岁岁追求。为飞天，白了人头。高科觅路，热血探幽。品艰中苦，苦中乐，乐中忧。茫茫浩宇，巍巍利箭，喜英雄，跃上神舟。九州奏凯，四海欢讴。任心儿醉，声儿哑，泪儿流。"作者正是"为飞天，白了人头"的"岁岁追求"者之一。该诗迥然不同于同类"飞天"诗词作品，而是一个终生献身飞天事业的科技工作者的独特心境和感受，将航天人的欢乐和艰辛传达给世人，表现出作者的寄意高远和独具匠心。人们总是爱读和品味这些具有真、善、美的诗词呵！

记得作者还写过一首《苏幕遮·牵手》，也是享誉京城诗友间的佳作。写的是一对白首夫妻在轮椅上的喁喁情语。词云："苑中池，池畔柳。背影从容，轮椅悠悠走。座里伊人车后叟，晨抚霞衣，夕理银丝首。想当年君记否？戍塞云乡，同品相思酒。好趁金风欢聚首。一路平安，余旅长牵手。"读着它，情真意笃，是一首地地道道的"黄昏恋曲"。我想，如果有位作曲家，把它谱上优美的旋律，让它乘着歌声的翅膀，传遍山河大地，给当代流行歌坛添上一缕"圣洁"的光辉，那该有多么好呵！

四

本来，北京诗词学会不光是离退休的老干部，还有少数中青年会员，而且近几年，中青年会员的比例还在上升。他们的诗词作品水平较高，不断给北京诗坛带来新的生机和活力。但由于中青年人一般都有自己的职业岗位和家庭负担，在学会内的活动方式与离退休的老年人有所不同。因此，可以肯定在很长的历史阶段，传统诗词还将是我国老年会员的精神文化家园。而且，可以预见，今天的中年人将随着时间的推移，源源不断地迈进老年，老年群体占整个人口比例将会进一步加大。以老年人为主体的诗词组织不仅不会萎缩和消失，相反，还会以更加符合时代需要的内容和形式，逐步扩大和发展。中华传统诗词的学习热、写作热方兴未艾，古代和现代的名篇佳作正在引领传统诗词走近现代人的生活，走进现代人的心灵，走向现代社会！

总之，传统诗词得以传承和发展，从根本上说，是因为有社会的需求，人生的需求。这种需求，有衣食住行层面的，有安全稳定层面的，有尊重尊严层面的，也有怡情悦性、休闲娱乐层面的。诗词，作为文化载体，属于高层次的精神文化活动。可以言志、状物、抒情，悲天悯人，与天下同忧同乐。当今盛世，小康初展，衣食少虑，诗词文化，更是一种健康的、充满情趣的，富有康乐的文化活动。自然成为中老年人学习和创作的热门。有诗心、诗眼、诗魂做伴，有了富有诗意的生活，人也变得有情趣，会享受，是何等高雅，何等神仙呵！

让我们以诗为伴共享生活吧！

2008年9月

在诗中安置心灵

——为杜文斗《北斗诗词选》序（与郑玉伟合作）

"万物银装裹,红墙镶白边。青松如玉琢,梅萼独清妍。"

——《天安门广场雪景观感》

"风水西山好,长城万古魂。游人思聂耳,一曲胜三军。"

——《拜谒聂耳墓》

有谁知道，上述两首诗出自一位当初只是小学文化，抗战时期参加新四军的红小鬼杜文斗老人之手。诗中语言质朴，意境高远，格律严谨，传递给人的是颇雅致而深邃的画意。

杜文斗同志15岁参加革命，新中国建立后长期在国家机关工作，离休后还担任干休所党支部书记。不管是在职还是离休之后，他都做出出色的成绩，受到党组织和广大群众的好评。2007年他已78岁了，北京电视台对他作了专访，并录制成光盘。铁道部老干局广泛宣传了他的事迹。

杜文斗同志是北京诗词学会早期会员。近20年来，他用诗词文化作为老年生活的精神家园。他在诗的殿堂里探索、追求。先后创作诗词1500首，出了3本诗集，诗词作品多次获奖。他文化不高，学起诗词来难度不小，但他在学习中发扬"蚂蚁啃骨头"的精神，一步一个脚印地学习钻研，虚心求教，多读勤写，克服一个又一个的"难关"，写作水平不断提高。在学会支持下，他还参与组建长庚诗社，担任副社长，为发展诗词事业做出了贡献。

功夫不负有心人，他广泛参加社会活动，以极大热情歌颂社会主义建设新成就，讴歌祖国壮丽山河。他以诗歌形式广泛记录了社会生活，家庭乐事，和友人交游等方面的内容，描绘并反映了自己的所见所闻所思所感，编织出一幅幅多彩的晚年生活画卷。

让我们举出几首与读者共赏。

比如，写家庭生活方面的《正月初三登香山》："儿子驾车伴，同登鬼见愁。迎眸新气象，远眺满城楼。观景兴无尽，爬山志已酬。春游歌未了，三代乐悠悠。"通过一家人的登香山，描绘出一幅和美的天伦之乐的欢愉景象。那首羊年春节与老伴参加竞走的即兴诗："鸳鸯同竞走，一路并肩排。争夺五千米，双双乐满怀。"一对老年夫妻，竟然参加5000米竞走的赛事，并且双双"拿"了下来，这是何等的乐事！再如作为老父亲，当他亲自看了女儿主演的《离别广岛的日子》里的日本孤儿高娃，获得好评，上了画报，难抑喜悦之情，为庆贺女儿的演出成功写下："大器晚成声誉播，琼花怒放草堂香！"

在对祖国山河和建设成就赞美的同时，对领袖人物和英雄模范抒发他无限敬仰之情，如《游曾家岩周公馆》："楼小群贤聚，谋深决策高。雄谈寒贼胆，政论笔如刀。"当他读了描写长征式的模范尖刀排长老红军颜文斌的文章后，他写了一首《天仙子》："幼失双亲家境苦，棍子牧童仇地主。梁山逼上入红军，人醒悟，生有路，斗志豪情欣迈步。勇握'尖刀'如猛虎，率士身先功卓著。

顽强善战志弥坚，伤口腐，双拐舞，跃马长征谁敢阻！"看，一位活生生的钢铁英雄，巍然站立在人们面前，巨若泰山！

以诗会友是他晚年生活的重要组成部分。诗集中与亲友、战友、诗友唱和的诗很多。早在1996年，他在探亲访友时就把诗带到了美国，同友人唱和。仅举一例，如《和中国美术研究会会长、名画家伍卓凡先生》："华章拜读满天星，君赠丹青蒙盛情。欣喜扬帆名海外，赞歌一曲唱黎明。"载美国《华美时报》。伍先生写给他的诗是："新交文斗意非轻，万里春风送友情。两地天涯原咫尺，故乡圆月异乡明。"他仅在美国、法国、日本等国发表的诗词就有57首，用诗架起了国际友好的桥梁。

特别值得一提的是，在纪念长征胜利70周年的时候，他根据报纸上刊登的老红军、老将军们的事迹，写了颂诗，并分别寄给他们。许多老将军热情地给他写了回信，或为他题词。如：原南京军区司令员向守志上将的题词是"余热生辉"，原济南军区司令员曾思玉中将的题赠是"战火童心"等等。总之，他用诗的红线编织了他与老红军之间深厚而又纯洁的友谊。

杜文斗同志把17年的甘苦献给了诗，诗也以"老有所为，老有所乐"予以奖励酬报。这本《北斗诗词选》，特别是李中权将军的赠诗："盛世今朝才子多，诗词佳作满星河。杜文斗者何人也，优秀诗人谱赞歌。"就是诗给予他的最大奖赏。

2008年春

心有真情诗有魂
——为《田凤兰诗词集》序

　　前不久，接到田凤兰女士一叠诗稿，她在信中说："我努力学习诗词，现在已积累几百首，在适合的情况下，我自备出一本集子。我恳请您在身体条件允许的情况下给我写序言好吗？"她质朴而诚恳地要求；我立即打电话答应了她。我展卷大略看了一遍，又重点"恭读"了几篇。读着读着忽然在她的诗行里有一句诗映入眼帘，并在我心中不断浮现跳跃，形成大小的波澜。那就是在她的一首绝句中写的"心有真情诗有魂"。我高兴地发现，这不正是小田诗词作品的一个写照吗！于是，我就以她的这句诗作为这篇序言的题目吧！

　　的确，诗词是抒情文学。这种诗情是从作者心窝子掏出来的真情，而非虚情、假情、伪情。正如凤兰在一首诗中说的"情景千般苦，诗心伴我身。"诗情是与诗心连在一起的，正像她在一首《水调歌头·月影》所抒发的"芳草年年泛绿，微雨绵绵抒意，惹我诉衷肠。多少烟尘过，诗赋寄斜阳。云卧月，星泣露，梦魂长。……难抑愁丝千缕，总忆旧时光。……"是呵，当她（他）们联想起"文革"那些年月，像她那样才十五六岁的少年，离开了城市、学校和家庭，远赴边疆、农村"上山下乡"的情形；回想起当她们"回城"后所遇到的种种"坎坷"经历；

联想到自身曾经有过的"浪漫"与"梦想"，真是人生易老"情"难老呵！当她（他）意识到自己青春已不再的时候，又是多么"惟愿黄昏好，美酒醉兰香"呵！在凤兰的诗词里多次出现向往黄昏的诗句，像"夕阳晚照水红兰，痴梦盼春还。"在一首《天意》的五言诗里，她写到："花拂林边月，灯摇湖水明。莺啼垂柳岸，燕舞碧荷风。细雨丝丝意，浮云片片情。笛声芳草绿，香露晚来浓。"这一系列的黄昏风景意象，诗意般地浮现在她的眼前和心底。

当然，当时光年轮，带她走进一个诗情画意的诗国园林里的时候，命运给了她无限欣慰之感。"情随喜梦圆"呵！"人生庆幸有知音，永难忘，年年风景。"在她即将"耳顺"之年时，她写了一首《风入松·生活》："一间陋室喜幽清。……常常聚首有高朋。心清气爽心舒畅，体轻飏，忘却年龄。岁月如同流水，花开花落从容。"

从2008年开始，她就不断在《中华诗词》诗刊上发表诗词作品。这一年的第五期上刊登凤兰《忆江南》春、夏、秋、冬四首，抒发她热爱生活的欢愉心情。她在小序中写到"我喜欢北方的四季分明，所以绣了春、夏、秋、冬四块绣品，挂在家中。"生活有多美好！

当然，诗词作为我国国粹，博大精深，真正写好诗词，成为"精品"，要立足于学。凤兰是位刻苦学习的人，也是一位学出了成绩的人。但我仍勉励她始终不辍地加强学习，不断提高诗词文化学养，以诗为伴。最近，我读到当代著名诗人刘征先生一段话，非常好，我愿意介绍给凤兰诗友共学共勉。刘征先生说："习法要认真，潜心探微精，待到命笔时，舍法任神行；谓神者为何？妙想与激情。聆彼春鸟鸣，无谱自嘤嘤。"（1984年6月），自然，刘征老写的题目是《论文》，而对于诗词的学习和写作又何尝不是如此。

2011年6月17日

为洪学仁《十来年的那些事（竹枝词）》序

　　我是在北京诗词学会提倡新竹枝词写作以后认识学仁的。他虽然比我年纪轻，但早在60年代就开始写竹枝词了，数十年笔耕不辍，是位竹枝词的写作"老手"。去年，他与诗友白钢先生合作，出版了《北京生活竹枝词》，可以说是一部北京城60年来社会生活变迁的缩影。二位以娴熟的竹枝格调，具体细腻，洋洋洒洒地创作出数百首竹枝词，成为北京诗词学会多年来倡导新竹枝词写作的重要成果之一。学仁是位几代世居的老北京，从他的作品中可感受到丰富的生活体验，坚实的语言文字功底，以及幽默风趣俏美的竹枝风格。

　　去年5月，学仁交给我一本他新近整理的竹枝词集，共有四百余首，名为《十来年的那些事（竹枝词）》。他约我为这本诗集写篇序言。当时我因手头还有其他事，6月以后才开始阅读、动笔。

　　当我一页一页翻阅诗稿时，那些流畅的竹枝诗句和翔实的注文把那个特殊年代，像过电影一般一幕一幕映现于我的眼前。我作为一个亲身经历者，隔了半个世纪，早就不愿"再提它"了。然而，一首一首的竹枝词却令我心不由己，像抚摸"伤痕"一样，抚摸它，重温它，内心再一次地呼吁着、呐喊着——决不能让这段历史再在中华大地上重演！我联想起三十年前《关于建国以来党的若干历史问题的决议》，党中央对文化大革命做出了全面否定，那个正确的结论曾令我深受鼓舞。现在毕竟离开那个10年已近半个世纪了，50岁以下的人对"文革"几乎不会有什么印象，更不要说亲身经历了；我们这些亲历者大概都已进入老年了。文化大革命作为一段长达10年的历史事件，真是一场亿万人感同身受的"大革命"呀。它不仅需要全党、全民的共识，需要做出正确的历史结论，还需要以这段历史为反面教材，不断教育人民，教育全党。最近，媒体上有"忆苦思危"之说，我联想起"居安思危"的古训。是啊，对于"文革"，我们不能好了伤疤忘了疼。历史是一面镜子，半个世纪前的文化大革命对于当代人来说，依然是"殷鉴不远"！

以诗体论，竹枝词长于纪事，历来有存史、补史、正史的传统，尤其在叙述民俗、民风、民生、民事以及社会百业，政治事件等方面表现力较强，不少有价值的史料正是以竹枝词的形式记载下来、传于后世的。学仁以极大的努力，搜集资料，精心撰写，所谓"效道铎鼖箴之助"，"寓感发惩创之意"（见《清代北京竹枝词》）实所赞佩。

这四百余首竹枝词，还有一个值得探讨之处：诗与注的关系。本来，在我国传统诗歌中极少有注文，甚至要求尽量不写注文。但在历代竹枝词作品中却常常配有注文，有些注文笔墨不凡，干脆就是一篇美文，与诗搭配，珠联璧合，十分增色。学仁的"文革"竹枝词，多配有很长的注文，从比例上看，虽稍显累赘，一定程度上影响了艺术效果，但在"文革"历史教育薄弱的现实面前，这些长长的注文不失为一种创新，一种补救。

书名《十来年的那些事（竹枝词）》取自本书开篇第一首竹枝词《引子》中的第三句："十来年的那些事，都付竹枝俚语中。"可谓开宗明义，意味深长。

殷切期盼学仁的大作早日出版。

2011年6月

【注解】

此书几经周折终于2014年11月出版。书题名为《竹枝三百首》，出版者为时代出版传媒股份有限公司黄山书社。为保留历史原貌，此处依然沿用旧题。

韶华烽火追戎马 皓首霞光唱古稀

——为纪杰尚《鸿雪吟草》序

提起杰尚兄，我首先想到的是他多年主持的"桑榆诗社"。那是一支活跃在北京诗词文化百花园中的优秀诗社。早在六七年前桑榆诗社成立十周年的时候，他们出了一本《桑榆诗社老战士十年诗选》。当我拜读那一篇篇精选出来的诗词作品时，我立即想起唐代大诗人刘禹锡的那句名诗"莫道桑榆晚，为霞尚满天"。是呵，那时我读完此诗集，立即在眼前浮现出"霞光漫天"的瑰丽景象。

"桑榆诗社"是1998年解放军总参北极寺干休所在老年大学诗词班的基础上组建起来的，并成为北京诗词学会的成员诗社。从最初的70人，增加到107人，参加听取诗词讲课的有150多人。该诗社常年坚持诗词教学，为了提高会员诗词欣赏和写作水平，他们一方面邀请有名的诗词教学老师讲课，另一方面，将本诗社一批诗词文化基础较好的诗友组成研究班，以他们为骨干，每月组织诗词作品讨论会，广大会员的欣赏和写作水平不断提高。诗社还每年出版一集《桑榆情》诗集，刊登会员佳作，组织和鼓励会员参加军内外诗词交流活动，参加北京市和全国的诗词大赛，不少诗友荣获过嘉奖；有一批诗友出版了个人诗集。2004年，《北京日报》以大半版篇幅刊登了记者对北京诗词学会的采访文章。桑榆诗社作为重点诗社，以六百多文字报道了他们办诗社的成功经验，在军内外产生良好影响。应该说，在他们的经验中，最根本的是该诗社有个坚强的领导集体，纪杰尚正是这个领导集体中主要负责人。他从1995年开始先是老年大学诗词班的班长，组建诗社后，开始时是担任秘书长，后来一直担任诗社社长。他童年时受过家教，有一定的传统诗词文化基础。他工作热情高，作风干练，不辞辛苦，有很强的事业心和责任感。他还是北京诗词学会的常务理事，经常关心学会的发展和建设，经常建言献策。他既是学会的领导成员，也是一位相知的益友。

杰尚兄是一位少年入党参军，戎马一生的革命军人。他的诗集就是他军旅战斗生活的写照。就以他参加的解放战争中两大战役——辽沈战役和平津战役来说都有诗作。几年前我就看到过他那首《忆辽沈战役》七律诗。诗云："山雨萧萧秋气凉，旌旗风展马蹄忙。困长先捉瓮中鳖，下沈围攻窝里狼。弓压孤城乱栖鸟，阵连千里掳逃湘。烽烟百载开奇迹，首曲凯歌奏沈阳。"对那场如此大规模的战役，作者却运用了大写意的笔法，以诙谐调侃的情调，娓娓道来，写得如此轻松风趣，遣词排句又是如此贴切自然。我十分赞叹杰尚兄那种大手笔的艺术构思，充分显示出在这场大战役中毛泽东的军事思想和指挥艺术，使人油然生发出"羽扇纶巾，谈笑间，樯橹灰飞烟灭"的恢宏气概。

最近，在他的诗集诗稿中，我又读到他更多的军旅诗作。比如当辽沈战役刚刚胜利结束，他所在部队即以急行军的高速度昼伏夜行秘密赶到平津前线。他的一首有如"快板诗"般的古风体诗写到："沈阳锣鼓庆功欢，连篇新闻猛宣传；佯言部队大休整，进关再打待来年。……岂料神兵未歇肩，夜行晓宿逼幽燕；敌军朦胧一觉醒，平津已陷包围圈。……"1949年1月15日天津解放。他在一首绝句中写道："硝烟渐熄炮声稀，跨跃雷堤唱晓鸡；忽报生擒陈长捷，秧歌扭过老城西。"1949年1月31日宣布北平和平解放。几天后，纪杰尚随军宣传部长由天津到北平，参加改编傅作义部队的工作会议，住在当时北京最高建筑北京饭店七层楼上。他在一首《清平乐》词中追忆北平刚刚解放时的情景："喧天锣鼓，街巷狂欢舞。完璧古城春雨沐，新插红旗处处。朝阳收拾残霜。猎家智取天狼。彻夜高楼灯火，改编会议真忙！"是呵，这"真忙"二字，正说明这是一次关乎北平和平解放成败的关键性会议。那时，在北平城内还驻扎着几十万全副武装的傅作义整建制的部队等待和平整编，不容出半点差错。我作为当时一个市民和地下党员更是心系和平，做"两手"准备。所以，当北平和平解放成功时，我们永远铭记对人民解放军的崇敬和感激之情。自古军功非好战，百万生民免祸兵呵！

平津战役后，纪杰尚南下行军参加衡宝、广西战役。还参加过清匪反霸斗争和建立政权工作。1951年初，纪杰尚奉命带领十余名工作队员，赴广西钦州专区防城县江平区白龙岛，进行清匪反霸，建立政权工作。在他的领导下取得完满成功，受到上级嘉奖。半个世纪过去了，2007年2月老纪去了广西旧地重游，写了一首音韵铿锵的七言古风，还有一首感情凝重的战地重游《青玉案》：枪声划破山乡暮，横舟岸，低茅户。雪岭青松催健步。大军飞入，白龙尾处，匪遁残宵去。依稀觅得当年路，千里来寻故情愫。岸炮古台犹激怒。残垣杂草，斜坡老树，多少风和雨。

1952年3月纪杰尚随部队转编为空军部队，后被派赴朝鲜志愿军作战。曾作《追忆入朝参战纪事诗十七首》。1953年7月27日朝鲜停战当天，敌机"全天出动三个大机群和若干小机群共1207架次，狂轰滥炸，直到停战协定生效前15秒，最后一架敌机才越过三八线南遁。"这一天，纪杰尚正在志愿军空联司前线指挥所值班。他亲身经历了这场敌机的"恶搞"。后来，他带着对美帝的轻蔑口吻写了一首《清平乐》："埃弗机群狂炸，比斯奋起迎征。电波泉洞到青冥，歼敌声声传令。'绞杀'阴谋成梦，'一场错误战争'。中宵空贼遁无声，雀跃晴空欢庆。"诗中，埃弗指敌机代号，比斯指我机代号。泉洞，我方仁川指挥所地址。

朝鲜停战后，纪杰尚同志1958年夏调赴我军最高学府——南京军事学院空军系任教，先后20多年从事军事教学工作。他有首《讲台生涯》五律诗称："滥竽充玄武，风华细柳营。沙盘推绛帐，战例练精英。侃侃师生意，殷殷桃李情。喜看绽新蕊，映日满天红。"

　　当然，杰尚兄这部军旅诗集，内容丰富，概括了他半个多世纪的军旅生涯。除战争题材的《征程回首》外，还包括诸如亲情纪事、盛世讴歌、锦绣山河、缅怀寄情、感事抒怀、吟物寄情、晚晴寄兴等等栏目，得洋洋诗作数百首。正如杰尚兄所言，这数百首诗作，正是他"戎马征途的痕迹，感时忧世的思想杂吟，也是他学诗、写诗的历程标记。在他大量的"解甲"离休后的作品中，都铭刻着他呕心沥血的孜孜努力，每个诗词栏目都有可圈可点的佳作。诚然，"诗为心声"。当我捧读之后掩卷沉思时，我似乎感受到作者向自己的祖国、人民、战友和家人献出的是一颗炽热的赤子之心！他的诗作都是他的真性情、真感受的流淌。"感物吟志，莫非自然"（《文心雕龙》语）。大概是同龄相惜吧，当我们都步入耄耋之年的时候，我仍然爱读杰尚兄那首《七十感怀》：

　　　　若梦流年唱古稀，潇潇风雨总情痴。
　　　　韶华烽火追戎马，皓首霞光洗砚池。
　　　　常慰巨龙腾海宇，几忧硕鼠盗民脂。
　　　　莫言伏枥无情愿，欣望河清海晏时。

　　祝老友诗心永驻！

2012年2月

无私奉献者的赞歌

——《京华街巷百颗星》序（与张桂兴合作）

这本书里记述的，是日日夜夜活跃在京城大街小巷、数万名居（家）委会干部中优秀代表的先进事迹。读后令人感奋，令人敬佩。

他们就像满天的星斗，散布在京城的每一个角落，为首都增辉，使首都变得更加绚丽多彩。

他们是星！

他们不像体育明星那样显赫，也不像歌星那般耀眼，更不像影星那么风光。

他们只是普普通通的星！

只是执着地坚守着平凡的岗位，默默地发着光和热，不停给人们带来温暖和光亮的星。

不知道您是否了解京城的居（家）委会，了解从事这项工作的人们？

如果说城市是一部庞大的机器，居（家）委会就是这部机器中不可缺少的一个部件，缺少它，机器就不能正常运转。

如果说城市是一座宏伟的大厦，居（家）委会就是大厦的基石，没有它，大厦就不稳固。

也许，你并没有留意居（家）委会的存在对你有多重要。可是，当你外出担心家里的安全时，当你清晨上班买不到早点时，当你为子女入托、照料老人发愁时，当你感到取奶难、存车难……生活中出现诸多不便时，你就会想起它，想起他们。

北京的居委会是1952年首先在海淀区建立起来的，现在，全市已有4262个居（家）委会。40年来，随着首都城市建设的发展变化，居（家）委会虽然走过了曲曲折折的发展里程，但在不同的历史时期，它都为首都的社会经济发展，起到了积极的作用，尤其是经全国人大常委会通过颁布的《中华人民共和国城市居委会组织法》于1990年1月1日正式施行以来，北京居（家）委会的组织建设得到了进一步加强，居（家）委会的作用得到了更好地发挥，为首都的物质文明和精神文明建设做出了突出贡献。他们以自己的实际行动，赢得了社会的赞誉。现在，居（家）委会的地位和作用，越来越被各级党和政府所重视，居（家）委会的工作越来越得到社会各方面的关心支持，居（家）委会的干部和积极分子，也越来越受到广大居民的理解、尊敬和爱戴。

多年来，他们积极宣传党的路线方针政策和国家的法律、法规，教育居民依法履行应尽的义务，并通过居民公约规范居民行为，努力兴办便民利民的生产、生活服务事业，开展社区服务和邻里互助，方便了居民生活，减轻了政府和企事业单位的负担；认真调解民间纠纷，化解社会矛盾改善了人际关系；积极协助公安部门维护社会治安，为居民创造了安定的社会环境；组织居民搞好公益事业，绿化美化环境，改善居住条件；经常向政府反映居民的意见和要求，沟通党和政府与人民群众的联系；在计划生育、青少年教育、优抚救济等方面都发挥了积极作用，创造了社会主义精神文明的新时尚。

为做好居（家）委会工作，从事这项工作的干部和积极分子们无怨无悔，甘愿在这方土地上辛勤耕耘，他们用无限的爱心挽救失足青年，几十年如一日照顾孤老残幼，不怕冷嘲热讽，甚至冒着生命危险去调解纠纷，追捕罪犯……他们所做的一切一切都从无怨言，从不退缩，也从不停步，默默地、无私地奉献出一颗颗爱心给人间，奉献出一份份赤诚给生活。

当你看完这本集子里记述的平凡得不能再平凡的人物时，你就会发现，每一篇，都可以说是一首无私奉献者的赞歌。它会给你力量，教你生活。

《京华街巷百颗星》

中国华侨出版社出版1991年12月

《中国楹联集成·北京卷》序言

《中国楹联集成·北京卷》，经过十三年的努力，即将付梓出版了。北京楹联学会，作为民间的文化社团，为北京的文化建设做出了可贵的贡献，为北京的传统文化领域填补了一项空白，应该说，这是一件令人可喜可贺的事。

本来，楹联属于我国的传统文化，是汉文字特有的一字一个音节的语言艺术形式，是几乎和诗歌相伴而生的一种文学形态。它一产生就不胫而走受到人们普遍欢迎，成为亲和在人民中间的喜闻乐见雅俗共赏的艺术形式之一。在漫长的岁月里，它扎根民间，越来越普及，像春草一样"渐行渐远还生"。尤其到了清代成为它的鼎盛时期。从皇宫官府，神堂庙观、名胜古迹、园林别墅到人们日常生活中的婚丧嫁娶、添丁做寿、铺店开张、新居落成、佳节祝福、友朋交际等等，对联成为时尚文化。而作为全国都城的北京，则成为全国对联文化的辐射中心。乾隆皇帝曾带头写对联，他几乎题遍了北京西郊"三山五园"的楼台馆阁。在他的带动和影响下，京城里的皇亲国戚、达官显宦们在北京建造的成百上千座私家园林别墅，无一不是将对联题额作为文化妆点，彰显雅士风流。曹雪芹写的《红楼梦》里专写了一回《大观园试才题额》，有大半回是写贾政带着贾宝玉给大观园作对联的。《红楼梦》早名《石头记》，前八十回许多回目题名都是绝好的对联佳句巧句，显示出曹雪芹深厚的对联功底。实际上清代的科举考试中有一场是考律诗，律诗中的额联和颈联都必须是严格对仗。所以，可以说凡是考科举的人都会做诗做联。有清一代出现过许多楹联大家名家，像袁枚、纪晓岚、梁章钜、陶澍、林则徐、何绍基、俞樾、曾国藩、梁启超等等。梁章钜为乾隆举人、嘉庆进士，在京曾是宣南诗社成员。官至江苏广西巡抚、两江总督。著有多种楹联专著，在我国楹联史上有重要地位。由以上可以看出，这部《集成》北京卷的出版，对于新时期北京楹联文化的发展，尤其我国正在构建社会主义建设和谐社会的今天，都是很有意义的事情。

当然，编辑这样一部书，也是来之不易的。除了各级领导的关心和支持外，北京楹联学会定期研究解决编辑当中所遇到的问题。尤其参加本书资料和素材收集筛选工作的近百名学会联友和编辑部人员不计报酬、连续作战，用心血和汗水殷殷浇灌出此书。他们从散落在各个领域和民间的数量浩繁的历代对联中，以沙里淘金的精神进行细心检选，获联七万余副，然后加以分类、整理、甄别及必要的注解，反复地精挑细选后，保留下二万余副。在编造过程，重点收集民国以前的各朝各代北京地区的对联作品，对新中国建国以来，特别是改革开放新时期以来的联作，主要将得奖作品编入。在编纂过程中凡涉及对历史人物、事件的评价等问题，他们都认真慎重逐人逐事地进行研究鉴别。以历史的态度，既不能将前人的作品与现今的作品作简单类比，也不能简单从事以偏概全。对于不同版本文字互异的对联进行慎重地甄别考评。对于神话和民俗性的对联也作了细心挑选，不能一律斥之为"迷信糟粕"。在编辑过程中参考和引用了诸多古籍、报刊资料，凡引用过的书目及作者简历都列于本书之后。可以说，本书的成书，乃为今人和古人、知名与未知名人的集体智慧的结晶。当然，由于编辑人员学养与经验不足，还会有不少缺陷、疏漏或失当之处，敬请海内外人士指正。

本卷书的出版，得到北京市政府领导、北京市委宣传部、北京市文联、北京市文化局、北京市地方志办公室和北京市群众艺术馆等部门与领导的关怀和支持；他们不仅在业务上给予指导，而且热心为本卷筹资出版，使我们备受鼓舞。本书付梓，还请到中国楹联学会名誉会长马萧萧老、中国楹联学会会长孟繁锦等名家题词。同时，本书顾问常江、常治国先生，从编辑原则到编排方法，给予许多宝贵指导。谨在此向各位老先生们深致谢忱。

2006年10月

启神智 扩见闻

——为李明哲、李珂《龙树寺与宣南诗社》序

宗汉兄约我为即将出版的《龙树寺与宣南诗社》（李明哲、李珂著）一书写篇序言。我看了一遍书稿，觉得很不错，应该说是一部研究宣南文史方面的力作。

我对于宣南文化知之不多。二十年以前做水利工作时研究林则徐的《畿辅水利议》和有关他从事治水事业的时候，知道他参加宣南诗社的事。后来，1994年我又看了一些史料，写过一篇《晚清时期的宣南诗社》，发表在北京诗词学会会刊《北京诗苑》1995年第一期上。

《龙树寺与宣南诗社》一书，作者李明哲从他收藏的手卷《龙树寺宴集图卷》为切入点，依次展开对清代嘉道年间宣南名胜龙树寺、陶然亭的历史沿革，尤其对宣南诗社多年活动的来龙去脉，以及鸦片战争前后社会思潮动态等，旁征博引，收集了大量史料，做了深入研究，澄清了一些重要史实。给人们客观公正地评价宣南诗社，以及正确认识宣南文化在北京近代历史文化中的地位和作用提供了有力依据。

根据本书所述及其他有关史料，宣南诗社，这个在清代嘉道年间延续近20年的著名诗社，随着时局变化，成员流动更迭，诗社活动也有个不断变化的过程。

宣南诗社活动最早见于嘉庆九年（1804年），有陶

澍、朱珔、顾莼等组建消寒诗社，为"文酒唱酬之会"。一年后即停止了活动。10年后，于嘉庆十九年冬，由董国华倡导恢复消寒诗社。陶澍追述这次诗社"复举"时说"一为登高呼，应者从风靡"。诗社集会大约十日一聚，先后参加的有十余人。从嘉庆二十一年开始，活动渐多，不独冬季，春夏季也乐此不疲。梁章钜等人入社后，活动日益活跃，形式多种多样。"春秋佳日或长夏无事，亦相与命俦啸侣，陶咏终日，不独消寒也。"及至道光初，潘曾沂入都任内阁中书，参加诗社后积极组织活动"月辄数举焉"。又有外省为官的陶澍、张祥河等成员支持经费。参加诗社的成员进一步扩大，而且还有些志同道合的朋友也常来参加活动。比如魏源在嘉庆十九年来京就住在诗社成员胡承珙的家里，（胡的家"瘦藤书屋"是宣南诗社的集会处所）并经常参加诗社活动。龚自珍于道光三年二月抵京，六月即参加诗社举办的纪念欧阳修生日的活动。这次参加活动的13人中，有5人是诗社成员的朋友。再有黄爵滋于道光三年举进士，与诗社重要成员徐宝善友善。道光九年，二人共同主持陶然亭"饯春"活动，参加的新知旧侣有21人。这样的集会几乎年年举办。《清史稿》说："禁烟之议，创自黄爵滋。"张际亮于道光五年来京科考，初来时由诗社成员陈用光介绍住于宣南烂缦胡同，他是当时禁烟派的重要诗人。青年诗人姚燮，于道光十四年来京考进士。他是在考举人时被主考官徐宝善所赏识。来京后就住在徐宝善的壶园。后来也成为禁烟派的重要诗人。无疑，这些在当时有强烈爱国主义思想的诗人加入活动，打开了原有诗社成员的思想窗子。这时的诗社活动就不仅仅是做诗吟诗赛诗了。正如胡承珙在《宣南吟社序》中说：诗社"兼旬日一集，集必有诗……尊酒流连，谈剧间作，时复商榷古今上下。其议论足以启神智而扩见闻，并不独诗也"。

说到"足以启神智而扩见闻"，朱绶《宣南诗社图记》告诉我们：宣南诗社"以风雅之士，求兼济之学"。并指出："今之官于外者莫不沈毅阔达，卓卓然有所表见，则足见斯会之不凡。"这是符合实际情况的。我认为这也是诗社活动中议论"古今上下"的重要内容。所谓"康济之学"就是当时兴起的经世致用之学。嘉、道时期，正是清代走向下坡的历史转变时期，内则国库匮乏，国祚日衰，灾害频仍，民生凋敝；外则帝国主义列强垂涎，鸦片大量输入，毒害日重。内忧外患日益严重，使众多知识分子仁人志士逐渐从乾嘉时期埋头考据的学风中摆脱出来，把目光投向社会，投向现实的国计民生。他们关心民间疾苦，关心农桑、盐铁、河工、海防等等倡导经世致用之学，寻找强国富民的道路。而先后参加宣南诗社的人中，就有一批人是有这样抱负的文人志士，他们在外地做官时做了不少有利于国计民生的好事。陶澍，是早期组织诗社的成员之一。他长期在外做官，官至两江总督，为官清廉，在改革漕政、盐政和兴修水利等方面卓有成效，是晚清一位政声卓著的人物。他任两江总督期间，林则徐任江苏巡抚，二人共事多年，志同道合。陶澍离任前推荐林继承己任，获得朝廷批准，成为近代史上的一段佳话。他在外做官时关心诗社活动，定期寄资支持诗社活动。诗社重要成员潘曾沂，十分关心民间疾苦，在给诗社成员董国华的诗中说："江南米价随潮长，天上诗愁落叶多。旦晚若为根本计，小儒议论即谣歌。""天上诗愁"句是借贾岛"落叶满长安"诗句警喻朝廷。董国华的和诗说："连雨浪浪换奈何，漏痕无计可牵箩。……眼前突兀成虚想，破屋徒为老杜歌。"诗中的"漏痕无计"，显然是说朝廷已无法挽救日趋败落的时局了。潘曾沂后来回江苏老家，总结农业增产经验，写出"区田法"。林则徐于道光七年路过苏州与潘相晤，对"区田法"大加赞赏，亲自写了"区田歌"为他宣传。又三年林从家乡北赴京师与潘又在苏州相晤，潘写诗鼓励林则徐进京赴任。

实际上，林则徐早年在京师期间，常与"年齿同而义气合"的同乡郭尚先"相与研究舆地、象纬及经世致用之学"。他为了缓解漕运南粮北运的负担，在京搜集大量资料，后来写出有名的《畿辅水利议》，倡导北方种稻提高农业产量，并向道光皇帝力陈严禁鸦片，同时将此书当面送呈。林则徐作了一辈子官，也治了一辈子水。他任江苏巡抚期间，那几年常闹水灾，农业歉收。他的同年好友也是诗社的成员李彦章，时任江苏按察使，悉力协助林救济灾民发展农田水利。为提倡种早稻增产，李彦章自己买田购湖，亲自试种，取得成功后写出《江南催种课稻编》。

林则徐很赞赏，并写了序言，在各县推广。其后林在南京与同年老友诗社重要成员程恩泽告别。程写长诗表示惜别之情，诗中写："方伯救灾富奇策，至今吴下称仁贤，嘉声隆隆彻天听，凡有艰巨君其先。"极力推崇林的救灾恤民的才能。林则徐在江苏任职期间与朱为弼、梁章钜等诗社成员也有交往，并有诗文互赠。可见，林则徐虽然参加诗社不久即离京赴任，但与诗友联系未断。道光七年林由闽入都，看到潘曾沂展示的宣南诗社图卷，颇有感触，写了一首七古长诗。还写了小序记其事，其中说："更望早赴春明，续此诗坛韵事也。"

当然不止这些。据查，先后加入宣南诗社的34人中，有近一半的人在《清史稿》、《清史列传》等史书中有他们的传记，其中有一批人是当时"卓卓然"的精英人物。

从以上情况可以看出，参加诗社的成员由于职务变动，流动性很大。不少人在京任职一段时间后即派往外省，出京后仍与诗社有联系。有时回京公干，还与诗友会面，参加一些活动；在京任职的诗友，有时去外省也看望当地为官的旧友，对他们工作上取得的成绩给予鼓励和支持。来往送迎间常有诗文书信互赠。可以说这种联系，既是同年好友的关系，也有志同道合的结社之谊。诗社活动能延续近20年之久，与诗友之间的凝聚力有很大关系。显然，这种活动应该看作诗社活动的一种"延伸"。不能仅以在京诗会活动的内容作为惟一的评价依据。

总之，宣南诗社从嘉庆十九年重开至道光十年左右，是诗社活动的重要时期。其间，大概从嘉庆二十一年（另说道光元年）开始就改名为宣南诗社了。道光中期以后，由于诗社重要成员陆续离京或去世，逐渐停止了活动。宣南名胜之地成为以黄爵滋、徐宝善为主，包括一批年轻爱国诗人在内的人士唱和啸聚之所。这批人在鸦片战争中成为严禁派和主战派在京的骨干人物。

有鉴于此，我在1995年发表的《晚清时期的宣南诗社》一文最后一段认为"宣南诗社不论从该社的集会活动，成员间及诗友间交往，都不能简单地看成是文人们'雅歌投壶'的消闲组织。该诗社对当时兴起的经世致用之学及爱国禁烟运动思潮都是有积极作用的。"我认为这个看法并不为过。

2003年3月13日于劲松寓所

为张玉泉《圣水名镇——河北》序

河北镇领导重视文化建设，请玉泉同志将该镇风景名胜、文物古迹及风物传说搜集整理，编撰成书，取名《圣水名镇——河北》。

玉泉同志约我为该书作序，我欣然答应。

我的故乡是河北镇河东村，这里是生我养我的故乡。我的童年就是在这里度过的，13岁才从家出来。当我读着本书中一篇篇有关故乡风土人情、山川景物、传说故事和英烈事迹的时候，童年时期的记忆，就像大石河（古称"圣水"，"石子河"）的流水一样汩汩流淌出来，伴和着作者细腻流畅带着乡音的笔调，感到十分亲切、向往，生出一种不可名状的眷恋之情。像本书中的《抗战前河北商市一览》、《铁瓦殿与胜泉寺》、《玉室洞天——张良洞》、《马仙洞的故事》、《万佛堂祈雨》以及河北镇各村的花会沿革等等，从文物古迹、故事传说、社会民俗到村镇沿革、历史人物，作者进行了多方面地发掘、采访和整理工作。有些文章颇见功力，既有史料价值又有文学品位。

的确如书中所写，家乡的山川景物、历史古迹，尤其是各种传说故事，可以说丰富多彩。我小时候就爱听老人们讲故事，夏天在大槐树底下，冬天在热炕头上，可以说那时的孩子们都是听故事长大的。比如，家乡有许多古洞，有名的如玉禅洞、背阴洞、马仙洞、朝阳洞、石花洞、张良洞，还有蝙蝠洞等等，每个洞都有传说故事，不带重样的，听起来有趣有味。再有，大石河从百花山以下，潺湲百里，环山绕岭，有湾有潭，每一处都联缀历史传说和人文故事。在大石河的沿山地带有许多泉眼，较大的泉有黑龙关泉、河北大水泉、万佛堂的孔水洞。还有隐现山间村落的大大小小的寺观庵庙，可谓传说如缕。这些成筐成篓的传说世世代代在村民中口头流传。人嘛，不管物质生活再苦再穷，也需要精神文化生活。在漫长的旧社会，封闭的山村，识字的人很少。正是民间的口头传说成为广大村民重要的精神营养和生活教材，靠它传续着山村的社会历史，乡土习俗，靠它教人们辨别善恶，认识忠奸，伸张正义，助人为乐，爱国忧民……自然，也夹杂着听天由命、封建迷信和诲淫诲盗的不良影响。那时，在民间有一些人堪称民间艺术家。他们不识字或粗通文字，但可以自编自唱大鼓书，可以编成梆子戏逢年过节演出。还有一些农民，口才极好，记忆力惊人，讲起故事来一套一套的，听得人如呆如痴。

河北镇一带的风景名胜，最早见于古书记载的大概是一千五百年前北魏郦道元写的《水经注》。他专门写过几段有关孔水洞的文字。郦道元是涿县人，与房山邻县。他可能到这里考察过，对大石河很熟悉。《水经注·圣水》一节里写道：圣水"经大防岭之东首山下，有石穴东北洞开，高广四五丈，入穴转更崇深，穴中有水。"

接着他引用当时一本《耆旧传》的一段："昔有沙门释惠弥者，好精物隐，尝篝火寻之，傍水入穴三里有余，穴分为二，一穴殊小，西北出，不知趣诣；一穴西南出，入水经五六日方还，又不测穷深"。这一段写得很神秘。说以前有位惠弥和尚，爱好考究奇闻异事（好精物隐）。他曾打着火把进水洞探访，走了三里多地，见到洞穴有两个支岔，一个西北走向，但很狭小，未能进去（不知趣诣）；另一个洞穴走向西南，洞中有水。他行进五六天，也没有走到尽头，就返回来了。郦道元随之又写了一段："其水夏冷冬温，春秋有白鱼出穴，数日而返。人有采捕食者，美珍常味，盖亦丙穴嘉鱼之流类也。""丙穴嘉鱼"引自《寰宇记》记载："大丙、小丙二山，峻崖南北相对，高百余丈，北有穴，方圆二丈余，有水涌流，土人传为丙穴。……每春三月上旬有鱼从穴中跃出，相传名为嘉鱼"。郦道元的丰富联想使人读来更加兴味盎然。

时间过了一千二百多年，到了清代雍正年间，在万佛堂关帝庙院里立有一幢碑，碑文上写"昔尝有野人于严冬见花瓣流出，大可径寸，因结筏以进，莫测其底，闻人语喧腾而返。"这就更加传神了，无怪乎过去的房山八景中有"孔水仙舟"一景，大概就是从这块碑文上的故事而来的吧。

是呵，孔水仙舟的景物果然神奇。早在上个世纪40年代初期，我几次来这里玩赏。那幽深的洞穴，清流汩汩，满山的桃花，灼灼盛开，古塔佛堂，宛然一处亦奇亦幻的桃源仙洞佳境。

20世纪90年代初，我见到北京矿务局《矿志》办的潘惠楼同志，谈起房山名胜来如数家珍，原来他也是一位"好精物隐"者。他告诉我，1978年他曾与几位同伴一起进孔水洞做过探访；不久，他将1981年2月在矿区报上发表的文章寄我，真是弥足珍贵。文章说："笔者同好奇览胜者数人坐橡皮舟进洞一观，孔水洞内水凉彻骨，寒气袭人。洞壁光华，钟乳石倒挂。我们用矿灯照射洞顶，洞顶上透明欲滴的水珠就像满天星光闪烁。洞内水潭众多，有的水面面积上百平方米，在橡皮舟中用数丈长绳测不到水底，用数盏矿灯照不到洞顶。我们时而轻轻击水，时而弃舟登岸，曲径通幽，水声潺潺，行进数里仍不见洞底，后终因缺少氧气而返回。"留下"未穷其源"的憾意。至于孔水洞的"丙穴嘉鱼"，惠楼笑着说在房山矿早就享受到品尝美味白鱼的福气了。

"秀莫秀于上房，奇莫奇于孔水。"然而，当我几年前再去探访时，那具有一千五百多年文字记载，北京地区仅见的"孔水仙舟"景观已荡然无存。洞口插进粗细不同的铁管，洞中水已很少，形不成流动的水面，水呈黑褐色。我看后不禁怅然，颇感痛惜。借此呈请有关部门，赶快抢救这一北方罕见的林泉名胜吧！

2003年6月15日

为赵慧文《诗词散曲创作三十讲》序

自改革开放新时期伊始，20世纪80年代中后期，随着经济、科教事业的大发展，我国老年教育亦蓬勃兴起，应广大离退休人员的需求，各地纷纷成立老年大学、组建诗社，掀起学习古典诗词的热潮。在北京，赵慧文女士就是较早地在多处老年大学教授古典诗词课，并受到学员广泛欢迎的教师之一。

赵慧文毕业于首都师大中文系，嗣后一直从事教育工作。先在北京市教育局任教学研究员，后教授大学语文、古典文学。从教学岗位退下来以后即从事北京市和朝阳区等地老年大学诗词班的教学并组建诗社。长期以来，担任北京最大的诗社之一——朝阳诗词研究会会长的二十年来，他十分重视会员的学习与创作，长年组织讲座，每次都有北京市东部地区几个县的会员和诗词爱好者参加听讲。无论在老年大学，还是在北京诗词学会的一些诗社，不仅讲授从先秦到晚清的诗词曲作品赏析，还应学员与广大社员要求讲授有关诗词曲创作的知识，并经常结合个人与学员的作品指导创作。

与此同时，她还长期致力于诗词学术研究，是一位勤奋的古典诗词研究学者。多年来出版的专著有《历代名家词赏析》、《郑板桥诗词选析》、《板桥词》、《骈文精萃》、《吴文英词新释辑评》、《中华历代咏花卉诗词选》、《中华历代咏山水诗词选》、《旷代才女李清照》、《隐逸宗师陶渊明》等。还有文章发表于中国社会科学院主办的《文学评论丛刊》及各类诗词散文鉴赏辞典，共计400余万字。现在她受北京诗词学会委托，依据中华诗词学会关于出版《中华诗词文库·分省诗词卷》的通知，组织编选北京近代、现代、当代诗词的工作，经过一年的努力，目前《北京近代诗词卷》初稿已基本完成。

这部《诗词散曲创作三十讲》是慧文老师二十年来从事诗词曲创作教学的科研结晶，是一部内容丰富、理论联系实际、深入浅出、文笔流畅的指导创作的读物。我认为主要有以下几个特点：

一是针对性强。从教学实践中了解诗词曲创作的难点、重点，予以清晰地讲述，不回避、不绕"圈儿"，不"云山雾罩"。

二是实用性。结合实际，针对写作者要求与需要，既讲清格律知识，又讲述受众喜爱的山水、咏物、题画、咏史、叙事等各种诗体的创作要点。

三是示范性。各讲所引用的诗词曲，绝大多数是历代名篇可视为"范诗"，作为创作时的参考；在行文时，不作简单地摘抄照录，而是在深入体悟的基础上阐述。

在该书行将付梓之际，我看了此书稿的部分章节，认为其从诗词创作的基础理念和汲取前人创作经验入手，结合会（学）员实际进行深入浅出的讲述实为不易，望此书能成为广大诗词爱好者的良师益友。

2010年10月5日

为潘惠楼《房山耕读记》序

潘惠楼是我忘年交朋友。我们是同乡，都属房山区河北镇。同是山里人，共饮一河水。

认识惠楼是个偶然机会。记得是1994年，那时我在北京市人大工作。一次因事去北京矿务局所属的房山矿，陪同我们的就是矿务局史志办公室的潘惠楼，他是位带有文人气质的中年人，曾在房山煤矿当过宣传部长。对这里的山山水水都十分熟悉，像这里的孔水洞、万佛堂等名胜古迹，讲起来如数家珍。使我这个多年未回老家的房山游子，听得十分兴奋。我们越聊越近乎，他还说曾看过我写过的有关房山河流的一些文章；他还当场背诵出我早年写过的《勉友人》小诗："真金久炼愈纯真，跋涉何须怨远程；细琢山溪穿石水，才知大海有涛声。"我真没想到，在这里会遇到这样一位知音"同好"。临别时，我问起他是否发表过文章，他说写过几篇，只是没带来。他谦虚地表示今后要向我"请教"。

过了几天，惠楼出差进城，来到我的办公室，送来几篇他在《北京矿工报》发表的文章。其中有，1981年2月27日发表的《矿区古寺万佛堂》，1982年7月10日发表的《它与帝王争高下》，1984年12月29日发表的《大石河采风》等。我又没想到的是，这几篇文章内容，都是记载我家乡河北镇风光的。文章亦文亦史，考证有据，笔调清新，文采斐然，并带有浓重的家乡情感，也勾起我自己的家乡之恋。我们的交往更多起来，经常在市里的修志工作会上见面，互相提供文史信息，互赠书籍作品，交流史志资料。1998年，我们还一起考察了房山区北车营村的灵鹫禅寺和位于矿务局化工厂内的清代奕绘贝勒与著名女诗人顾太清夫妇的墓地。他当时还赠给我一本他撰写的由煤炭工业出版社出版的《北京煤炭史苑》一书。2008年春，他又托人给我带来他撰写的《京煤史话》和《京煤史志资料辑考》两书。看到他这两部书的近百万字成果，我非常感动。

北京煤业有上千年的发展史，煤炭作为北京城市的物质基础，在北京的城市发展史上发挥了重要作用，与人们的生产生活息息相关，至今仍是北京城市的主要能源之一。北京是世界上较早开采、使用煤炭的城市。能够把北京煤业的发展记载下来，编写成书，为北京史志文化建设增添了翔实的内容，无疑是一件非常有意义的事情。尤其是能源紧缺的今天，建设生态城市、环保城市的今天，增加对首都煤炭行业的了解，加深对首都能源的认识，应该是城市发展的战略需要。可喜的是，惠楼做了一件开创性的工作，写出了一部又一部记载北京煤业历史的书籍，为北京煤业发展和城市建设提供了重要的资料。当然，也体现出了惠楼对所从事的煤炭事业的热爱，凝结着惠楼的辛苦和血汗。

这次，惠楼又要出版新著《房山耕读记》一书，请我作序，我知道，这是对我的信任。这部书多是有关房山地区人文史地的杂记文章，文章虽杂，却体现出惠楼对房山家乡的绵绵情意，有着资治、教化、存史的作用。如《房山运煤高线始末》一文，以调查研究的丰富史料，记载了中国最早的、也是亚洲第一条以机械为动力的空中运输线路在房山地区运行百年的历程。再如《光辉的业绩、丰硕的成果》一文，记载了房山区河南中学五十年发展建设情况，听说该校已经撤销，那就更显得这一史料的弥足珍贵了。又如对几个村庄的考证文章：《杏园村村名及其他》、《话说瓷家务》等，史料详实，具有说服力。至若其他栏目如《山情水韵》、《旅游纪略》、《人物春秋》、《灯下漫笔》等文章，也都各有特色，情趣盎然。

值得一提的，在《房山耕读记》中有不少文章，都可以说是优美的散文。如《房山石器有佳名》、《房山荆编种类多》以及《情系家乡凤眼油》等，笔调清新，娓娓道来。不仅文字优美，也令人回味。我不止一次读这些文章，欣赏流连良久，不时勾起我沉积在记忆深处的隐隐乡情。

其实，《房山耕读记》的书名，也体现出惠楼的工作精神和治学态度。在这个浮躁的年代，文化越来越成为快餐，许多人在为生活和金钱的奔波中忘记了自己的存在，能够屏气凝神沉思，在文字的田野中默默耕耘，很不容易。惠楼从上世纪九十年代初，就开始从事北京煤炭史志的编纂，取得了斐然成绩。其中，他担纲编写的《北京煤炭工业志·煤炭志》荣获中国煤炭史志书籍评比一等奖，他撰写的专著《北京煤炭史苑》一书荣获中国煤炭史志书籍评比三等奖。2010年，他又荣获全国地方志先进工作者称号。

惠楼是房山人，他不仅对北京京西煤炭业情有独钟，对房山地区的山水林田、人文史地同样怀有深厚的感情。他把对家乡的爱恋，倾注到对家乡历史文化的收集、挖掘、研究和整理上。他的考据详明、叙事翔实，结出的累累硕果，凝结在即将付梓的《房山耕读记》上。

做点自己喜欢的事，做点有益社会、有益人民、有益乡梓的事，惠楼辛苦并快乐着。

"千里不辞行程远，时间早晚到天涯"。（唐·张祜《破阵乐》）愿惠楼更上一层楼。

2011年12月5日

为忘年老友写照

——《祥子的后人——袁一强中篇小说集》序

我与作家袁一强是多年的忘年好友，在最近一次聊天时，他邀我为其即将结集出版的中篇小说集《祥子的后人》写篇序文。由于没有思想准备，我笑着说："你早已是著名作家了，我哪有这等资格？！"但对老友的"抬举"，我还是高兴地答应了。

《祥子的后人》是作者当年践行陈建功先生倡导的"作家新体验"而成就的一部中篇小说。作品发表后很快又被《中篇小说选刊》转载；而后根据这部小说改编的同名电视剧又在北京市庆祝中华人民共和国成立50周年文艺作品征集中获得优秀短剧奖。但我更感兴趣的还是集子中收入的三个写"杠业"的小说。

《杠夫》、《二掌柜》、《杠夫的后人》是作者将焦距对准了北京殡葬行业最下层的小人物，发表后颇受好评。著名作家邓友梅、中英杰等都有佳评。中先生在其评论中说，《骆驼祥子》曾为人力车夫树碑立传，这篇写杠夫的小说或也可把杠夫们的命运传读于世。

尤其是而后出版的长篇小说《皇城旧事》，袁一强更是以丰富的生活素材，生动娴熟的"北京话"，淋漓尽致展现出尘封良久的老北京民俗风情画卷。小说一出版，即被北京交通台录制成"长篇小说连播节目"，而后又在听众中组织了"我听皇城旧事"的征文活动。同年，这部小说在北京市庆祝中华人民共和国成立50周年征文中获长篇小说佳作奖，翌年又获得首届老舍文学奖提名奖。

我看过这部小说也是非常感慨，随即拿起一支秃笔诌出几首竹枝词为老友助兴。发表后居然有人称好，部队老作家郑文林先生还在一次群众诗会上朗读了其中一首："莫道杠夫是末流，双肩抬走帝王侯，刘头最喜津津道：皇杠、亲王、袁大头。"

这里值得一提的是袁一强在其文学创作中十分重视生活体验，为写好祥子的后人，他真的上街当了几天"板爷"。为写好杠夫和他的后人们，他真的跟车去接过尸，与殡葬职工近距离接触攀谈。这其中一位11岁时就为孙中山灵柩恭移打过执事的老何头成了他的忘年交。老何头无儿无女，老伴又无工作，袁一强便时常前去探望，帮其解决了一些生活上的困难。正是他几次代其写信申求帮助，使其单位领导高度重视，将其纳入重点帮扶对象，让这位殡葬老职工幸福地走完了人生最后一程。

殡葬事业，是我们构建和谐社会不可缺少的一部分，殡葬职工的工作应该赢得整个社会的支持和尊重！正如邓友梅先生说的那样，无论是谁，也无论其身份的高低贵贱，每个人终要与他们"合作"一回。

为了更专心坚持文学创作，上个世纪90年代初，袁一强冒着风险辞官"下海从文"，连续干了三届合同制作家，数年下来收获颇丰。如中篇小说《小人不可得罪》发表后即被《小说月刊》及一些报纸的副刊转载。他的中篇小说不少被各家出版社收入集中，仅《小人不可得罪》就先后被六家出版社收入小说集。中篇小说如此，他的长篇小说也颇见功力，如长篇小说《硕鼠》，出版后仅半年多时间就加印了五次。中国作家协会创研部联合北京作协为这部作品专门召开了研讨会，《硕鼠》得到了众多专家的高度评价。

他的另一部长篇小说《那年那月的事》是根据发生在北京的实事创作的。即上个世纪的50年代末，一家不起眼的小厂接收了百十名因言获罪，被逐出校门的"右派"大学生。而正是这些学生在多年后成了企业的技术骨干，最终使这家企业成为了北京一家科技含量很高的上市公司。小说着力描述了这批另类大学生在工厂如何经历大跃进、反右倾、三年困难时期、"文革"直至改革开放的历程。而30年后，领导这家企业成为一家上市股份公司的人正是当年的"右派"学生范建国。当年顶着压力接收这批另类大学生，并恰到好处地保护了这些受难者的厂领导李宪平等人早已离休。

说到这部书，我与一强的文字交往中还有一段小插曲。书的结尾处是描述老厂长李宪平看到自己为之奋斗一生的小厂，一跃成为实力雄厚的上市公司感慨万千，想赠诗给范建国表达心情。他想出了其中一句求我帮他完成这首古体诗，我思考了几天两人又凑了一次勉强完成，这就是那首"百岁年华几浮沉，梦里乾坤寻梦人。莫道坦途迟与早，昨日崎岖也是金。"可惜，在出版后查出这首诗印错了一个字，把"浮沉"的浮印成了伏，一字之差，面目皆非了。

这部小说出版不久，就在北京日报上拜读了著名评论家胡平以"英雄主义的另一类塑造"为题的评论："《那年那月的事》既是小说的，也是纪实的；既是场景的，也是社会的。这种定位使作品读起来比较过瘾。"又说，"袁一强讲故事亦庄亦谑，满纸荒唐言，一把辛酸泪，意在不言中。读他的小说不必担心好读不好读，肯定是好读的，不必担心它有没有内容，肯定是有分量的，这是袁一强的追求和他的作风，也是我们欣赏他的地方。"评价很高，我也深有同感。

另一位著名评论家吴秉杰对这部小说也给予了充分肯定，他说："沿用上世纪80年代李清泉先生评论莫言小说的一篇文章题目，'赞扬的与不赞扬的都说'，来谈北京作家袁一强所著长篇《那年那月的事》，一部极其传统、写实及与当前大量的长篇作品一样采用历史结构的小说，或许会产生另一些体会……在袁一强的小说里，那些风云不变的事件过程都不能构成小说的结构要素，倒是范建国、石国栋、史丽云、李宪平、邹晓风、谷玉森等人物的命运和他们在北京工厂中的一些小事、细节浸润出了小说的意味……过去曾有一篇颇有影响的小说《在社会档案里》，袁一强的作品《那年那月的事》中有不少内容同样读了让人怦然心动，或许我们也可以把它称之为'在时代的档案里'"。

最后，我认为袁一强是一位很有潜力的作家，还算是年富力强的时候，还有很长的时间在等着他，期望他。我非常赞赏刘恒主席的观点，"生命是个银行，人人存着一笔巨款。别哭穷，结账的日子还早着呢！"

2013年元旦时年八十有一

《民苑集》后记

编完了这部集子，我静静地躺在床上，回忆着我在从事民政工作这一段时间的情景。我想起1982年，那时我还在水利部门工作，我写过一首七律《五十感怀》运用了两个典故来说明当时的自责心情：

> 羡鱼每憾迟编网，
> 探骊终忧未驯龙。

这可能是我们这一代人常有的心境吧！事过三年，我调至北京市民政局担任局长、党组书记。

这是我始料不及的。最初感到十分生疏，但不久我即爱上了这个"行当"。我和我的同事们一起，带领广大民政职工认认真真地干了八个年头（准确地说是七年半）。应该说，在这段时间里，有乐有苦，有喜有忧，有顺利也遇到过困难，但总的看，由于大形势好，民政工作搞起来也较顺利。去年，我已60岁了，我以愉快的心情又写了一首七律《六十初度》，开头写到：

> 辛劳中岁过前尘，
> 燕水民苑始溢芬。

是呵，我现在正是以一种高兴的心情编完了这部文稿。

这个集子由四个部分组成。

《民政谈丛》是第一部分。这部分收集了我对民政工作所发表的部分文章、讲稿、调研报告和出访汇报等。它大体代表了我这一时期对党和政府有关民政工作方针政策的体会和认识，以及结合北京的情况所提出的工作指导思想、改革措施和重要工作部署，从一个侧面反映这一时期的工作面貌。为避免形成文件汇编，在文章的选择上坚持了两个原则，其一，侧重于我在工作实践中的个人体会、认识、见解和主张；其二，凡收入的文章均是我个人亲自动笔或在我的主持下，经过我修改定稿的。至于在历次民政工作会上我做的工作报告，以及集体名义下发的各种文件等，统统未列入录取范围。有些工作由于我个人涉猎不多或体会不深，也没有硬找文章凑数，当然，不等于这些工作不重要。

《民政谈丛》所收的文稿中，时间最早的一篇是《民政事业需要理论指导》。那是我到民政局不久，在一次民政理论讨论会上的讲话。它反映出我当时对发展民政事业的基本看法。我认为，为了适应改革开放的新形势，为了提高民政干部的素质，民政部门的各级领导要重视提高自己的理论修养和文化业务素质。除去学好上级规定的马列著作和毛泽东、邓小平的著作外，每位领导干部每年要学习一两本有关民政理论方面的书。后来，经局党组研究，推荐两本书，一本是《民政概论》，一本是《中国民政史稿》，要求处以上干部在半年内读完。我还主持了有关两本书的学习心得讨论会，并带头发了言。为了提倡学习，我对国家民政部提出的重要理论观点和工作部署，都积极参与学习和讨论，结合实际发表见解，或写出文章。这些文章有几篇已收入《谈丛》。

　　争创民政工作一流水平，是我担任民政局长期间的重要指导思想和工作部署。1986年初，在民政工作会议上，这个目标，得到与会同志的确认，上级党政领导也给予了大力支持，并很快得到广大民政职工的拥护。1987年，当这项活动开展一年后，通过总结，我学习和运用毛泽东同志《矛盾论》的理论观点，对这项活动进行综合分析，提出了开展争创一流活动的系统主张，并在当年的半年总结会上做了报告。在报告中把这项活动，从理论、目标、范围、阶段、要求直到具体运作办法，提出了完整的计划和部署。在各级民政部门的努力下，这项活动很快就成了广大民政职工的自觉行动，形成一种具有特点的社会主义竞赛活动。在编辑这部集子时，我把那次会上的讲话稿《论"创一流"》进行了整理，列为《民政谈丛》的第一篇。在《民政谈丛》里，收进我关于发展民政经济、社会福利、社会救济、社区服务、老龄工作、残疾人工作以及民政宣传、培养和引进人才等内容的文章和讲话，都是和"创一流"这一总的工作目标密切结合，相辅相成的。

　　民政文化建设，也是这一时期我关注的工作。我认为，重视民政的文化建设是提高民政工作整体素质的战略性工作，是扩大民政工作影响，提高民政工作"档次"的基础性工作，它所蕴涵的内容涉及民政工作的方方面面。这个问题我记得最早是和当时的《社会保障报》副总编辑孙士杰同志谈起的。他专门写了一篇文章《唤起人们的文化意识——和段天顺同志聊天小记》，发表在1989年2月21日的《社会保障报》上。在这篇文章里他记述了我的见解和主张。1990年9月，在祝贺《北京英烈传》、《生命变奏曲》出版座谈会上，我又比较集中地表述了这个观点。

第二部分是《史志散辑》。这部分包括民政和水利两个领域里有关史志方面的文章，还包括编写志书工作的体会和对修志工作的见解。

说到编修史志，不得不提到80年代初期编写的《北京水利志》，这大概是建国以来北京最早编修的专业志书之一。最近，看到北京市水利局原总工程师、著名的水利专家高振奎同志在1990年第四期《北京水利志通讯》上发表的《编写北京水利十年回顾》一文，其中写道：

"说起编辑《北京水利志》，应归功于段天顺同志，1980年时，他担任市水利局副局长，工作之余，喜爱阅读有关史志书籍，特别是关于水利方面的史书。在当时北京市还未正式部署编写地方志和专业志等任务时，是他首先倡议，应组织热爱水利历史的人来从事这项工作。他认为，北京是中国历史上的古都，以往在水利上有不少成就，可惜没有一部文献系统记载，以至后人难于了解过去。建国后的北京，在水利上空前大发展，为宏扬中华民族在水利事业上的奋斗精神，存史资治，教育后人，编写《北京水利志》是完全必要的。段天顺同志的建议，立刻得到当时任水利局长的侯振鹏同志、局党委副书记钮茂生同志和一些有志于这项工作同志的赞同……"

我看后心情十分激动。实际上这些年扎扎实实在那里完成这部130万字三卷本的《北京水利志》的，是以高振奎同志为首的水利系统一批科技干部和领导干部。他们把自己的青春年华无私地奉献给首都的水利建设事业，而当他们年事已高的时候，又以极大的热情，甘于寂寞，百折不挠，历经十几个寒暑，终于完成了这部专业志。他们才是真正的功臣。功劳和荣誉应该属于他们。记得1985年9月25日高振奎同志以70高龄加入了中国共产党。在那天的入党仪式上，我怀着十分崇敬的心情朗读了一首诗，最后两句是："老树逢春花更艳，红心白发著春秋。"（这首诗已收录在本集的第四部分）

我调离水利部门后，仍然兼任中国江河水利史志研究会副理事长、北京水利史研究会主任和《海河志》编纂委员会副主任等，参加一些水利史志研究活动。说实在的，尽管民政工作繁忙，我仍没有把多年喜爱的水利和水利史的学习研究荒废，依然关心全市和全国重大的旱涝灾害情况，每到一处总是留心那里的水情和水利建设。因此，这一时期我又继续写了几篇关于水利史方面的文章。比如1991年，应《北京年鉴》编辑部之约我与市水利勘测设计院院长刘延恺同志合写出《北京的水》。这一年汛期刚开始，我市密云、怀柔北部山区出现暴雨泥石流，并出现灾情。我根据历史资料写了《建国以来北京山区泥石流灾害及其特点》，在《北京晚报》上发表，以提醒人们对北京山区泥石流灾害的警惕和防治。

对于民政工作我同样注意把现实和历史联系起来。这是因为，民政工作在我国有悠久历史，可以说，有了国家政权就有了民政。在漫长的历史发展中，历代统治者尽管提法不同，但都把做好民政工作作为统治术和重要国策。

这些丰富的历史遗产，有不少仍可作为现今的借鉴。

几年来，结合工作我写出一批有关婚丧民俗、社会福利、救灾救济以及历史人物等文章。这些文章都属于资料性的，系统性、理论性不够。可取的是，它们都和当前的民政工作密切结合。在整理过程中，我后悔自己在这方面研究太少了，今后还想继续搞下去。

我从事民政工作，积极倡导编修《民政志》，组成了编志筹备小组和工作班子，几年来，先后完成了《大事记》、《北京英烈传》以及《民政志》的部分章节初稿，当然，最后成书还要后人付出更多劳动。

第三部分，包括散文、思想评论、日记和序跋等文体，统称为"三余随笔"。"三余"是借用旧说，即为学之道当以三余，即冬者岁之余，夜者日之余，阴雨者晴之余。现在时代变了，旧说已不确切。实际上三余就是业余。硬要凑数，也可称为夜者日之余，假日者工之余，闲者忙之余。

这部分文章基本上是利用"三余"时间写出来的。说起来话长，我最早发表文章是从写思想评论开始的。最早的一篇题为《善问》，是1960年5月在《人民日报》上发表的，这大概是我在报纸上发表的第一篇文章。其后，我又以个人或与人合作写出过一批思想评论文章，发表在当时的《光明日报》、《北京日报》、《前线》、《支部生活》、《中国青年报》等报刊上。这些文章在"文革时期都被焚弃了。在这次编辑集子时，考虑到有历史的局限，文章水平不高，没有太多保存价值，索性不再费力查找，只把最早的一篇收录在内，以志纪念。

三中全会以后，随着改革开放的到来，解放思想的春风把我的脑筋也吹开了窍。经友人鼓励，我连续写了几篇，在《北京日报》的"新长征论坛"上发表。其中《疏导浅议》一文被评为1980年度《北京日报》优秀杂文。在民政局工作期间，曾为《民政之声报》的"灯下偶拾"栏目写过几篇。为《学习与研究》杂志的"石花笔谈"栏目写过几篇，但我都不甚满意。

写日记是我几十年来坚持的写作习惯，近十几年几乎没有断过。记日记有许多好处，不仅是自己工作、学习、生活和思想的实录，而且对于提高写作水平和锻炼毅力都大有益处。我的一些散文，特别是游记之类，差不多都是从日记上拓展写成的。这次挑选出我出访加拿大时的十天日记，稍加整理，作为一种文体，选进集子里。通过日记重点介绍了加拿大的社会福利概貌。

序和跋是我喜欢的文体之一。我多年养成一种习惯，每获新书，总愿先浏览序言和后记，以观其梗概，了解其背景，或曰导读。有些序跋写得洋洋洒洒，或叙或议，美不胜收。我也为几部著作写过序言，自然没有那么好，仅从中挑选了几篇，收入集内。

散文，在这部分中占有重要分量。包括国内国外的游记、各地风土人情、北京民俗习尚、京城新貌等。其中大部分是近些年写的，反映出这一时期我所涉猎的方方面面。

"平生事业为孺子，偶得余兴做诗文。"我把我写的旧体诗词作为最后一部分收入集内，共约一百余首。

它包括了比较广泛的题材和内容。不管这些诗词的水平怎样，都浸注了我最真诚的感情。主要篇章是歌颂我所服务的那些可亲可敬的人们，那些辛勤劳动在第一线的民政工作者；赞扬那些新建设起来的各种形式的社会福利设施；缅怀那些为共和国的诞生而英勇献身的革命先烈……。这些诗词总是和我的工作融合在一起，是北京市民政事业发展的真实写照。当然，在我涉足过的国内外风景名胜、风土民情中也寄托了我的情怀。这些年和文友诗友的酬赠奉和、寄怀吟兴，也成了我日常生活中的怡然之趣。

应该说，这部分诗词无论从体裁或者内容上看，要比我的那本《燕水竹枝词》（水利电力出版社出版）丰富一些。从诗体上看，近些年我学写了一部分小词，律诗也多写了几首；至于绝句，仍然是我写的主要诗体，这大概和我对这种诗体的偏爱有关。我特别喜欢绝句，自然数量多，份量也重。对这些诗的评价，我不敢言，那应是读者的事。不过，我个人是不满意，或者不是很满意，这是心里话。我仍然在不断学习。

值得一提的是，在这部分诗稿里收录了一首新诗，就是那篇《月牙泉》。仅仅一首，也是我近些年唯一的一首。

说到写新诗，引起我对40多年前往事的回忆。那正是腐朽的国民党统治的年代，我还是一个十五六岁的少年。我那时在课外读了不少进步诗歌，艾青、田间、臧克家、马凡陀、何其芳等诗人的诗我都十分喜爱。于是，自己也学着写。1948年上半年，我初中毕业时，学校组织高中、初中毕业生出一本纪念专刊，我的一首诗被专刊录取，题目是《联星堂的哥儿们》。诗中写了一群面临毕业的中学生在那个时代的苦闷和毕业即失业的痛苦，以及他们敢于和即将灭亡的苦难时代做斗争的决心。那时候我们这些学生就住在菜市口附近的扬州会馆，我们二十几个中学生住在一个大殿里，那个大殿叫"联星堂"，早已残破不堪，在这首诗中，我把它作为旧中国的象征，不妨全文抄录下来：

（一）

古老，宏伟，

是中国古建筑的遗迹。

遗迹是过去的，过去的——

红的油漆变黑了；

坚实的栋梁被腐蚀了；

联星堂的大匾

已织满了蜘蛛的尘网。

题匾的刘墉，

不是已成为人们心里陈腐的掌故吗？！

（二）

虽然古老得已经要坍了，塌了，

但古老底下，

住着不古老的人。

在这里有青春的微笑，

有激越的歌声，

二十颗青年蓬勃的心，

二十个异乡漂动的灵魂。

一样的苦难,

一样承受着暴风雨的劫洗。

虽然时代使他们喘不出一口气来,

然而他们明了对社会的责任。

他们知道这是苦难的发端,

他们更清晰一串串苦难接着就要降临。

但是,

他们的精神是团结的,

他们是前进的,

永远健壮的。

(三)

联星堂的哥儿们哪!

前进吧!

路子还远呢,

这不过是全程的起点。

在这遥远的征途上,

祝福——联星堂的哥儿们,

在苦难里铸成伟大!

在艰危中炼就英勇!

我不想对它做什么修改,就让它稚嫩、纯朴的面孔原原本本保留下来吧。

1993年深秋于安贞里

三　余漫笔

　　院里有块小花圃，赶上那年雨水多，断断续续下了十来天，把小花圃的花打得七零八落，纷纷趴在地上喘息，显得十分可怜。倏忽间，我意外地发现，那丛靠边长的「死不了」，却昂首独立，开得鲜鲜艳艳。诗句脱口而出：『篱边独尔开灼灼，始信无名胜有名。』」

善 问

问,对于我们工作和学习真是重要极了。

做工作就是解决问题。工作中的问题不能解决,就问于政策,问于领导,问于群众,问于自己……等等,经过这样一番请问,访问,设问,反问,自问之后,问题豁然明了,就能够下定决心,提出正确的解决办法。可见,要作好工作就离不开问。

学习,也离不开问,学习最好的人,也是问得最好的人,所以我们把学习好的人,叫做有学问的人。

进行调查研究,更处处离不开问。有一次,我跟随一位负责同志开调查会,这位负责同志问了很多问题,会上边问,边谈,群众议论风生,时间不长,了解的情况不少。这次调查会给了我很大的启发和教育。通过这次调查会和自己日常工作的体会,感到要学会问,实在是我们进行调查研究时一个十分重要的问题。

首先要有求教于人的态度。要请教得好,就要老老实实承认自己是门外汉,就要甘当群众的小学生,真正放下架子,态度诚恳,虚心求教。俗语说"精诚所至,金石为开",只有这样,群众才能把真实情况反映出来,也才能无拘无束,畅所欲言。古时有一段张良求师的故事,是说张良为了学到真正本领,虚心求师,经受黄石公的多次考验,不变初衷,终于感动了黄石公,把真本领教给了张良。张良的诚心实意和他甘当小学生的精神是值得我们学习的。有诚心的人，可以采用很多方法求教于群众。例如开调查会，个别访问，同吃同住同劳动同商量，做群众的知心朋友……等等。只要相信群众，诚心诚意，并善于从多方面启发和诱导群众谈情况，群众自然会相信你，谈出他们了解的一切。

其次，要勇于"穷"问。小孩子问妈妈很多问题，妈妈烦了，就说"快玩去吧！别穷问了"。其实，如果把穷问这个贬词变成褒词，不是很恰当地说明我们问情况时要有寻根究底的精神吗？我们有的同志常常缺少小孩这点穷问的勇气，不敢打破砂锅问到底，或问上两句，如果再不明白，就不敢再问、三问，总怕人家笑话自己幼稚，怕人家说自己外行，怕问错了等等，总之，不敢深追穷问。还有的同志不懂装懂，本来是一知半解，却自以为全知。因此调查来的情况，也常常是若明若暗，不深不透，经不起几问。任何情况都是有根有底，但是这个根底总是隐藏在情况的后面，不易发现，需要层层剥皮，连问几个为什么，才能究出根底。

穷问还有多问的意思。在调查研究过程中，一要多问于群众；二要多问于政策，调查研究的根本目的在于解决问题，正确贯彻执行党的政策，在我们日常进行的很多调查研究工作中，也大多是检查政策的执行情况的。因此，在调查研究过程中必须认真学习政策，这样才能把政策和具体情况结合起来。有的同志下去调查研究以后，常常陷于具体情况不能自拔，弄得方向不明、头脑不清，这多是由于没有认真求教于政策的缘故。

再次，要勤于自问。自问是自己问自己。调查研究不是照相，一按快门，真像就映入底版了。社会情况千变万化，复杂万端，要求得到真正可靠的情况，必须要有一番由表及里，由此及彼，去粗取精，去伪存真的加工制作功夫，这种功夫，通常是从很多的自问开始的。这种自问就是在问于群众，问于政策及一步一步深追穷问的过程中形成的。有了自问也就有了进一步的思考过程；勤于自问，就会勤于思考；勤于思考，调查研究的质量也越高。自问，是考虑问题的敲门砖，是研究材料真、伪、虚、实、主流与支流、现象与本质等等的一把钥匙。当然，自问的问题必须是由客观情况反映于主观的问题，是了解了客观情况的矛盾自然引起的自问，决不是坐在房子里空想空问。自问来源于实际，来源于深入的调查研究。

《人民日报》1961年5月15日

"拍板"与调查研究

我们领导四化建设，要敢于拍板，否则，推推拖拖，不负责任，便会贻误工作。但是，敢拍板，决不是蛮干、鲁莽行事或者无知妄说，而是在调查研究的基础上，按照客观规律办事。

唐代人写的《隋唐嘉话》，有一则阎立本看画的故事。有一次，唐代著名画家阎立本，在荆州看到大画家张僧繇的一张画，开始一看，认为不怎么样，说"定虚得名耳"。第二次又往，觉得还算可以，说"犹是近代佳手"。第三次更往，这一次看出了门道，说"名下定无虚士"。于是，"坐卧观之，留宿其下，十日不能去"。阎立本是当时很有名气的大画家，要认识一张名画，竟然需要亲自跑三趟，而且坐卧十日，才得到画中的奥妙，这说明认识一个客观事物，决不是一件简单的事。

我们搞四化，自然比认识一张画要复杂得多，困难得多。然而，在我们各级干部中，像阎立本那样"不辞三往"、"坐卧十日"，去探究事物真相的精神，却不多见。有些同志，只是远远地"望一望"，乘车兜风，转了一圈，就在那里拍板定音，发号施令，决定政策，处理工作。这样领导群众搞四化，怎么能不瞎指挥呢！这样的拍板，又怎么能拍到点子上呢！

当然，造成乱拍板的原因是多方面的。大多数同志是出于好心，对四化建设急于求成，没有经验，而拍错了板。但是，思想路线不端正，恐怕是个重要的原因。他们有的自以为情况熟，经验多，一拍就准。其实，他们是用老眼光观察新情况，难免要摔筋斗。还有的自恃聪明能干，反应快，脑瓜灵，能举一反三，闻一知十。其实，他们是"瞎子摸象"，对客观事物往往只了解一个侧面。这些表现，虽有不同，其思想根源却是他们总觉得自己比别人高明，遇事既不请教于群众，又不问计于行家，有时虽找群众、那也只是他说你听。他们平日一再讲，我们国家不能再"折腾"了，他们自己却经常搞点小"折腾"。他们也反对别人"瞎指挥"，对自己的瞎指挥却视为"雷厉风行"、"有魄力"。其实，这种"魄力"越大，工作损失也越大。

记得刘少奇同志于1964年给一位省委书记的信中，曾谆谆教育各级领导同志，要经常向下了解情况，多作调查，反复实践，并说："如果不是这样做，则官越大，真理越少，官做得越久，真理也越少。大官如此，小官也如此。"这一告诫说明，不论官职大小，如果不了解实际，不做调查研究，就不能掌握真理，就不能进行正确拍板。让我们牢牢地记住刘少奇同志的教诲吧。

《北京日报》1980年9月25日

"疏导"浅议

做人的思想工作，贵在"疏导"。

本来，疏导是一种治水的方法。相传大禹治水，就是用的这种方法，他"决九川"、"浚畎浍"，取得了成功。明代治水家潘季训曾讲过这个道理，他说："治水者，必因其性，性之所趋，不能遏而使止。""水性就下，治水先从下泄。"做人的思想工作，也是如此。思想问题的解决，不能用行政命令"遏而使止"的办法，必须说服教育，用"疏导"的办法。

什么是"疏导"呢？我认为归纳起来有三个方面：

其一，疏者，分也。就是分而导之。治水时为了安全泄洪，在主河道两侧，采取各种分洪措施，将洪水分散成小股下泄，这就是"专则急，分则缓"的道理。而思想问题的形成，往往是各种矛盾的结合体；解决这些问题，首先要进行具体分析，而后分项解决。比如在现实生活中，有许多思想问题是与实际问题联在一起的，这就需要将两者区分开。属于实际问题，应该积极帮助解决，一时无条件解决的，也应满腔热情地解释清楚。属于思想认识问题，也要做具体分析，然后对症下药。

其二，疏者，浚也。就是疏浚的意思。行水河道，年久淤积，需要及时挑挖，谓之"清淤"，以使水下泄通畅。其实，做思想工作，也是一种"清淤"工作。对于人们的思想认识问题，在进行具体分析的基础上，就要抓住各类问题的思想症结，采取各种方式方法，帮助解开思想疙瘩。首先要准确掌握真实思想，了解其来龙去脉；其次要有平等待人的态度，将心比心，以诚相待；再次要通情达理，把大道理和小道理结合起来，使道理寓于情理之中，循循善诱，一把钥匙开一把锁。

其三，疏导也是因势利导的意思。治水要根据地形之高下，势之曲直，水量之大小，"顺水性所宜"，采取有效工程措施，使之安澜归漕。做思想工作，特别对青年，更应讲究因势利导。我们知道，外因通过内因起作用，任何人思想问题的解决，主要是靠自身的思想斗争，善于挖掘和发现他们自身存在的积极因素，并使之得到充分发挥，用自己的力量克服消极因素。

总之，疏导，不仅是一门水利工程科学，也是一门灵魂工程科学。它要求从事政治工作的干部，不仅要有高度的政治觉悟、高尚的道德品质和极大的工作热情，而且要具有教育学、心理学、行为科学等丰富的社会科学和自然科学知识，才能做好人的思想工作。

《北京日报》1980年12月28日

秋深柿熟

林枫秋老柿将熟，
秋在万山深处红。

——丘逢甲

　　的确，当秋天渐深的时候，你会看到北京郊区的北山、西山一带，成片成片的柿林，像晚霞一样，红艳艳地浮现在万山丛中，给北京的晚秋增添了浓郁的秋色。

　　你如果再走近些去看，就会发现在沟沟岔岔的柿林中，男女农民们正在摘柿子，收"柿秋"。那红澄澄圆滚滚的柿果，一筐筐，一篓篓，摆满地头、树下。人们欢声笑语，叽叽喳喳，人背的，驴驮的，从山间小路运向附近的村庄。村子里家家的窗台上、房脊上码满了柿果，搞得满院子红红火火。

　　提起柿子，不光北京有，我国南北各地多有出产。如果追溯历史，可以说我国是世界柿树的故乡。有人考察，现今东南亚和欧美各国所栽培的柿树，多是我国柿树的后代。我国早期的古籍中就提到过柿树。远的不说，公元九世纪唐朝的段成式写的《酉阳杂俎》中就有柿树的记载。他还总结过柿树的七大优点。他写道："俗谓柿树有七绝：一寿，二多阴，三无鸟巢，四无虫，五霜叶可玩，六喜嘉实，七落叶肥大，可用以书。"今天看来，这种概括，仍不失科学价值。

　　就拿它的果实来说，北京人多喜欢吃。刚摘下时，去涩后吃着又甜又脆；冬天吃的冻柿子，凉甜鲜爽，吃起来又凉又痛快；待春节前后那更是甘甜如蜜了，小贩吆喝起来就叫"喝了蜜"。不仅好吃，营养价值也高。据专家们测定，它的营养价值高于苹果、葡萄、梨等。柿子能顶粮食用，在解放前，山区人民就把柿子和杂粮混合起来渡"春荒"。说起柿子救荒，还真有一段有趣的故事。据《燕京时岁记》载，明太祖朱元璋年轻时家境贫寒，经常饿饭。一天走到一个村庄，已经两天没吃饭了。他环顾四周，见到一所残存的荒院里，有一棵柿树果实正熟。他高兴地摘了十几个熟柿吃了一顿饱餐。后来，他起兵反元，又经过这里，见到这棵柿树仍然健在，连忙下马给柿树挂上红袍，说：封尔为凌霜侯"。可见柿树在荒年的功劳实在不小，连皇帝都受过它的恩惠呢！

人们所以喜欢种柿树，还因为它好活，不挑地方。由于它根系发达，分布深广，水平分布超过树冠二至四倍，所以不怕土瘠石多，有孔隙就能扎根，适应能力极强。它的种类很多，我国有二百多种。像北京郊区房山、门头沟等地盛产的盖柿就很有名，它扁圆，果大多汁，很受人喜爱。

其实，它也是优良的观赏树种。近年来不少城市的公园、街道两侧都种植起来。前些时我到临汾市，见到有一条街道的两旁都植起了柿树，叫"柿树街"。挺拔的树干，茂密肥厚的树叶，掩映着累累的柿果，把整条街道装扮得浓绿照人，丰腴可爱。完全可以想象，如果到了深秋，柿叶经霜，层林尽染的时候，那将是一幅多么迷人的画卷呵！

我喜爱柿树。我相信，那古老的树种，将随新时代的需要，会以它崭新的丰姿和价值，唤起人们更多的关注。

《中国环境报》1985年10月22日

闲话四合院

提起四合院，老北京人都很熟悉。它是北京传统住宅形式。住久了，可以说出许多好处。比如，由于它结构比较严整，可以防风沙，防偷盗；由于院落比较敞亮，摆上两盆大鱼缸，养上几条鱼，种上红白莲，再有几盆石榴、夹竹桃，住起来显得幽静舒适，富于雅趣。当然，如果家产宽裕，家人和睦，几辈同堂，儿孙绕膝，更有一番天伦之乐。所以，许多老北京，至今谈论起来，仍然很向往。

不过，那毕竟是过去年代的事了，近几年改革开放，人们常把那封闭、僵化的思想，比喻为"四合院"思想。细琢磨起来，倒也十分贴切。

不难理解，所谓四合，就是四面都用房屋包围起来。而且越是讲究的四合院，就包围得越加严密。就拿它的建筑布局来说，典型的四合院，一般是正房五间或七间，东西厢房各三间，正房和厢房都有廊子联结。东西厢房的南面是一道院墙，把院子隔成里外院，院墙中间有门（富户人家都是垂花门），为了不让人们一眼就看见里院，在门的后面，再砌一道影壁。有意思的是外院的南房一排五间或七间，临街的大门也不设在正中间，而是设在边角位置上（即院在路北的，大门设于东南角；院在路南的，大门设于西北角）。据说按八卦方位，边角开门主吉祥。四合院的四面房屋都是面向里，背朝外，而且有院墙联结。

从外面看去，除去墙和山墙小窗以外，院里面什么也看不见，与外界隔离的程度，可谓"风雨不透"严严实实。不仅如此，家里什么人住哪个位置的房子，也有规矩。一般说来，正房是长辈人居住，儿孙们住厢房，还有仆人住耳房、门房，长幼有序，尊卑有别，不能乱住，看来，等级很严格呢！

其实，这并不奇怪。考究起来，这种建筑规格，是随着北京作为封建皇都的兴建而逐渐形成的。它的设计思想，反映了封建宗法观念和封闭型社会经济关系的特点。住在这种院里，很适宜于一家独户，同室同宗，世代同居，平日朱门常闭，邻里寡交，很有点排他性。即或偶有外姓人迁住，总觉得人家格格不入，自然生出一种排外心里。

当然，现在北京的四合院，由于人口增加，社会开放，宗族观念淡薄，差不多都成了异姓相居的大杂院了。还有更多的人搬出了四合院，住上现代化的楼房。我想，禁锢人们的封闭思想，也该抛到九霄云外了吧！

《民政之声报》1988年4月22日

"死不了"的性格

我喜欢花，但不善养花。过去养过一点名贵花卉，都先后死掉了。后来索性就养点大路货草花。可别小看那些草花，这些年把我家那个小阳台，点缀得花花绿绿，生机勃勃。每天下班回来，我总愿意到阳台上摆弄摆弄，一天的劳累立时松快许多。

我家养的草花虽然各类不少，但我最喜欢的是"死不了"。提到这个名字，最初我觉得实在太土，曾翻阅植物辞典，也请教过花木师傅，可惜都没有找到它的学名，大概由于它太不起眼，连个学名都没人给起过。可是，日久天长，我却发现"死不了"花满不是那么渺小，而是有着鲜明性格和很值得人们喜爱的花。

这要从有一年的夏天说起。那时我住在打磨厂的一个四合院里，院里有块小花圃，赶上那年雨水多，断断续续下了十来天，把小花圃的花打得七零八落，纷纷趴在地上喘息，显得十分可怜。然而，我意外地发现，那丛靠边长的"死不了"，却昂首独立，开得鲜鲜艳艳。那情景简直使我激动得不得了，慨然诌出了一首小诗："风雨兼旬日晦朦，群芳摇落半凋零；篱边独尔开灼灼，始信无名胜有名。"

以后，我从四合院平房搬进楼房去住，把"死不了"移到花盆里和其他花草一起放到阳台上。无独有偶，也是一个夏天，热得火辣辣的。那毒毒的日头，把十几盆花晒得垂头丧气,花朵蔫得不行了。可是,那"死不了"呢,它把茎和叶高高地伸向日头,那茎上的花朵,开得舒舒展展,神态自若,显得那样乐观、从容和自信。是否给它施的肥料多些,浇的水足些?没有。由于它活得皮实,我几乎没有给它施过肥,也很少浇水。可它毫不计较。它似乎生来只懂得做大自然的奉献者,就是风吹雨打,日头晒也罢,都不在话下,不低头,不气馁,一股劲儿地顽强地履行着自己的职责。想到这儿,我似乎看见那一朵朵的"死不了"立时在我眼前变得硕大丰满起来,越发显得绚丽多彩。可不是,你看那些由多层花瓣组合起来的紫红色花朵,多像富丽多姿的牡丹呀!而那些由鲜红花瓣紧贴在外层,深黄花蕊丛集在中间的花朵,又多像活脱脱出水的芙蓉!

它的奉献精神,的确是惊人的,不论春夏秋冬,四季都开花。有些人不了解这个秘密,一到深秋就扔掉了。其实不然。前年深秋,花开正旺,我不忍扔掉,把它搬进室内。没想到,到了冬天鲜花照样开,点缀得满室温馨。春来,我又搬出室外,它还是继续照开不误春时。

它太可爱了。

老伴说,这么可爱的花,给它换个好花盆吧!于是,我们一起把它移植到一个漂亮的紫砂花盆里,那朵朵花姿,更显得丰采夺目了。我们越来越喜爱那永开不败的"死不了"!越来越敬重那具有无私奉献精神的"死不了"!

《民政之声报》1991年7月20日

山到秋深红更多

历史上有关写老年人的诗词，并不少见。如刘禹锡有"莫道桑榆晚，为霞尚满天"，李商隐的"夕阳无限好，只是近黄昏"（近人考证"只是"作"就是"解，似合理）等，早已家喻户晓了。最近，翻阅清代袁枚《随园诗话补遗》，书中收录一首被袁枚评为"老年人吐气"的《看红叶》诗，读后有些感想。诗云："放棹西湖发浩歌，诗情画意两如何，莫嫌秋老山容淡，山到秋深红更多。"

通常写晚秋的诗，往往带有凄凉、伤感、悲怆的色调。如"烟峦惨淡山林暮，霜叶萧疏草木悲"；"黄芦千里月，红叶万山霜"；"残月堕枫林，荒烟白山路"等等。然而，这首《看红叶》诗，却以乐观酣畅的笔调，热情赞颂那绚丽的晚秋山景。这种景色不禁使人联想起"红于二月花"的枫叶，"霜重色愈浓"的黄栌，还有那"迎霜晚柿红"的柿树林；而近年从国外移植的火炬树，更是如火如荼，美不胜收，真可谓满目斑斓"红更多"呵！此情此景，怎能不使人留恋赞赏，又怎能不引发人们的"浩歌"呢！

实际上，诗作者要引发的"浩歌"当然不仅是大自然的景色，而是重在揭示一种更深层次的思想内涵，就是袁枚所指出的意在"为老年人吐气"。这"吐气"二字，用得实在好，显得何等豪迈、壮勇、针对性强。应该说，直到今天仍具有现实意义。

人们的认识，由于各种因素的影响，往往带有某种片面性。对自然景色的认识是如此，对老年人的看法又何尝不是如此？从笔者多年接触老龄工作中，常常碰到一些看法，如有的人把退休简单地理解为劳动的终结，对于还参加一些力所能及的劳动的老年人总是不以为然，看着不顺眼，甚至充耳不闻，视而不见。那些有所作为，继续为社会做出贡献的老年人的事迹，得不到社会的重视和鼓励，这不正是只道"秋老山容淡"么！然而，事实上目前我国一亿多老年人中大约有百分之六十至七十是六十岁上下的老年人。他们大多数身体尚好，一大批人有真才实学，具有丰富的经验和良好的思想素质，无论在物质文明建设或者精神文明建设领域，他们仍然是宝贵的资源财富。有人会说，现在中青年人下岗那么多，哪里有老年人的位子？说得似乎有道理，但也不尽然。中青年与老年的岗位，有矛盾的一面，但更有互为补充的一面。现在有一些行业大批专业人员退了下来，中青年一时又接不上茬，出现青黄不接，影响事业的发展。至于不少岗位青年人干不了或不愿意干，老年人可以干却不让干的情况也屡见不鲜。实际情况是，在许多情况下，不是老年人与中青年人争位子的问题，而是各得其所，各尽所能，最大限度开发人力资源问题。现在大批离退休人员在使用上，一不占编制，二不需高薪，既可为社会继续创造财富，同时也可改善他们的低收入状况，减轻国家的负担，保持社会的生机和稳定，不是一举而数得的良策么？

显然，现在关键在于提高对老年人劳动价值的认识，把"秋老山容淡"的老观念，转变为"秋深红更多"的积极态度。把开发利用老年人力资源纳入各级政府和企业事业单位的视野，切实贯彻我国的老年人权益保障法所说的"重视、珍惜老年人知识、技能和革命、建设经验，尊重他们的优良品德，发挥老年人的专长和作用。

《松窗随笔》中国社会出版社2003年

有工夫读书谓之福

去年，游黄山，顺便买了一本清初张潮写的《幽梦影》，是一部笔记随感集。翻阅中发现一段话："有工夫读书谓之福，有力量济人谓之福，有学问著述谓之福，无是非到耳谓之福，有多闻直谅谓之福。"作者将传统的富贵寿考之类"五福"内容，换上全新内容的新"五福"，可谓高人之见。尤其"有工夫读书谓之福"，说出了许多离退休老同志的共同感受，也是激励更多老年朋友培养读书习惯，营造读书生活，享受一翻读书的"福气"。的确，许多离退休老同志都有这样的体会，忙忙碌碌工作了几十年，都是忙里偷闲读点书，现在退下来了，时间充裕多了，坐下来踏踏实实地读点书有多好，真可算是享受读书之福了。

其实，说有工夫读书是福，不仅是因为有了充裕时间读书，还在于人到老年对读书有特殊的需求。尽人皆知，人，不仅需要有物质生活作为生存条件，还不能缺少精神生活，尤其到老年，从工作岗位退下来后，社会交往少了，社会活动内容变了，生活环境也发生了很大变化，这就需要自觉丰富自己的精神生活，从中不断汲取营养，提高自己的思想、精神境界，以适应环境的变化，使身心保持健康，颐养晚年。从这一意义上说，读书是老年精神生活中最实际最重要的内容。一位古代学者孟德斯鸠说得好："喜欢读书，就等于把生活中寂寞的时光换成巨大享受的时刻。"冈察洛夫也说："看书和学习是思想的经常营养，是思想的无限发展。"这是对读书的好处作的高度概括。从许多老年朋友的读书经验中还可以总结出几条：如读书是一种继续教育，通过读书学政治、学专业、学新知识新技能，继续服务社会；读书是一种文化熏陶，通过读书增长见识，扩大视野，开阔心胸，怡情悦性，乐观进取；从医学上说，读书是一种健脑活动，通过读书，加快大脑的新陈代谢，可以延缓衰老，有益健康，等等。总之，读书是老年人精神生活中不可缺少的营养剂。经常得到书籍的营养，难道不是"福气"吗？

有工夫读书谓之福，还由于老年人阅历丰富，饱经沧桑，一旦有时间读书，自然容易融会贯通，举一反三，深得书中三昧。在这方面，《幽梦影》作者有一段精当的比喻，书中说："少年读书如隙中窥月，中年读书如庭中望月，老年读书如台上玩月，皆以阅历之浅深所得之浅深耳。"妙哉斯言。诚然，窥月仅能知其一二，望月亦仅观其大略，而在月台上赏月则可眼界顿开，观赏有加，深得月之精奥矣，老年读书难道不是一种"福"吗？

当代倡导老年人读书学习并且身体力行的要数伟大的革命家和学问家毛泽东同志。他常常说人要"活到老，学到老"。早在延安时期他就说过：年老的也要学习，我如果再过十年死了，那么我要学习九年零三百五十九天（按阴历一年三百六十天计算）。据《毛泽东的读书生活》

中记载，1975年，毛泽东已经82岁了，这一年"他重读《二十四史》，重读鲁迅的一些杂文，并且提出给他印大字本《化石》杂志和《动物学杂志》。到1976年，他还要英人李约瑟著的《中国科学技术史》（一至三卷）"。毛泽东要的最后一本书是《容斋随笔》，时间是1976年8月26日，这几乎是在他的心脏快要停止跳动的时候，才结束了他一生中从未间断过的读书生活。毛泽东晚年勤奋读书的事迹，将永远成为老年人学习的楷模。

《松窗随笔》中国社会出版社2003年

白发赋

人到老年，身体各部位就要起变化，头发变白了，脸上的皱纹也多起来。这本来是一种自然规律，而敏感的诗人们却常常借此感叹人生，抒发胸臆，嗟老境悲秋，哀秋肠百结，以至给人一种对老年将临的恐惧感。

在古诗里这样的诗句有不少。如"君不见高堂明镜悲白发，朝如青丝暮成雪"（李白），"宛转娥眉能几时，须臾鹤发乱如丝"（宋之问），"宿昔青云志，蹉跎白发年"（张九龄），"雨中黄叶树，灯下白头人"（司空曙），都是慨叹人生的短促和暮年的悲凉。唐代刘希夷的《白头吟》写得更加形象。年轻时春风短得意，"公子王孙芳树下，清歌妙舞落花前"倏忽之间垂垂老矣，"一朝卧病无人识，三春行乐在谁边？"荣华欢乐，尽化云烟。道出了古代社会人世无常，穷愁离乱的社会心态。

自古以来就传言人的白发是由于忧愁烦恼而生成的，所以许多诗词里也多有反映，比如"白发三千丈，缘愁似个长"（李白），"十年湖海扁舟，几多愁，白发青灯今夜不宜秋"（毛滂），杜甫更加深沉地写道："艰难苦恨繁霜鬓，潦倒新停浊酒杯。"因穷愁潦倒所生成的繁霜般毛发，使人越发"苦恨"，连浇愁的浊酒也停喝下来。

其实，对于在人生旅途中备尝各种滋味和境遇的人来说，白发也常常成为诗人们表达一种豁达心胸的形象。

李商隐久历风霜，深谙史事，表达出"永忆江湖归白发，欲回天地入扁舟"的旷达胸襟。高蟾劝人们不要见白发而生愁，那是自然法则："人生莫遣头如雪，纵得春风亦不消。"王维更从积极意义上鼓励人们："自怜黄发暮，一倍惜年华。"黄发，即指老年。白居易被贬至四川忠州当了"白发太守"，仍痴心于种植十年后才能结子的荔枝树。他写道："十年结子知谁在，自向中庭种荔枝"，生活情趣，仍然不减。还有一位叫朱杜写的诗，读来饶有趣味："白发新添一百茎，几番拔尽白还生，何如不拔由它白，哪得工夫与白争！"诗应该归入"打油"一类，然而那直白朴素不与白发"较劲"，不也是一种旷达么！

应该说，人到老年，白发和皱纹也意味着人的一生阅历和经验的积累，是一种成熟和智慧的表现。英国著名作家毛姆，活了九十多岁。在他80岁生日时，摄影师见到他皱纹满布，面容苍老，建议给修饰一番。他听了坚决不同意，说："我活了80年的时间才拥有这么多皱纹，怎能允许你在几分钟之内把它们抹去呢！"听了这位老作家充满自豪的话，发笑之余，不是更能体会到一种智慧的闪光么！

《松窗随笔》中国社会出版社2003年

壮美的二月兰

记不清是哪一年了，也是在晴朗的春天，与老伴到天坛公园散步。走着走着看到了西南面的斋宫。在进门时，不经意地看到在围绕斋宫那道又宽又深的沟池里（是否是当年斋宫的护城河？）开满了一水儿的紫蓝色的小花，密密麻麻，蓬蓬勃勃，那花光简直使你的眼睛无处躲藏，真是发现了一个花花世界。我们静静地看着它们，闻着从池里飘出来的阵阵清香，久久不忍离去。后来，从朋友那里知道，它叫二月兰。此后，每年春天我们都去观赏一番。可是，近几年我们却发现，斋宫的二月兰消失了，心里怅然若失。

今年春天，下了几场春雨，天坛的花草显得更加繁茂。那天，我们在天坛祈年殿西南侧的古柏林里，又看到了大片大片的二月兰。那一眼望不到边的二月兰呀，长得舒舒展展，整整齐齐，十分茂密，有半人多高。微风吹过来，只见花光闪烁，香波澜漪，使那些带着红牌牌的百年以上的老柏树，仿佛也活跃起来，在紫蓝色的花海里翩翩漫舞，好一派大自然的生机啊！那场景似乎比斋宫深池里的宏伟得多，壮观得多。

可不是，二月兰从单株看来，本是极其平凡普通的花，花很小，有四瓣，属于十字花科，叶子是长圆形，有的边缘还呈锯齿状。每株有几条枝权，每个枝权上都长花，有疏有密，花期很长。但是，当那众多的不起眼的小花一旦凝聚成庞大的群体规模时，那气势那场景可就完全变了样。它宁静时的沉毅与庄重，风起时的宏丽与壮阔，都给人一种极强烈的感官震撼，生发出强大的精神动力，使人们受到激励，引发振奋，鼓起信心，勇敢地奔赴前程，去生活，去战斗，去创造美好的明天。

浩瀚的二月兰，使我深深动情，还想更多地了解它，于是随手翻开辞海。二月兰不仅"可供观赏"还"兼作蔬菜，种子榨油，可供食用"。她的每一朵花，每一片叶，每一粒种子，都无私地奉献着自己，啊，好美丽的心灵！

晚间，打开电视，看到北京人民挺起脊梁，万众一心正在抗击"非典"。一批一批可敬的白衣战士们义无反顾地奔赴抗击"非典"第一线，一幕幕感人场面，使我心中又浮现出那壮美的二月兰……

《松窗随笔》中国社会出版社2003年

"左公柳"及其他

前几年有机会去了一趟西北，路过酒泉，在酒泉公园内见到一株老柳树。陪同的同志说这是清末左宗棠率兵进新疆时种下的，人称左公柳。我注意到树旁的那块牌上豁然写着"左公柳"三个字。这使我想起一段历史故事，是说左宗棠率部进疆时，曾令军士沿途种下柳树，以作为归途时的标记。但没想到过了些年以后，柳树成了荫，风景大变样。当年曾与左宗棠一起进疆的杨昌浚知道后十分感慨，就写了一首诗道：

大将西征久未还，湖湘子弟满天山。

新栽杨柳三千里，引得春风度玉关。

现在，眼前这株老柳树早已老态龙钟了，那树干表皮粗糙皱裂，几处明显的伤瘢，历历入目。但那枝条拂拂，却仍然风韵犹存，在金色斜阳中英姿矍铄。我伫立良久，面对着老柳树后面大片大片的繁花茂林，深情地吟出一首小诗来：

古柳参参倚翠林，萧然卓立浴斜曛。

莫嫌枝干垂垂老，曾引春风度玉门。

是呵，我们应该加倍保护好这株为改变西北风沙面貌做出过贡献的仅存的先驱者，千万不要忘记它们！

事有碰巧。在我们欢庆建国五十周年之际，各新闻媒体纷纷报导为共和国的建设做出丰功伟绩的英模人物和著名科技专家的事迹。我每天都坐在电视机前看中央电视台《人民不会忘记》专栏，即或只有两三分钟的短暂，心情也是非常激动的。于是，我又萌生出与那株左公柳相似的联想。

可不是。当看到鞍钢老英雄孟泰、大庆油田王进喜的画面时，使人会立即想起在一穷二白的国土上新中国经济发展的艰辛道路；当志愿军战斗英雄黄继光、邱少云的名字映入眼帘的时候，就会明白年轻共和国为抵御帝国主义侵略是怎样取得胜利的；当县委书记的榜样焦裕禄和孔繁森站在面前时，这两位曾经在广大干部群众心中引起过强烈震撼的优秀领导干部，对于千万跨世纪的各级党政干部来说又怎能无动于衷呢！至于那些位耳熟能详的著名科技专家们，如林巧稚、钱三强、李四光、华罗庚、钱学森、茅以升、邓稼先、蒋筑英等等一批光辉的名字，不正是他们与广大科技人员、工人、战士一起创造了我国科技事业飞速发展的辉煌！现在他们虽然不少人已经谢世，然而，"铁人"精神、"一不怕苦，二不怕死"的精神、"一团火"精神、"把有限的生命投入到无限的为人民服务中去"的精神，等等，依然留在人们心中。这些光辉思想，不论是过去、现在和将来，都是不可或缺的中华民族最宝贵的精神财富。

马克思主义唯物史观告诉我们，人民，只有人民，才是创造历史的动力。五十年来，人民共和国在中国共产党的领导下，正是由于有了这样一批又一批人民中的"脊梁"人物，他们无私奉献，英勇奋斗，发挥才智，成为广大人民群众中的带头人和佼佼者，从而团结亿万人民群众努力奋斗取得今天举世公认的伟大成绩。抚今思昔，人民是不会忘记他们的，也不应该忘记他们。想到这里，心潮激动，拿起笔来诌出一首七言律诗以表心志：

功勋几代渐迷茫，喜见银屏重放光。

谁信艰难开胜国，何曾道路尽康庄。

征航漫漫凭灯塔，广厦巍巍赖栋梁。

未可沽名妆庆典，但期岁岁汗青香！

1999五十年大庆前夕

房山贾岛墓小考

邓拓在《燕山夜话》的一篇文章中对贾岛的籍贯有一段文字说："现时北京市各区、各县，在历史上曾经出现了许多著名人物，有文有武，数以百计。其中有一个著名的大诗人，就是贾岛。"

北京市的区县中是哪一个呢？就是现在的房山区。至今在房山区石楼镇二站村还有贾岛墓、贾公祠的遗碑呢！

据《新唐书·韩愈传》附《贾岛传》称："岛字浪仙，范阳人，初为浮屠，名无本"。范阳的地域历史上多次变动，唐代天宝以后建置的范阳，治所在蓟。应是现在的北京市的西南地区。从金代开始，为护奉金陵的需要，把范阳、良乡、宛平的一部分地区建置为万宁县，后改为奉先县，元至元二十七年改称房山县。据《明一统志》载："贾岛谷在房山县西，内有石室，世传为贾岛所居。"看来贾岛是现今的房山人士，是没有问题的。

关于贾岛墓，据史料记载，贾岛于唐会昌三年卒于四川普州任所，死后即葬于普州，即今安岳县。这在中、晚唐的诗和史料里都有记载。直到北宋潘阆的诗中还写"骨已西埋蜀，魂应北入燕"。但是，到了明代，在《明一统志》又明确写明贾岛墓在房山县南一十里。这部官修志书于明天顺五年（1462年）由内府刻印。其后于明万历年间出版的《长安客话》说得更为具体。书中称：

贾岛"卒于蜀，归葬房山，墓在县南十里，旧有碑。"值得注意的是作者蒋一揆，他曾在北京任过西城指挥使。这本书是通过实地考察和参考文献《记一部录》写成的，是一部可信程度较高的史料书。实际上在这之前的明弘治年间，有位御史卢某曾"访唐诗人贾岛墓，得断碑于石楼村，乃辟地植碑，大学士李东阳别树一碑记焉"。现卢某已不可考，李东阳的诗还在。诗云："百里桑干绕帝京，浪仙曾此寄浮生。葬来诗骨青山瘦，望尽荒原白草平。无地椒盘供庙祀，有人骢马问村名。穿碑四尺标题在，词赋风余万古情。"从诗的行间可印证两件事：一、"葬来诗骨青山瘦"是指贾岛遗骨归葬房山事；二"有人骢马问村名"一句指卢某御史对贾岛墓的重修事。这里的"骢马"是借"骢马御史"的典故而言的。李东阳是明代成化、弘治年间的朝廷重臣，曾任过吏部尚书、文渊阁大学士、太子太师等，并以宰臣地位领导文坛，是名重一时的文坛领袖。他的这首诗应是贾岛"归葬"房山的力证。然而是何时归葬的呢？比李东阳稍晚的涿州诗人顿锐曾有一首《过贾岛墓》七律，是依李东阳的诗韵而写成的。诗云："泪尽穷辕得旧京，旋披丛灌拜先生。桐乡远在今西蜀，梓里遥怜古北平。奔走髀消非事业，推敲骨瘦是勋名。太行秋色桑干水，却幸河山不世情。"这首诗里"桐乡远在今西蜀"一句，是说贾岛卒于蜀并葬于蜀，"桐乡"出于典故，意谓在外地做官，死后在外地起冢立祠。"梓里遥怜古北平"自然是指归葬房山。当时北京是帝都，何说古北平呢？原来明初建都南京后元大都改为北平府，35年后明成祖时期北京才成为都城。贾岛遗骨是否在这一时期归葬的呢？是极有可能的。经查中、晚唐，五代十国时期是社会极不稳定时期，宋代的北京地区为辽、金腹地，随后是蒙古族统治，恐怕谈不到有人从四川移葬贾岛之事。最有可能是明代，朱元璋在统一中国后对汉民族文化教育大力倡导，北京地区自然不会例外。总之，四川安岳贾岛墓是"桐乡"寄骨，北京房山贾岛墓是后世的归葬"梓里"。两者并不矛盾。

清代康熙年间罗在公任房山知县时，在贾岛墓原址石楼二站村"拨地二十五亩，建贾岛祠于墓南"。到嘉庆二年又进行重修。现存的两幢碑文和《房山县志》都有记载。

1999年11月

对联的风采

西方古罗马时期有位诗人叫赫拉斯，他最早提出诗有教益和娱乐两种功能。他说："诗人的目的在给人教益，或供人娱乐，或把愉快的和有益的东西结合在一起。"此话有理。其实不仅是诗，对联也是如此。

对联，是从诗发展来的，可以说是诗的延伸，具有更广泛的社会性和群众性。不仅富有教益，而娱乐性更是它的重要特色。为增加做对联的娱乐性，在做对联的技巧上发明了许多"玩法"。使人们在娱乐、欣赏、趣味中得到教益，受到启发和熏陶。所以说，做对联、赏对联是一项地地道道的"寓教于乐"的文化活动。在过去，这种好联可谓不胜枚举。

比如，河南南阳诸葛草庐那副"心在朝廷，原无论先主后主；名高天下，何必辩襄阳南阳"。那就是一副越琢磨越有味道的精妙好联。原来，诸葛亮隐居的卧龙岗，历史上一直有不同说法，湖北人说是襄阳那个卧龙岗，河南人说是南阳那个卧龙岗。到了清代咸丰年间，顾嘉衡调到南阳做官，于是，顾经过认真思考写下这副对联。对联没有正面回答问题，而是先从大处落笔，写出诸葛亮的忠于朝廷的忠贞亮节，然后以轻松的笔调告诉人们，诸葛亮这位历代同尊举国共仰的人物，是属于全中国的，何必为他的隐居地而争论不休呢！把大道理和小道理的哲理关系融会其中，在严谨对仗中增添妙趣，在轻松谐语处了断一桩公案，讲得在理，玩味无穷。

无独有偶，这副对联流传至今，当过党的总书记的胡耀邦同志，在他任团中央第一书记时曾到南阳，他给青年作报告，说到干革命要像诸葛亮那样鞠躬尽瘁，不要斤斤计较个人得失时，他还将这副对联做了改动赠给大家："心在人民，原无论大事小事；利归天下，何必争多得少得"。改得极妙，推陈出新，给人们辟出一个更加高远的全新境界。

出访加拿大日记

(1986年9月15日——24日)

9月15日　星期一　晴

　　我作为民政部代表团的成员，随崔乃夫部长一行，于14日晚乘机离开纽约，路经蒙特利尔到达加拿大首都渥太华。

　　代表团下榻在夏托•劳里埃宾馆，是一座典型的英国古典式建筑。现在这里已是秋天了，气候凉爽，早晨需要穿毛背心。渥太华市有25万人口，没有什么工业设施，是全国的政治中心。市里建筑多为英式的，临近有渥太华河，碧蓝的河水，穿城而过，在整洁的街道之间，穿插有大小不同的草坪绿地，拥簇在楼群间的片片枫林，叶子也开始红了。行人翩翩，车辆井然，显得整个城市自然高雅，没有纽约那种大城市的喧闹气氛。上午九点到加拿大卫生福利部，该部埃普部长和劳副部长参加会见并会谈。说起来我们这次访加是一次回访。去年埃普部长访华，受到我国政府的热情接待，今年我们回访，他们也很重视。会谈时宾主气氛甚为融洽。会上加拿大方面介绍了本国的社会福利基本情况。他们属于高福利国家，现有社会福利计划一百多种，名目繁多，每年总支出占联邦财政开支的50％以上，占国民生产总值的8％左右。据他们介绍1985—1986年度，全国社会福利计划为450亿加元，人均1600加元（合人民币4320元），在这些福利计划中最突出的是照顾老年人和儿童，对于青壮年中的失业、伤残等以及在劳动和竞争中的弱者也给予扶持。在会谈中，加拿大部长们坦率地认为，这种高福利政策，给政府带来了沉重的负担。

中午，由加拿大代议长宴请代表团全体成员。

下午到郊区参观一所教会办的圣玛丽亚养老院。该院建于1871年，至今已有一百多年的历史了。那是一座很雅静的楼阁，四周是草坪和枫林，临河面水，环境清幽。服务人员多为女士，身着白色服装。楼内设备齐全，有健身康复设施，有游艺室、工艺室等等，院长热情接待我们，并详细地介绍养老院的情况。她说，院里都是自费并生活能自理的老人，现有180多人，最大的97岁，最小的65岁，单人住室每月1200加元。有两人住一室的，也有老夫妻住一套房间的。从我们看到的，那些住院老人们精神状态很好，看来服务工作搞得不错。据介绍，该院有140名工作人员，工作很认真，各种服务都有规范。参观后崔部长对我说：

"这座养老院给人印象最深的是管理服务人员的认真办事精神。"我很赞同，我说，是啊，比如他们为方便老人洗澡有专门设计的澡盆，楼道上有老人们行走的手扶栏杆等等，这些看来事小，但说明人家考虑得十分周到。"

参观后，有所感，口拈小诗一首：

> 幽阁重楼绿带环，窗明几净养颐年；
> 殷勤善女精服侍，鹤发童颜映树丹。

9月16日 星期二 小雨转晴

昨晚埃普部长举行欢迎宴会，气氛很友好，到十点钟方散，外国人的宴会总要用去两三个小时。

今天早晨下起了濛濛的雨丝，渥太华市越显得宁静和深邃。我们按原来的计划到加卫生福利部，由劳副部长主持介绍社会保障方面的情况，劳女士是位社会福利方面的专家，她重点介绍了政府对老年人、残疾人和儿童的社会福利政策及各种待遇问题。从介绍情况看，他们做得很细致，都有各种法规性的条文。下午两点多，加拿大一位副总理接见我们，寒暄了一阵。然后参观参、众两院议会。三点多游览市容。晚间，崔部长在我驻加大使馆主持举行答谢宴会。余湛大使和埃普部长都讲了话。明天将离开加首都渥太华到魁北克省。

9月17日　星期三　晴

早晨8：50分乘飞机赴魁北克省，大约十点半到达。这几天白天气温下降到十二摄氏度左右，可以说气候宜人，正是加拿大一年中的最好季节。我们下榻一所建筑别致的饭店。中午稍稍休息。下午到省卫生福利部听取情况介绍。魁北克是一个法语区，人口有600多万，魁北克市有30万人。由于翻译不理想，有些情况未听清楚。

9月18日　星期四　晴

上午到魁北克市亚克区的一个社区服务中心参观。该中心的主任和领导成员为我们举行了隆重的欢迎仪式，在一个小礼堂里悬挂中、加两国国旗，发表了热情讲话，我们深为感动。这个服务中心的服务地区包括十几个镇，有五万多人口。工作人员有65人，都是雇员。中心的经费由政府社会福利部拨款。由各方人士组成董事会，从事管理，并推选出主任一人实行领导。中心以下有若干小中心，设在工厂、学校、街道等基层单位，聘请一批志愿人员进行义务服务。义务人员一般不取报酬，或取微量报酬。说起社区服务组织，在加拿大的基层很普遍。在魁北克省像这样的社区服务中心就有145个。它们大小不一，有的一个民族聚居区也叫社区，如印第安人社区、华人社区等；多数都是以居民的聚集区为单位。社区服务组织叫社区服务中心或叫居民共同体服务中心。其任务大体是：调解家庭纠纷；提供儿童服务；为无依无靠老人和儿童寻找代养家庭；为残疾人服务；对精神方面的残疾人进行社会适应性训练；为被强奸妇女和丢失小孩提供紧急服务；对酗酒、吸毒者进行劝导；进行爱国主义、公民职责以及家庭教育等方面的宣传，等等。

参观完社区服务中心后，中心主任又领我们参观一个家庭。这一家的男主人四十岁左右，是社会福利组织的法律顾问，女主人没有工作，在家抚育三个子女。他们的家是一幢二层小楼，楼下是饭厅、厨房、会客室，楼上是三居室住房，间量不大，但条件尚好。后院有个小草坪和池塘，环境显得干净舒适。主人家的三个孩子，最小的约六七岁，最大的十二三岁。看来女主人教育孩子很有点办法。例如他们的二孩子很爱画画，我们看到在楼道走廊里挂满了各种画，包括孩子自己画的，也有妈妈画的，琳琅满壁。他们的小三喜欢玩具，在他的住室里的窗台上、床底下，到处是各式各样的玩具，虽然居室显得乱一点，但不失为自家特色。有趣的是家里还有一条小花狗，也是孩子们的朋友，见我们来了，和主人一样好客，摇着尾巴欢迎我们。当我们从这家出来时，附近邻居的孩子们也聚集起来围着我们，充满了友好表情，我们和孩子们一起照了相。返回路上，代表团同志议论起来，觉得这个家庭称得上是个小康之家，是一般职员的家庭，在加拿大属于多数。

魁北克旧城，是北美最老的古城，距今已二百多年，我们顺便作了一番游览，参观了1752年修建的楼房，还有一座古老的教堂，前面一个广场，叫皇家广场，中间有法国皇帝路易十四的铜像，周围是座古城堡，保存完好。史书记载，十八世纪初在这里进行过30年的英法之战，当时使用的大炮和阵地都保存完好。古堡是当时战争中防守卡口；在附近绿地上还立着一位女人铜像，是抗英女英雄，被称为法国的"花木兰"。

下午4点10分代表团乘机飞赴安大略省的多伦多，于五点半到达。

9月19日　星期五　晴

上午9点到安大略省政府社会福利部听取该部部长的情况介绍。安大略省有900万人口，40万平方公里。社会福利部系统有工作人员11000人，下属机关分为三级管理。安省有450个市和镇，多伦多市最大，有250万人口。十点半以后参观了两个托儿所。下午参观养老院，那是一个华人养老院，由一个叫孟尝社的华人组织主办的，大约有100人左右，平均年龄84岁，最大的104岁。大概由于年龄太大的缘故，我们参观时，老人的表情平淡。崔乃夫部长发表了热情的讲话，并一起照了相。从养老院出来又参观了一个老人服务中心，是一座庞大的建筑群，全是现代化设备，住有1500多老人，设有活动中心、医疗中心等配套设施。老人居室有两人一间或单人一间，都是单元式的。据介绍，中心有工作人员1500人，是一个由犹太人的慈善组织举办、由政府资助，国家每年要资助5000万加元。入院费用很高，个人拿25％，国家和慈善组织拿75％。该中心还办有一部分日托老人，早晨送来，晚上接走。同行的李同志看后感慨地说，加拿大每人每年平均福利费1600加元，而我们只有3元人民币，相差太悬殊了。大家议论说，主要是人家经济发展水平高，我国如果经济早点搞上去，我国的社会福利定会大大改观的。关于加拿大的养老制度，据官员们介绍，国家养老制度是从1952年开始实行的。规定65岁以上的加拿大公民和其他合法居民都可以享受养老金。计算方法是从18周岁以后在加累计居住达40年即有资格享受全部养老金。在18周岁以后在加连续住过10年的居民可领取部分养老金。另外，加拿大与意大利、法国、葡萄牙、希腊、美国等签订了社会保障协议。根据互利原则，一加居民在上述国家居住的时间可以计入在加的居住年。加拿大的养老金制度与工资、工作以及拥有财产多寡都没有联系。发放养老金的数额都按物价指数的变化加以调整。除去养老金以外，还有收入保障补贴，即对领取养老金的老年人如无其他收入或收入微薄，可申请享受收入保障补贴。这种补贴习惯上按申请人上一年的收入计算。独身老人最多可领取他们上年收入的50％；老年夫妇每人最多可领取两人总收入的1/4。

晚上主人请我们观看当代名舞剧《猫》。唱得不错，舞得也好。

9月20日　星期六　小雨转晴

早9点多从多伦多出发，去尼亚加拉大瀑布游览。汽车在高速公路上行驶两个多小时才到达。大瀑布号称世界第一瀑，位于美国和加拿大的交界处，隔河对岸是美国，中间有一座桥可以相互往来。大瀑布由两部分组成，主体部分有七百多米长，水从五十多米的高崖坎上往下倾泻。中间有一座岩石裸露的小岛，联结着瀑布的另一部分，这部分长约二三百米，与主体瀑布的高度差不多。大瀑布水量丰沛，每秒有一百万加仑，为世界瀑布之冠。我们到达游览区，见到岸上绿草铺地，树木成荫，各种食宿服务设施参差错落，给人十分舒适的感觉。看来，旅游部门为了提供优美的旅游环境，不惜大笔投资，建设起规模宏大的游览工程。我们先是到一个十一层楼的饭店用午餐，饭店位置极好，一边吃饭一边可观赏到大瀑布的景色。今天由于天气阴雨，云雾濛濛，看得不十分真切。然而它那若隐若现的雄伟体魄，水雾升腾的壮丽场景，却使人感到它神秘莫测，具有无穷的力量和巨大的潜能，巴不得急着知道它的底细。是啊，这只是游览的序幕而已，好景还在后头。

午饭后，由导游引我们走进一个巨大的地道工程，几经穿越，来到大瀑布的背后隧洞里，这是从洞口观赏大瀑布的背后景观。为了避免让瀑水的飞雨淋湿，每人都穿上一件戴帽的雨衣。我们来到洞口，只见飞瀑携带着万斛珠玉，迸跳飞溅，从天上倾泻而下，织成一座巨大的水晶帘幕使人眼花缭乱，像走进一座银白色的水晶宫殿。我们伫立良久，只觉得看不够，要不是导游呼唤，谁也舍不得离开。

最开心的要算乘船观瀑了。我们从隧道走出后，来到岸边码头，准备坐小汽船从河道逆流而上，进到大瀑布的前面，从正面观赏它的雄姿。导游告诉我们，平日由于水雾蒸腾，经常看不到大瀑布的容貌，只有乘船驶进它的临近水域才能一睹真颜。听了这些话，更给我们增添了欲识庐山真面目的动力。我们穿上雨衣，坐上船，很缓慢地溯流而进。船走得实在吃力，走三米就要退两米，越向上游移动，风力也越大，风裹携着阵阵急雨，劈头盖脸，使人难于睁眼。最后，船实在走不动了，才在急流中暂时停下。这时展现在眼前的是座擎天拄地的水晶屏障，通体透明，晶亮耀目。往上看像是从天上垂下来的；往下看，是水雾飞腾，回环弥漫，伴随着震撼天地的雷霆般的连续不断的巨响，真好像水下有无数条巨龙在腾跃呢！一时间，我们的思维和目光都凝固住了，被这旷世稀有的大自然的景观音响，震慑得目瞪口呆，真是惊心动魄！这是我有生以来目睹的第一奇观。据说，我国的黄果树大瀑布是非常壮观的，然而黄果树也只相当于这座瀑布的1／4。

汽船大约艰难地停留十来分钟就以快速退了下来。沿河见到一群群白鸥，悠闲自在地在河面上飞掠，似乎在向人们显示它们娴熟的掠涛技艺。看到这些闲适景色，我们的激动心绪也逐渐地平和下来。

下午5点多钟，回到了我驻多伦多总领事馆。夏总领事招待我们吃中国饭，我喝了三碗豆粥，非常舒服。

9月22日　星期一　晴

昨天早晨乘8：55飞机从多伦多飞往埃德蒙顿，飞行四个小时，于当地时间12：20到达。埃市属于阿尔伯特省，该省有200万人，纬度靠北，埃市有60万人，是加拿大的石油产地和农业区。到达时有该省社会福利部长和副部长迎接我们。住在一个17层楼的高级宾馆，那里可以俯瞰全城景色。

今天10点多，由该省社会福利部领导介绍情况。重点介绍了非政府的慈善组织办社会福利情况。加拿大办社会福利的群众团体很多，这些组织在举办社会福利事业上起着十分重要的作用。政府对他们大力支持，并给予必要的资助。由于这些群众团体机动灵活，适应性强，贴近居民，又能吸引大量义务工作者和资金，作为一种慈善事业，普通百姓对它们也认同，对于稳定社会很起作用。政府的社会福利部门经常邀请他们，交流经验，研究问题，征询意见。阿尔伯特省有一个天主教办的全省最大的慈善服务团体，有1000多人，其中有300多名专职人员，有700名义务工作者，分布在全省各地。这些义务工作者来自不同阶层，有家庭主妇，有高级雇员，坚持自愿，不领薪水。这个组织提供多方面的社会服务，有3个中心专门进行家庭问题辅导，38个收容处，收容流浪儿童，2个治疗中心专为吸毒、酗酒者服务，还有些向犯轻微罪青少年、痴呆儿童、残疾人、精神病患者等提供服务。其经费大部分来自政府支持，少部分来自社会募捐。据介绍在阿省办福利事业的各种非政府的群众团体有350多个，大的有1000多人，小的只有一个人。政府除去财力支持外，还给予一定的业务指导，包括提出各项服务的标准。

午后参观一所社会工作者学院，这是专门为社会福利部门培养各类人才的高等院校，有学生500多人。加拿大政府对人才培训，肯下本钱，全国有26所大学设有社会工作者系，专门培训社会福利工作者。全国的社会福利设施的工作人员一般都是大专学校毕业生。

下午5点乘飞机赴温哥华。温哥华市属于不列颠哥伦比亚省，受到该省福利、住房部副部长的迎接，他是位社会福利方面的专家，去年曾随埃普部长访问过中国。

9月23日　星期二　雨转晴

上午9点，由哥省副部长主持介绍该省老年人服务，残疾儿童服务和在职干部培训方面的情况。该省福利部为迎接我们的访问，做了周到的准备。事先把要介绍的情况都打印出来每人发一份，他们介绍时，听起来十分清楚。席间主人专门请来几位模范义务工作者，其中有一位83岁的老人，叫巴内，他身材不高，脸色红润，胡髭很重，走起路来直挺腰板，谈起话来声音洪亮，不像是个八旬老者。他是该省的模范义务辅导员，专为65岁以上的老年人服务的。他会开车，每天都为老年人奔波劳碌，他说，每月要处理三千多件次服务事项。我们和他谈起白求恩，对白求恩"毫不利己，专门利人"的精神，他伸着大姆指，表示十分钦佩。他认为这是一种高尚的人类精神财富。见到这位老人，我立即联想起我国那些优秀的居委会的积极分子们，他们之间虽然远隔万里，却共同体现着那种人类最美好的道德——助人为乐的奉献精神。

加拿大除去在大学里设置社会工作者系，培养专业人才外，还很重视在职人员的培训工作。该省的社会福利工作人员的培训工作就很有特色。他们很重视人员素质的提高。根据规定：（一）凡是新招收的工作人员，在六个月的试用期内，要进行浓缩性、密集性的培训，使其获得入门必备的知识和技能；（二）鼓励有经验的工作人员，进一步深造，在有薪假期内，为他们提供到学校进修的经费。而进修人员必须承诺在一段时间内以双倍的工作予以补偿，同时必须同意被派到最需要的地方去工作；（三）当工作人员希望调换工作时，可以提供培训机会，使其再受训练，另谋职业。

9月24日　星期三　晴

今天结束了对加的访问。加拿大卫生福利部的一位处长和一位工作人员一直陪我们做服务工作，相处非常融洽。今早乘8：50飞机从温哥华飞往旧金山，离开了加拿大。对加的印象是好的，他们的社会福利工作有很多可兹借鉴的地方。由于社会制度和经济发展不同，当然有他们自己的特色。代表团的同志在总结加拿大的社会福利工作特点时，概括了四个结合，即：联邦政府和地方政府相结合；政府组织与非政府组织相结合；国家拨款与社会捐助相结合；专业工作者与义务工作者相结合。他们还有不少属于管理方面的经验、干部培训方面的经验，都是值得学习的。当然，他们的教训也值得记取。正如加拿大政府的副总理在接见我们时所说的，他们实行的这种高福利政策，已形成政府的沉重负担。由于国家包得太多，使许多本来由家庭承担的也转到政府，促使家庭职能弱化和瓦解。他们很赞赏中国家庭中的天伦之乐，称赞中国的敬老爱幼的优良传统。应该说，我们现在的经济发展水平还不高，不存在高福利问题，家庭仍然是养老的主要形式，社会化服务很少，但是随着经济的发展，综合国力的提高，加拿大的教训也是有借鉴意义的。

《民苑集》中国社会出版社1994年7月

留得清操证素心

——纪念先父西侠公诞辰一百周年

今年，2007年是父亲西侠公诞辰一百周年。回想十二年前他老人家在世时的音容笑貌，历历眼前。

一

父亲本名段茂棻，字润泉，号西侠，中年以后一直沿用段西侠的名字。生于1907年旧历10月17日，1995年4月26日辞世，终年88岁。

父亲自幼生长在北京郊区房山区一个小山村（今房山区河北镇河东村）。家里有20多亩山坡地，八间石板房。他的祖父教了一辈子书。他的父亲段联瑞和两个哥哥，大哥段茂堂、二哥段茂楷也都念过书。后来两个哥哥都在房山小煤窑和煤厂作过司账之类的工作。还有一个弟弟，名段一虹，学生时代1934年即参加革命，解放后任公安部消防局局长，1960年去世。在这一带的山村，按当地生活水平，我们属于中等，算是"耕读人家"。

父亲幼年在村里的乡村小学读书，11岁从家里出来，在卢沟桥读高小，13岁考入通州京兆师范。1926年（19岁）师范毕业，在北京城里牛街小学当了一年多小学教员后，又考入北平大学艺术学院（国立艺专前身）学习三年毕业。1932年开始，先在海淀小学当科任教员九年。1941年调至城里北平市第二职业补习学校（地址在和平门外梁家园），当了只有20多名学生的"校长"。至1942年改为北平市立初级商业学校（相当普通中学初中）。先是担任教导主任，后来任事务主任兼任国文和音乐教员。1947年暑假该校与北平市第一临中合并为北平市立第八中学，父亲任高三国文和初中音乐教员，一直到1949年2月北平解放。

北平解放后，父亲继续留在八中，出任校长。后来又担任过新生中学（当时由志成男中女中等几个私立中学合并而成，后改名35中）校长、市教育局视导员、北京市工农教育局成立后担任北京市工农教师进修学校校长。1958年以后为提高北京工业战线科以上工农干部的文化水平，根据北京市委指示，筹办北京市厂矿干部文化学校，主持修建新校舍。新校建成后担任该校校长，直到1966年"文革"开始。在"文革"中受到残酷批判斗争，长期在学校锅炉房"劳动改造"。粉碎"四人帮"后，至1979年平反，那时他已72岁了。随即办理了离休手续。父亲一辈子没有离开过教育岗位。

父亲辞世后，他离休所在的北京市朝阳区师范学校党组织，在《段西侠同志生平》中介绍说："他热爱人民的教育事业，在教育战线上呕心沥血，辛勤耕耘，为党和国家培养了大批人才。在他的教育和引导下，一批批年轻学生奔赴解放区，走上革命的道路，成长为党的各条战线的工作骨干和领导干部。段西侠同志为人民的教育事业做了大量卓有成效的工作。"

二

父亲一生经历了二十世纪大半个世纪，中国社会正处于大变动时期。他在旧中国生活了半辈子，是从旧中国"拼杀"出来的革命知识分子。经历了由自由革命者，通过长期地下斗争考验，成为自觉地为共产主义献身的坚强战士。

他出生于清朝末年（光绪三十三年），童年和少年时期，一方面受到辛亥革命和五四运动的民主革命思潮的影响，另一方面也饱尝了社会黑暗和军阀混战的生活经历。正如他在建国初期（1951年）所写的《自传》中所说：

因为连年的军阀混战，生活不安定，对暗无天日的社会现状，感到无情的憎恨，而激发起我的正义感和革命性。

他继续写道："经过直皖和两次直奉的军阀混战，迫使我各处逃难。有一次，十五、六岁的我背着一个大行李卷，由通县逃亡家乡，途中露宿了几个冬夜，冻坏了手脚、受尽了败兵的凌辱。又有一次在家乡被溃兵抓住了，挨了一顿打，还抢去了我由家里带出来的表。我家因为僻处山村，经常遭受溃兵的洗劫，我目睹和身受的苦痛太深了。我痛恨、我诅咒这个黑暗社会，使我毅然投入了现实社会斗争。"

这正是他在通州京兆师范读书时的思想写照。这一时期他拼命读了大量书刊，包括清末的戊戌政变、辛亥革命、五四运动以及苏联十月革命的书，他被引导成为一个为寻找救国救民之路的爱国青年。

1925年日本帝国主义在上海制造"五卅"惨案。激起全国人民的极大愤慨。他第一次参加了北京学生的大游行，高喊"打倒日本帝国主义"的口号。那时，他18岁。

1926年父亲从通州京兆师范学校毕业。经人介绍到北京城内牛街小学当教员。他刚刚踏入社会，就遇到该小学校长贪污和欺压教工的事。他年轻气盛，打抱不平，积极策划组织驱逐校长的斗争，促成市教育局派人清查，撤换了校长，使斗争取得了胜利。

1927年他认识了曾经在李大钊领导下工作过的国民党员卜哲民。当时的情况是：1925年国共合作后，1926年进行北伐战争。北伐的口号即是打倒帝国主义支持下的北洋军阀的反动统治，依照孙中山先生生前提出的革命目标，完成国民革命，实现国家的独立与统一。当时，中国共产党有一些领导人和骨干参加国民党并担任职务。中共创始人之一的李大钊同志是国民党北方负责人之一。李大钊于1927年4月被反动军阀张作霖杀害后，北方国民党左派势力影响还很大。父亲是在这样形势下，由卜哲民领导参加国民党的（当时北京仍在张作霖统治下，国民党是秘密的）时间是1927年末。《自传》中曾详细写了这段历史过程：

"参加国民党时没有填表，也没党证，最初只教我秘密地看书……他（指卜哲民）给我介绍的书，除三民主义外，还有辩证唯物论，列宁传等。因为卜是受李大钊同志领导的，常听他讲守常同志（即李大钊）怎样怎样，他还特别跟我讲到了孙中山先生的三大政策。1927年我只是看些书并没有参加工作，1928年初才开始参加工作。当时卜的工作是担任京兆二十县农民工作，有时他让我给他整理些材料，有时他让我到外县传达些事情。"

"1928年下半年北伐军进北京后（最先进京的军队是阎锡山的）就首先压制群众运动，在前门五牌楼贴有布告，大意说，打倒帝国主义伤国际感情，打倒土豪劣绅伤社会感情，当时把我气哭了。我愤恨地说'命还得从头革起'。随着国民党直隶省党部在天津成立，卜哲民当了省委兼民众训练委员会主任，叫我作干事。我到津后与卜大骂革命失败，应从头革起。我还说，我革命必须深入民众，在民众里做工作。在办公桌上革命，我会腐化的，会使我变成贪官污吏，坚不接任。后由卜派我到玉皇阁（天津市地名）帮助组织天津总工会，任秘书。因为我的作风与其他人不同，经常下到工厂里给工人们解决劳资纠纷，所以很快得到一部分工人们的拥护。"

不久，因为国民党员登记事，父亲去天津市党部与组织部长苏蓬仙大闹一场。为此把他"以思想左倾，有共产党嫌疑，搅闹市党部罪，由直隶省党部公布，通电全国拒绝登记，永远开除党籍。当时的大公报、益世报等都在第一版用大字登载"（据《自传》）。

父亲参加国民党不到一年即被清除。这是1928年下半年的事。他随即从天津回到北京。

北京解放后，父亲在总结这段历史时说："我这段历史，我没有向任何人故意隐瞒过。因为我认为从泥沼里拔出腿来是一件光荣的事情。"

父亲以后走过的漫长革命道路，证明了他是反对国民党反动统治的最坚决的战士。

三

父亲回京后于1929年暑假考入北平大学艺术学院（国立艺专前身），学习绘画三年。这一时期他参加的革命活动主要有：

一、1930年暑假由北大学生杨秀怡介绍去天津搞工人运动。杨1927年时曾与父亲一起参加国民党，此时已是共产党员。到天津后的情况，《自传》写到："去津后见了一位姓马的同志，他是北大学生和杨是同学，还有一位同志是朝鲜籍，经过两次谈话，关于组织工人的方式，我和他俩的意见不合，他们要我在两月内把工人都组织起来（当时天津工人总计有二十万），我主张深入工人队伍掌握基本干部，然后在对资本家的斗争中组织起来，限日期完成任务我干不了。后来，有一次找到他们住处时，楼窗并没有开着，我没敢进去。因为我们的记号是开窗是安全，不开是有问题了，我想大概是出了岔错了。等了几天也没有消息，所以我只得再回北京继续上学。"这是父亲最早与党的一次接触。

二、1930年冬参与领导了天津清洁水业工会罢工工潮，并取得胜利。

天津清洁（掏大粪的）水业（推水车的）工会是父亲在1928年在天津总工会时帮助组建起来的。有工会会员八千多人。后来有几个天津资本家要垄断这两个行业，成立清洁水业公司，他们出资四十万买通了国民党市党部和市政府有关部门，已领取了许可证。工会向市党部和市政府交涉多次，无奈钱能通神，总是无效。后来工会听说公司正在打水车、粪车，不日即将武力接办。这时，工会不知所措，才秘密派人来北京找父亲，请他帮助想办法。他非常同情工人的遭遇立即去了天津。《自传》中写道：

我到津后就秘密地住在一个水业工人的家里（在南市）。当即召集一个主要的工会委员会议，制订出几个斗争步骤，第一，先在报纸上刊登和自己印刷斗争宣言，坚决表示不惜以鲜血头颅争取四万人民的生存权力 按每个会员有四口家属计）。第二派代表向市党部市府请愿。第三，全体工人请愿。第四，动员工人家属妻儿老少请愿，包围市党部和市政府要求生存。当时准备最后进行武力阻止接收并准备砸公司水车、粪车，捣毁公司。

我们进行到第三步时，我们用一个很巧妙的方法于清晨五时大部分工人便陆续到达伪市党部附近，每人预备好小旗藏在袖口里，一个号令大家便很快地集合起来擎出小旗，列队走进伪市党部礼堂。我把指挥部设在伪市党部传达室（当时传达室的工友皆是我在总工会时训练过的工人）。所以当第四步正待进行时，他们就屈服了，由伪市府将已发出的许可证追回，停止公司工作。这个斗争只罢工三天就得到全盘胜利。

三、1931年"九一八"事变不久，北平各校成立抗日救国会和学生会。

父亲积极参加艺术学院学生会的工作。他们与北京各学校组织了全市大游行，向张学良少帅府请愿。当年11月为组织南京请愿团，父亲参加由部分同学组织的北京东车站的卧轨行动。当南京请愿团南下时，他与部分同学未赶上火车，于是他们继续参加送行学生队伍的游行示威并参加捣毁国民党北平市党部和民国日报社（国民党机关报）的斗争。

四

1932年暑假，艺术学院根据教育部指令改为国立艺专，艺术学院三年级学生以专修科名义毕业。父亲经朋友介绍到西郊海淀小学担任科任教员。

这年冬天，父亲与燕京大学附属平民学校周鲁民同志有了联系，并由一位姓王的同志领导（没有右臂，称小王）。曾在燕大开过会研究在海淀小学组织读书会和儿童团事。不久，在父亲的努力下1933年成立了由五位教师为主干的读书会，阅读进步文艺作品。其中有一位骨干老师王桥与父亲合作给北京的进步刊物《教育短波》经常写抗日救亡的文稿；该刊还约请他们二人编写小册子在刊物上连续发表，散发于北京各小学，在北京教育界颇有影响。王桥后于1943年病亡。建国后才知道他是位老共产党员，三十年代初曾任冀南一个县的党的中心县委书记。因组织被破坏，逃亡到了北京。

成立读书会后，父亲又在高年级学生中组织起少年先锋队（是学校内部的学生组织）。在校内组织学生教唱抗日歌曲，给学生们讲形势，讨论时局，阅读进步书刊。在父亲带领下利用暑假还去香山和西山刘村搞了两次游击战演习，学生们的抗日救国热情十分高涨。后来一些骨干学生陆续走上革命道路，有的后来参加了地下党，有一位被党派进伪军中工作，后不幸被捕，惨遭杀害。这些学生虽然遇到各种艰难险阻，但从来没有忘记他们少年时期的"段老师"，并结成了终生的师生情谊。

1934年在海淀小学召开过一个规模相当大的抗日救亡游艺演出会。由父亲和周鲁民主持。演出节目除去由小学师生准备的节目外，还请来左翼戏剧家联盟演出话剧《血衣》。（该剧曾于1932年公演过遭到禁演）在演出中间，发现来了不少警察和便衣。这时小王和周鲁民恐发生意外，要求让剧联停演，二人随即离开学校。父亲对此很不满意。他一方面布置师生提高警惕，另一方面继续演出，结果演得很成功，会场内外群众受到很大教育，连警察便衣们也都深受感动。此事过后，父亲与王、周的联系也中断了。北京解放后，父亲说起这件事，觉得当时搞得够冒险的。虽然游艺会演出成功，扩大了抗日宣传，教育了群众，但也引起国民党反动当局的注意和监视。

父亲和党组织发生正式工作关系是1934年。这一年叔父段一虹（后改名冯纪）因在通州师范读书时参加进步活动被学校开除。回到北京父亲处，在海淀小学住过一段。后考入东北大学，继续参加学生活动，曾担任华北学联秘书长，也是左翼戏剧家联盟和反帝大同盟的成员。他们兄弟二人在这时与党组织有了工作关系，当时称平教会，属于北方局社会部，领导人马辉之，建国后曾任河北省副省长。1935年秋叔父参加了党，不久即派往天津作地下工作。父亲继续留在海淀小学接受党交给的工作任务。他在《自传》中详细写了每一个时期的联系人和他们解放后的工作单位。1934年父亲与叔父在海淀小学时，还接受冀东地区党组织委托起草过一个关于天津贺家口等五村全体佃农向全国的《哀告书》小册子。内容是向全社会控诉大地主大盐商李善人的残酷剥削和欺压农民的恶霸劣行。先是有两位农民代表通过父亲在天津搞工运时的朋友一起来海淀找到父亲，当时叔父也正在海淀与父亲一起。他俩认真听取了情况，与两位农民代表进行磋商，用了两周时间写成的，共有一万多字，其中正文五千字，附录六千多字。建国后1959年由中科院河北省分院历史研究所主办出版的《北国春秋》创刊号全文刊登了这篇《哀告书》和附录，并有编者按称："'哀告书'是一本农民血泪控诉书，它揭露了地主的伪善面目和罪恶活动，以及军阀国民党政府为虎傅翼的丑恶卑鄙行为。'哀告书'所反映的是天津郊区贺家口等五村农民反对大地主，大盐商李善人夺取佃农斗争。这个斗争起于1915年，傅茂公（彭真）同志曾领导过这个斗争。'哀告书'是在1934年于宝林、赵建中、孙留光三人上北京，找海淀学校教师段西侠、段一虹弟兄二人写成，草稿带回天津付印。当时共印了五十多本，寄发全国各地。这里发表的这本'哀告书'，就是当时参加者施文兰同志赠给天津历史博物馆的。"此后1999出版的《房山区志》也将'哀告书'作为房山籍老党员、老干部段西侠、段一虹兄弟所起草的我党抗战前的一份文献史料刊载入志。

1935年12月9日在北京发生了波及全国的"一二·九"学生抗日救亡运动。父亲经与燕京大学救国会联系，发动海淀小学的师生们参加在海淀镇的游行演讲，向群众做宣传，痛斥国民党政府杀害爱国学生和对日不抵抗政策。许多听讲的群众群情激愤，有的痛哭失声。

五

1937年"七七"事变后，为扩大敌后抗战，勾通平西抗日根据地与北京的联系，吸收京津一带青年学生和知识分子，父亲按照党的指示，在原有的从海淀经北安河、妙峰山一条交通线以外，新开辟了一条从北京经房山河套地区至长操、涞水、易县等地的交通线。父亲的海淀住家成为这两条线的秘密交通联络站点。

为开辟这第二条交通线，为了发展安全可靠的秘密关系，父亲经过缜密的了解，结识了在房山河套地区开煤矿的老板李献琛。他的煤矿名叫伟业煤矿，当地人称"西矿"，有相当规模，运煤车都是有轨的人力小推车。李家住北京城里，有时去矿上研究处理事情。父亲的大哥就在这个煤矿当司账先生，与李家关系不错。在日常接触中了解李有民族感，拥护八路军抗战，愿意为八路军共产党干事。所以，父亲先将他发展为秘密关系，作为这条线的重要掩护人。

房山的河套地区（也称河套沟）在日本占领时期从河北镇以下基本属于八路军的游击区。虽然经过日伪军的多次"讨伐"，"清剿"，并在几个大的村庄建立炮楼，但一直有共产党和八路军的影响力。有的村政权，白天是日伪天下，夜里有共产党的活动；有些村的住户还是边区政府的军属、干属。李献琛除伟业煤矿外，还在去往北京路上的河北村、东庄村合伙开了两个分销煤厂。父亲的大哥、二哥分别在这两个煤厂当经理或司账。运煤的骡马大车和汽车络绎不绝，给开展秘密工作提供了掩护条件。在整个抗日战争时期，这条秘密通道不仅向平西根据地护送过一批又一批青年学生，也成为我党边区抗战人员秘密进出北京的通道之一。通过运煤的骡马大车和汽车携带从京津地区采购的各种物资，包括药品、文具、小型印刷机等等。平西根据地的经贸干部彭城同志，就通过这条交通线运转根据地所需物资。彭城同志解放后担任北京商业局长，后任市政府副秘书长。直到1945年日本投降，这条通道始终安全可靠，没有出现过问题。

据父亲说，从根据地出进的人员，有的认识，也有的只知道姓，名字也是假的，按照地下工作规矩，也不能多问，都是根据上线传达的任务来安排。父亲说记得在抗战时期冀东区党委负责人吴德同志到北平看病养伤就是通过他安排的。经他接待过的还有李运昌同志（解放后曾任国家交通部部长）、林铁同志（解放后曾任河北省委书记）等。当时父亲与他们并不认识，也不清楚他们的工作身份和真实姓名，直到北京解放以后，才真相大白。当时与父亲有过工作关系的王子玉同志（解放后曾任河北省纪检委负责人）、严子涛同志（解放后曾任吉林铁路局负责人）等在北平解放后都保持着联系。

父亲从1932年起就在海淀住家，直到北平解放后1950年才搬进城里。在海淀住了近二十年。那是一所独门独院的住宅（海淀镇莺房甲六号）。院内有三间房屋和一间小耳房。门外东北侧有小路可通海淀后山的北安河。从1934年以后，父亲由于抗日宣传有些暴露，受到当地警察分局的注意和监视。在斗争中他逐渐学会如何做好隐蔽工作使自己变得更加成熟更加机智，更加安全，更加成熟地完成党交给的各项任务。

为掩护好作为地下交通站点的住家，麻痹敌人耳目，父亲毅然学起了中医。为了取得中医考试合格资格，他下苦功夫，将每味中草药性写在纸片上，贴在床头，天天诵背，定期贴换。他还经常向一位张姓中医朋友请教，拜他为师。父亲说，他要学习他的祖父，教一辈子书，行医一辈子。他告诉我，乡民们还给他祖父送过一块"儒医济世"的匾，一直挂在老家。果然，在北平市中医师考试时，父亲考取第二名，从此，"中医师段西侠"的招牌挂在了海淀镇那所小院的门外。父亲的身份除了在海淀小学担任教员外，还同时兼有中医师。父亲在《自传》中写道：

为了掩护工作更方便，在1939年我考中医师挂牌行医，以便来往的关系多些、杂些。紧张时期我经常在来往同志面前放着药方子（便于掩护）。有一次伪警察分署长盛铸领着一大堆巡官警长来我家，我很惊讶他们的到来，遂很快从屋里出来，衣冠不整地问他："署长，今天怎么来亲自查户口呵？"他回答说："查什么户口呵，谁不知道你呀！我是来约牌手来了，三缺一。"我说："好呵，当然要舍命陪君子了。"

的确，由于父亲久居海淀，是个老住户，连拉三轮的都认识他。他除教书外，琴棋书画，打牌饮酒，样样拿得起来。他好与人交，爱说笑话，什么诗、书、易经、阴阳八卦都聊得起来，不少人都和他称兄道弟。在海淀熟悉他的人都知道他思想左倾，警察局也想查个水落石出，但总抓不住把柄。警察局的人说，段西侠很像共产党，但"听着像，看着不像"。从外表上看，他给人的印象倒很像一个作风散漫落拓不羁的文人。

说起父亲的行医来，那可不是个挂名的，日子久了，附近的居民和一些朋友常向他求医问药。我至今保存有一部《百草丛新》，还有一本他亲手写的中医药抄本，内容包括中草药药性和成方，还记有一些施诊心得和用药方剂。可以想见他的钻研精神。据我所知，在1955年左右，北京中医医院建成后，市政府主持文教卫生的副秘书长李续纲同志还曾推荐过父亲去担任院长呢！

在抗日战争爆发前后，父亲还以习武为掩护，结交青年武术爱好者，宣传抗日救亡的爱国思想。他说，小时候身体瘦弱，到师范学习后有国术课，很喜爱，经常练习。在海淀小学教书期间，他拜当地武术名家黄宝亭老先生为师，学习顺手拳。黄宝亭老先生在当时名声甚旺，"平西学武者泰半皆投其门下"。（见1934年出版《顺手拳·张景涛序》）"一时知名武术家多相率顶礼，又有大学教授王侈仁君、陆建勋君、李德奄君及清华燕大等校职员、海淀小学教员等亦拜投门下……"（见1934年出版《顺手拳·业师黄宝亭先生略传》）不仅如此，三教九流也有拜黄老为师的，其弟子大概有七八十人。父亲不仅练武还交朋友，宣传抗日救国。无疑，这也是进行地下工作的一种掩护。比如海淀小学的教员赵英然、刘济柔等是读书会的骨干成员，燕京大学的周鲁民、陈叔亮也都是黄老师的入门弟子。陈叔亮后经父亲介绍去了根据地。新中国建立后，曾任我国驻柬埔寨大使。叔父段一虹也是黄老师弟子，他那时（1935）就已入党。父亲习武很认真，是黄老师的得意弟子，武术界许多人都与他交过招，知道他。抗战前为传播顺手拳曾出版过一套两集《顺手拳术》，内有父亲、叔父等人的拳式示范照片。后来，父亲调城里工作后，在他的书房兼卧室里都挂着他那口心爱的宝剑，墙角处立着一条白蜡竿（是练武术用的木杆）。白天搞教学，晚间夜深人静后经常到后院练习。一直到晚年，他虽然不练"顺手"了，但练功却长年坚持，终老不辍。

诗书画，是父亲的本行。早在京兆师范读书时，绘画老师赵孟朱很器重他。他考艺术学院时，徐悲鸿先生是监考老师，入学后对他们绘画班进行过亲自指导。著名版画家王青芳、国画家李苦禅等与他是前后班的同学。他在海淀小学是科任教员，教"小四门"，包括音乐和绘画。每当春节回老家常给乡亲们写对联，给亲友们画画、写条幅。他调到城里第二职业补习学校当校长时，学生少，教师少，房子多，他一人占有一间卧室兼书房。在校老师中有版画家王青芳，是他的学兄。爱好相同，也都喜欢饮酒。父亲给他的戏题诗云："世事岂须分黑白，云狗何劳认假真。雕罢杜梨还痛饮，还他醉眼看风云。"杜梨指杜梨木，是做木刻画的版材。云狗，即白云苍狗，形容云的变化多端。他将自己的书房兼卧室取名"将就斋"，自题款名"将就斋主"。他喜画梅、竹、花鸟，有时给朋友画扇面兼题诗，抒发情怀。比如，他在一幅《芦鸟芙蓉》画中写道：

一苇临江任卷舒，芙蓉隔岸舞轻裾，
枝头野鸟闲情甚，不美芙蓉美水鱼！

值得一提的是他那方寿山石的闲章——成公后裔。每次完成一幅字画题款时，他常要盖两方印章，一是"将就斋主"，另一是 "成公后裔"。成公是谁呢？是指唐代德宗时的良臣段秀实。段秀实，字成公，陇州汧阳人。曾任泾州刺史兼御史大夫，大历间为四镇、北庭行军、泾原郑颖节度使。在任"三四年间，吐蕃不敢犯塞"。德宗时，朱泚叛变，欲篡帝位。秀实向暂附朱泚的文臣武将做工作。一天朱泚召开会议，当讲到欲"僭位"时，秀实大怒，乘机夺得旁人象牙笏板，"奔向前，唾泚面大骂曰：'狂贼，可磔万段，我从汝反耶？！'遂击之，泚流血被面，匍伏走"（见《新唐书》）。秀实由此而英勇就义。翦灭朱泚后，朝廷诏赠秀实为太尉，谥忠烈。记得父亲是在说到南宋文天祥的《正气歌》时向我讲述这段历史的。他说，《正气歌》中有"或为击贼笏，逆竖头破裂"就是写的段秀实。他说文天祥在这篇诗中举出12位历史上的忠烈先贤，其中包括段秀实，并高度评价这些人"是气所磅礴，凛烈万古存。当其贯日月，生死安足论"。父亲认为段秀实是段氏祖先的光辉榜样。在日本统治时期，父亲身处敌战区，随时有被捕牺牲的危险。显然，这"成公后裔"是一方表明心迹的印章，如果一旦被捕，就要向远祖先人那样尽忠报国！

实际上，一个有血性有骨气的革命知识分子，在日本铁蹄下生活从事秘密地下斗争，心情经常是压抑的、寂寞的。地下工作者把根据地解放区亲昵地称为"老家"。他们心系"老家"，思念"战友"，关心"家乡"的形势发展。父亲在抗战中向根据地输送他的学生、战友，接送根据地往来的干部，他的感受就更加深切。当日伪向根据地"清剿"，大搞"三光政策"，乡亲们遭到烧杀抢掠时，他的心情是很不平静的。这在他写的诗词作品中常有表露，虽然只能用隐晦的文字曲折地表达他的炽热情怀。如1939 年写的两首诗：

> 半窗明月照孤眠，寒舍灯残淡似烟。
> 一枕乡心千里梦，随风飞过万重山。
> 空阶冷雨堕藤花，风撼庭槐乱暮鸦。
> 百里家山归梦远，连天鼓角动胡笳。

1940年的深秋，有一首写红叶的小词。词前小序云"前赴西山友人约，流连竟日。主人情重，红叶依人。设无俗职在身，几欲与碧云红树终老矣。归赋小词两阕，寄赠所思，托题红叶，聊亻情怀。"其中一首调寄《调笑令》云：

> 红叶，红叶！
> 染就啼鹃怨血！
> 写成一片秋心，天涯寄与伊人。
> 悽切，悽切，
> 惆怅落花时节！

词中所写"伊人"，出于《诗经·蒹葭篇》，原是一首祭祷伊水水神之歌。"伊人"本意指伊水女神。后来演变借指女友或恋人。地下工作时期为掩人耳目，也有把男同志叫成某"小姐"的。我就听到父亲在与人交谈时提到过"任小姐"。后来，我见到从城工部来的"任小姐"竟是男的，他就是建国后担任过北京市人事局长、市委组织部副部长的任彬同志。

由于敌人的"三光政策"，根据地缩小，形势处于非常困难的时期。为了保存实力，党的地下工作，实行"隐蔽精干，长期埋伏，积蓄力量，以待时机"的方针，强调长期独立作战，切断各组织间的横向关系。父亲与根据地的联系也少了。这一时期，他的心情是沉闷的、寂寞的。他在1943年3月的一首《春夜听雨》的诗中写道：

频来枕上偏无力，偶到阶前却有声。
重衾漫嫌归梦冷，征衣此际正殷红！

在一首《墨竹》题画诗中写道：

素心劲节老烟霞，风雨连宵不胜嗟，
兴到纵横三四笔，写出胸中寂寞花！

六

1944年，晋察冀中央局城工部孙逊同志从根据地来京，代表组织将父亲的工作关系"由社会部关系转到晋察冀中央局城工部"（见《自传》）。1945年6月10日，孙逊和高彬二同志介绍父亲参加了共产党，后补期三个月。父亲在解放后回忆他革命多年长期没有要求入党的思想过程时这样写道：

　　有时同志问我"你为什么不要求入党?"我说："我是自由革命者，我怕党内的铁的纪律，我不愿意受束缚，但我决不背叛革命，反正给我的任务，我绝对完成。"一直到1945年我才感到革命事业的艰巨，必须有组织有纪律，才能有力量，才能完成革命事业，才感到没有组织的正确领导革命事业便会一事无成，因此才有入党的要求。

　　1945年"八一五"日本投降，晋察冀城工部从根据地不断派人到北平开展工作。父亲海淀住家，成为往来活动的据点之一。据我所知道的，像进北平较早的孙逊、俞立同志，其后的任彬、陆禹同志（北平解放后陆禹同志曾任北平市委工业部长、北京市副市长），我在家里都见到过他们。俞立同志是孙逊同志的夫人，地下党员，解放后曾任北京市崇文区副区长，她在一篇回忆文章中写道："北平地下党员宋匡我、段西侠，……孙逊进城后，积极与他们接头。他们在日本投降后与国民党反动派的斗争中发挥了很大作用。段西侠1945年入党，他的妻子黄淑珍——我们都叫她黄四姐，待人热情，他家就成了地下党的一个交通站。我在1945年下半年进城后也常去他家。黄四姐的弟弟黄天佑也通过孙逊开始做地下工作。"（俞立《历尽艰辛战古城——忆孙逊》）北师大的何书谦同志，毕业后即去解放区。抗战胜利后又派回北平，曾在父亲的宿舍（梁家园）住过一段时间，后介绍到求实中学以史地教员为掩护，做地下工作。

随之国共重庆谈判，组建军调部，中共代表叶剑英进驻北平，党的地下工作更活跃。当时北平出版了《解放》三日刊。不久在孙逊同志领导下筹备出版了《人言周刊》。记得在父亲所在的学校宿舍，孙逊、宋匡我和父亲研究过《人言周刊》的出刊事，我也见到过该周刊。出刊半年左右即停刊了。在1946年暑假，父亲还参与组织进步学生去解放区张家口参观学习活动。这一活动在不少的中学都组织过，在北平学生中影响很大，以至伪北平市教育局密令各中学要防止学生利用暑假期去解放区。

从1946年末开始，随着国共谈判破裂，内战大规模爆发，国民党完全撕去民主的伪装，疯狂镇压学生和市民。在1947年和1948年那段黎明前最黑暗的日子里，北师大、艺文中学、河北高中、汇文中学、志成中学、山西临中等学校都受到国民党特务的搜捕，每次都有一批学生遭逮捕。1948年发生了血腥镇压学生和市民的"七五"事件，国民党军警开枪打死学生和市民17人，重伤24人，轻伤百余人。"华北剿总"的武装巡逻车，整天呼啸在街道市肆间。地下斗争处境越来越严峻。北平地下党领导骨干，如"平委"和"学委"的领导人赵凡（解放后曾任北京市农村工作部部长、北京市副市长）、佘涤清（解放后任北京市委组织部部长、市委常委）都曾先后被捕，因未暴露身份，缺乏证据，经组织营救出狱。

父亲所在的北平市立初级商业学校，"八一五"日本投降后由国民党当局派了市党部的执行委员马耀三接管并担任校长。他是1927年的国民党老党员，与父亲认识。在政治上是个反共的顽固分子。马耀三初来时，对父亲还比较信任，让父亲担任教导主任兼国文和音乐教员。但到了1946年下半年以后，随着国共谈判失败，内战大规模爆发，也由于父亲前一段工作有些暴露，引起马耀三的注意，就不让他当教导主任了。1947年，市立初商与市立第一临时中学合并成北平市立第八中学，马耀三继续担任校长。他对父亲的监视活动变本加厉，派亲信教员住进父亲宿舍对门，日夜进行监视。一天在教职员会上，马耀三掏出手枪，往桌上一拍，威胁说："在学校里，就是不许有左倾思想存在，谁有我就'牺牲'他！"他公开警告父亲，不再照顾朋友的情面了。此后父亲讲课时，教导主任经常去偷听，并多次向他提出警告。训育主任还偷偷去他的卧室查看过他的日记。父亲的工作环境比在抗战时期还要困难。甚至连我（当时我是八中初三学生）也列入校方特务的监视网。当我考入河北高中后又把监视"关系"转到那里。

在这样恶劣的环境里，父亲根据地下党"学委"布置的"隐蔽、分散、长期、深入群众工作"的指示，一方面将工作方式搞得更加隐蔽，与联系人接触经常变换地点，如陶然亭、图书馆和海淀住家等。另一方面对进步学生多做个别接触个别做工作，避开监视网。

随着解放战争的节节胜利，国统区内的学生运动风起云涌，在党的领导下掀起一个又一个示威游行，从大学引向中学，从学生扩到职工和市民，参加规模一次比一次大。父亲在注意做个别学生工作的同时也结合形势，在课堂上利用报纸公开的资料向学生宣传。比如，有一次，父亲教音乐课，按教育局规定必教一首反动"勘乱"歌曲，他抓住歌词中有"前门赶出狼，后门进来虎"一句，大讲了一通美军在北平强奸女大学生"事件"。他说，美国还供给国民党军火打内战，这不都是后门进来的"虎"吗！还有一次在音乐课给学生讲述当时放映的电影《一江春水向东流》。他借影片中那首"月儿弯弯照九州，几家欢乐几家愁"的民歌，揭露国民党官员发国难财，鱼肉人民的丑闻。学生们都喜欢听他的课。北平解放后，一提到段老师讲课时，有的同学说："谁也听不出来是做宣传，但是，不知什么时候和为什么就特别憎恨起国民党，而希望起共产党来，并相信只有共产党才能救中国。"关于这方面的情况，1996年出版的《北京八中建校七十五年周年书画诗文集》中有七八位父亲当年教过的学生在文章中回忆了这方面的情况。其中由范士林、谢龙同志（八中地下党员）执笔的那篇《北京解放前后的八中》（是根据15位老同学的座谈回忆写成），对父亲在八中的情况作了真实的描写。文章在最后一段写道：

更加怀念我们的良师，益友，解放后我们的第一任老校长段西侠同志。

在课堂上他是我们的好老师，讲课认真，诲人不倦。他平时和我们一起住在扬州会馆的学生宿舍里，课余时间，夏季在槐树荫下，冬天在火炉边，和我们一些同学促膝谈家常，督促我们学好各门功课，给我们讲诗词，讲历史故事。他也通过我们当中的同学和地下党联系。黄维忠、王恕恒等同学给他们送过信。

解放前夕，围城期间，他关心我们一些不能回家的同学的生活问题，怕打仗伤着我们，叫我们在宿舍里挖避弹洞，以防万一。怕饿着我们，在他生活本来也很困难的情况下，还要挤出那份口粮让我们吃饱。我们几个同学上街卖报，赚钱买了窝头，也和段老师分享。解放后他是我们的党支部书记，我们的校长，更关心我们学习和政治上的进步。

实际上，父亲在做学生工作的同时，还一直联系着打入北平警察局和中统局的地下关系黄天佑。黄天佑原由孙逊同志领导，后转父亲联系。通过父亲将情报及时送达党的领导机关。我还记得有这样一件事。1947年春，那时我在北平四存中学读书，与父亲住在一起（梁家园初商宿舍）。一天清晨，父亲尚未醒来，我从他的衣袋里拿走几张崭新的钱票，准备到学校门外小卖摊上吃早点。我刚刚到学校门口（学校在府右街），父亲骑着自行车急匆匆赶过来。他神色慌张地问我，新钱票花了没有？我说还没花。他高兴地要回了新钱票，又拿出几张旧票给我，匆忙离去。我迷惑地看着他远去的背影，当时哪里会知道这是怎么回事呢？北平解放后，他才告诉我，原来那几张新钱票上是党的秘密信件，如果花掉就误大事了。

　　北平解放时，使我终生难忘的是在宣武门国会街北大四院召开的全市地下党员大会。在这个会上，我见到了父亲。我们父子终于以两代共产党员革命者的身份会面了。

　　记得那是1949年2月4日下午，北平和平解放，解放军进城式仅过三天，我所在的河北高中的地下党员较早到达。平日同学间虽然熟悉，但党员身份各不相知，见面后欣喜若狂。一会儿，我忽然发现父亲随着人流进入会场。那熟悉的面孔，熟悉的近视镜……我一下子就认出了他。我已经有半年未见过他了。我情不自禁地从人群中挤到他面前。他开始十分惊奇地看着我，随后拍着我肩膀说："你什么时候也成长起来了。"那时我十六岁，在他的眼里我仍然是个孩子。他没有料到尚未成年的儿子，会参加共产党，卷进人民革命大潮中来。他那瞬间闪过的惊奇而欣慰的目光，让我至今难忘！我简单地向他讲了自己入党的经过。他当然理解，参加地下党组织的事是不能告诉父母的呀！那天的大会是晚间召开的。记得是李葆华同志主持会议（李是当时北京市委副书记），彭真同志做报告，参加会的林彪、聂荣臻、薄一波等都讲了话。聂荣臻讲话中表扬了北平地下党的工作，肯定了长期坚持地下工作的同志们所取得的成绩，并要求党员学会掌握中央政策管理好城市。李葆华同志还介绍了地下党员们经常说起的晋察冀中央局城工部的领导人刘仁同志和萧明同志。大会一直开到午夜以后才结束。

　　散会后大家都各自回校了。大概隔了两天，我与父亲相约到他的宿舍。我们父子做了彻夜长谈，他用颤抖的手（那时就有手颤）抚摸着我的头说，我们终于迎来了黎明，回想起来，你多让人担心呀！其实，我又何尝不担心父亲呢！那夜我们都非常兴奋。他忽然哼起前苏联《少年先锋队》队歌来，并一句一句地教我唱。那歌声至今音犹在耳："走上前去呵，曙光在前，同志们奋斗！用我们的热血和枪炮开自己的路！青春的大旗高举起，勇敢地迈步向前进……"（歌词是瞿秋白翻译的。）

七

1949年北平解放时，父亲已经42岁了，但仍像年轻人那样以极大的热情全身心地投入到迎接解放的洪流中。他似乎把他个人那些执着爱好，什么诗、书、画、中医医术、顺手拳等等，都抛在一边，没时间顾及了。一切工作都从头做起，从头学起。他夜以继日地为八中的接管工作操劳。后来又接受任务，将几个私立中学合并，重新组建成立新生中学（后改为35中），他担任校长。他对工作任劳任怨，倾全力做好各方面的团结和协调，整顿教学秩序，使学校较快步入正轨。

万万没有想到，1952年开展的"三反运动"中，父亲因在学校合作社有过"赊账"，就将他打成了"大老虎"，进行批判斗争，"隔离审查"，（详见段葆兰《回忆父亲二三事》）被整了三个多月，父亲的身心遭受到严重的凌辱和打击。由于当时有不少学校校长被打成"大老虎"，市委发现后，即下指示"复查"、"纠偏"，父亲才被放出来。在新中国这片光明的土地上，竟然受到如此大的屈辱，是父亲始料不及的。他似乎很快地苍老了许多。不久，他被重新安排了工作，先在北京市教育局做了一个时期的视导员，后来担任北京市教师进修学校校长。经一事，长一智。后来的反右派运动和反右倾运动中，他总算是没沾上边儿。

当他正在自己亲手建起的厂矿干部文化学校干的起劲的时候，"文革"来了。学校是重灾区，他这个"长"字号更是在劫难逃。他戴着"黑帮"、"国民党残渣余孽"、"叛徒嫌疑"的帽子，艰难地度过了十年漫长的"文革"岁月。后来，他向我们谈起在批斗会上，有人问他："做地下工作时，为什么别人被捕，你没有被捕过？"似乎地下斗争中只有两条路，一条当烈士，一条当叛徒。既然没有牺牲当烈士，必是叛徒无疑。对此，父亲只是以轻蔑的沉默来回答。后来他就完全"想通"了。在批斗会上，他常常默背唐诗，以对付那些聒耳的噪声！

父亲做了一辈子教育工作，但是提到对教育工作的体会，他总是慨叹不已。他说，新中国建立以后，运动一个接着一个，当校长的哪有多少时间去搞教学呀。他说，他年轻的时候，常幻想在自己的家乡建立一所中学，约请最好的老师来教，待遇优厚一些，政府少干预一些，踏踏实实地潜心于教书育人的事业。现在看来，他的想法只能是"说梦"而已。

　　离休以后，父亲的生活发生了变化，一切都是返朴归真了。正如他的诗中所说："混迹市廛成大隐，幽居僻巷即神仙。"他从那一家人只住一间房的教职工宿舍搬到西城学院胡同，后移居天宁寺附近妹妹的机关宿舍去住。他身体本来不错，只是双手颤抖厉害，用药也没有什么效果。连吃饭用筷都有困难。不然，他的书法绘画完全可以充实他的晚年生活，现在只有望而兴叹了。不过，他经常去紫竹院和月坛公园散步、练功，与那里的老伙伴们谈天说地。读书，看报，与老友聊天下棋，成了他晚年活动的主要内容。他的老战友陈叔亮从外交部离休后，出了一本诗集寄给他。父亲想起抗战前在陈家挂的条幅上写的清代张船山的两首绝句，就依原韵也写了两首，题目是《和船山两绝（拟寄陈叔亮同志）》云："风雨劫灰早废诗，红羊虽过尚栖迟。江郎未殒才先尽，卅载深情忆昔时。""浪高风急几浮萍，兴废沉沦岂性灵。醇醪楚赋原多事，刹那何须论醉醒！"他的学生马虹，是经父亲帮助送往解放区的，在石家庄当了多年中学老师，后在市政协工作，后来成了太极拳名家。他每次从石家庄来北京都要看望老师，还要打几趟拳脚，请老师指点。中学语文教师肖豹岑，与父亲是忘年之交了，他是著名书法家萧劳之子。在"文革"父亲被批斗的日子，他常偷偷地揣着一瓶二锅头来家中看望和慰问父亲。"文革"后也经常来家谈古论今。当代著名画家陈雄立先生与我家有世交，经常到父亲这来，向父亲学习顺手拳、谈书论画。他在一次名家访谈节目中道出了与父亲之间的忘年之谊，他说："有三位老人影响了我的一生。一是外祖父刘丁辰……二是段西侠，他是我党地下工作者，一身武功，为人豪爽；我曾经患了癌症却能康复，和跟他习武强身不无关系。三就是李苦禅先生……"还有三十年代海淀小学那些老"少年先锋队"的队员们，如安正生、袁德隆等都是家中的座上客，其中赵文明退休后，经常来家陪老师下棋。他坚持每两个星期陪老师去澡堂泡澡（父亲一生有泡澡习惯），十几年如一日。

北京解放前后在八中与父亲风雨同舟共同战斗过的那批同学们，后来都成为新中国各条战线的骨干力量，与父亲的师生情谊始终未断。1979年十一届三中全会以后，昔日同学相约，每年春节正月初三到老师家拜年聚会。这个聚会一直持续到父亲去世，十六年间，风雨无阻，从未间断。

1993年的春天，父亲的长孙段强从密云县长任上被选为北京市副市长，时年36岁。父亲听到消息后非常高兴，几天中一连写了九首诗，表达了他的喜悦，他的勉励，也还有几分担心。一则以喜，一则以惧呀。现举出两首：

成公后裔正气昌，儒医济世祖荫长。
段家自有青鸟使，喜报传来满院香。

这首诗是向长孙讲述段氏家族历史，表达他的喜悦和自豪。他列举两位家族的祖先：一位是唐代的段秀实（字成公），面对反贼，一身正气，用象牙笏板击贼面痛骂的忠烈事迹（详见本文第18页）；另一位是父亲的祖父段秉钧公，一生以儒医为业，享誉乡里的事迹，（详见本文第14页）以此勉励段强继承家族的优秀传统。再一首：

一颗新星飞上天，担心任重难胜肩。

仲谋赤壁夷陵日，曾疑公瑾与伯言。

诗中表示对"进步"快，但阅世尚浅的爱孙的某些隐忧。诗中举出三国两位最著名将领周瑜和陆逊所遇到的"谮言"和不幸结局作为警示。这是怎么回事呢？据《三国志》记载：赤壁战后，孙权举大宴与刘备叙别。宴会后又与刘备个别交谈。孙刘交谈中孙权流露出对周瑜的极不放心，说："公瑾文武筹略，万人之英，顾其气量广大，恐不久为人臣耳。"曹操也曾给孙权写信，诡称："赤壁之役，值有疾病，孤烧船自退，横使周瑜虚获此名。"所以《三国志》注者裴松之说："瑜盛声远著，故操公、刘备咸疑谮之。"谮，是诬陷中伤之意。至若陆逊，字伯言，曾大破蜀汉兵于夷陵之战，拜辅国大将军，官至丞相。但后来因废太子事，遭到孙权打击，"遂愤恚而死"。恚，音惠，怨恨之意。父亲以一种忧患意识向爱孙的告诫，语重心长！随着世事迁易，更显示出这位耄耋老人的睿智和清醒！

　　1995年春节正月初三，他和学生们第十六次聚会将要结束时，父亲又招呼大家坐下来，他兴致勃勃地将昆明大观楼上那180字的天下第一长联背诵给大家听。大家叹服这位88岁老师惊人的记忆力，满怀信心地表示来年为老师90岁生日祝寿。但未曾料到，这次聚会却成为老师给他最喜爱的学生们上的最后一课。他的学生和战友黄维忠同志将长联写成正楷书法一帧，并记其事，作为八中七十五周年校庆的献礼。

　　写到这里，我想起父亲在1942年写的那首《咏珍珠梅》：

　　校中有珍珠梅两丛，花小如堆雪，香清而淡冶，叶浓而色碧。直至百花枯后，犹峙立冷风中。有感于怀，成诗一律：

　　　　罗浮山上多白云，白云深处寄此身。
　　　　佛手拈来香正妙，禅心证后色犹深。
　　　　……
　　　　冰姿雪骨云情态，仙魂素魄玉精神。
　　　　清恬只自怡闲苑，艳冶凭它闹上林。
　　　　蕊珠宫里游仙侣，刍狗人间落魄身。
　　　　狷介何堪供案几，疏狂只可谪蓬门。
　　　　早知不入繁华眼，留得清操证素心。

　　是的，父亲在35岁时写的这首诗多么像他一生的写照呵！江山易改，本性难移，父亲一生以珍珠梅自喻，在漫长的人生道路上，他始终清高自守，清廉自律，清恬自乐。既悟于"早知不入繁华眼"，实践了"留得清操证素心"！这是父亲给他的子孙们和心爱的学生们留下的一份值得珍视的精神遗产。

后记：此文初稿写于2006年5—8月在美国纽约探亲期间，儿媳李军、大孙女斯琪、小孙女斯钰帮助电脑打印。回国后经天济弟、葆兰、敬兰、启兰诸妹及小女儿看后稍加补充修改而成。谨以此文向父亲表达我们的轸念之情。

天顺又记

2007年1月

2007年2月定稿

2007年5月30日修改

附　录

段西侠、冯纪志述

段西侠，名茂棻，字润泉，号西侠，今房山区河北镇河东村人。清光绪三十三年（1907）农历十月十七日，段西侠出生在北方乡村典型的"耕读人家"。他的祖父是个教书先生兼行中医，父亲段联瑞也是读书人，后供职于小煤窑司账。段西侠自幼在私塾读书，11岁入卢沟桥新式学堂读高小，13岁考入通州京兆师范。青少年时期，他饱尝了社会黑暗和军阀混战的痛苦。残酷的现实，迫使他思索救国救民的出路，辛亥革命和五四运动，使段西侠深受民主革命的影响，开始成为一名具有民主进步思想的爱国青年。

第一次国共合作时期，中国共产党的一些领导人和骨干在组织安排下参加了国民党并担任职务，中共创始人之一的李大钊即是国民党北方负责人之一。1926年，19岁的段西侠于京兆师范毕业，进北京城内牛街小学任教。期间，他认识了曾经在李大钊领导下工作的国民党员卜哲民。卜哲民向他介绍了有关三民主义的读物，以及《辩证唯物论》、《列宁传》等。1927年4月李大钊虽被军阀张作霖杀害，北方国民党左派势力的影响仍然很大，在军阀统治的白色恐怖下，段西侠由卜哲民介绍秘密加入国民党。卜哲民时任京兆二十县农民工作的领导人，段西侠帮他整理材料，有时还到各县做一些传达工作。

1928年6月，北伐军阎锡山的部队进入北京。段西侠在前门五牌楼看到张贴的布告，大意是：打倒帝国主义伤国际感情，打倒土豪劣绅伤社会感情。段西侠大失所望。不久，国民党直隶省党部在天津成立，卜哲民担任省委兼民众训练委员会主任，令段西侠做干事工作。段西侠向卜哲民痛斥革命失败，主张革命应从头革起，拒绝接任国民党直隶省党部干事职务。于是，卜哲民派他到天津市内的玉皇阁参与组织天津总工会，任秘书。由于他经常深入工厂解决劳资纠纷，很快得到工人的拥护。

不久，因为国民党员登记事，段西侠在天津市党部与组织部长苏蓬仙闹翻。苏蓬仙便以思想左倾、有共产党嫌疑、搅闹市党部的罪名，拒绝为段西侠登记，并由直隶省党部公布，永远开除他的国民党党籍。

段西侠返回北平，于1929年考入北平大学艺术学院。翌年暑假，由北大学生、中共地下工作者杨秀怡介绍去天津搞工人运动。1930年冬，段西侠参与领导了天津清洁、水业工会八千多会员的罢工，迫使天津市政府答应了工会的正当要求，罢工取得胜利。

1931年"九一八事变"爆发，段西侠参加了艺术学院学生会的工作，参与组织了北平各学校全市大游行，向张学良少帅府请愿。同年11月参加南京请愿团和在北京火车站的卧轨行动。当南京请愿团南下时，他与部分同学因未赶上火车，便加入游行示威队伍，并参加了捣毁国民党北平市党部和《民国日报社》行动。

1932年，艺术学院改为国立艺专，段西侠以大学专科名义毕业，到西郊海淀小学任教。他与燕京大学附属平民学校周鲁民取得联系，1933年由一位王姓领导，成立了以海淀小学五位教师为骨干的读书会，组织阅读进步文艺作品。同时他还与该校老师王桥合作，为北平进步刊物《教育短波》撰写抗日救亡文稿，并受该刊约请，编写抗日宣传小册子，除在刊物上连续发表，还散发于北平城各小学，宣传抗日救国思想。这期间，段西侠在海淀小学的高年级学生中组织起少年先锋队，教唱抗日歌曲，给学生们讲形势，讨论时局，阅读进步书刊，利用暑假到香山和西山刘村搞游击战演习，培养了一批进步学生。此后这批学生陆续走上革命道路，有的参加了地下党，有的还被党派进伪军内部工作。

1934年段西侠在海淀小学组织抗日救亡文艺演出会，请来左翼戏剧家联盟演出话剧《血衣》。这一时期，胞弟段一虹（后改名冯纪，也是左翼作家联盟成员。）回到北平段西侠处，参加学生运动，担任华北学联秘书长。兄弟二人与党组织有了正式工作关系，当时称平教会，属于北方局社会部，领导人马辉之，中华人民共和国成立后曾任河北省副省长。

这一年，段西侠与胞弟段一虹接受冀东地区党组织委托，起草了《天津贺家口、小滑庄、东楼村、西楼村、小刘庄向全体佃农哀告书》，哀告书所表达的情绪和愿望与冀东地区广大贫苦农民产生共鸣，对我党开展的冀东农民运动和抗日救亡产生了积极影响。

"七七事变"后，根据党的指示，为工作方便，段西侠将自己的住所搬到海淀镇莺房甲六号的一座独门独院。段西侠按照党的指示，在原有从海淀经北安河、妙峰山交通线之外，另辟一条从北京经房山河套地区的长操至涞水、易县等地新的交通线。段西侠将房山河套地区"伟业煤矿"老板李献琛发展为秘密关系，作为这条交通线的重要掩护人，而段西侠的海淀住家成为这两条交通线的秘密联络站。为了使党的地下工作更好地得到掩护，根据上级指示，段西侠在1939年考取中医师资格，挂牌行医。

在抗日战争时期，这两条秘密通道向平西根据地护送了一批又一批青年学生，也成为我党边区抗战人员和地下工作者秘密进出北平城的重要通道。

在抗日战争爆发前后，段西侠还以习武为掩护，结交青年武术爱好者，宣传抗日救亡的爱国思想。在海淀小学教书期间，他拜当地武术名家黄宝亭先生为师，学习顺手拳。燕京大学的进步学生周鲁民、陈叔亮也都是黄宝亭的入门弟子。陈叔亮就是经段西侠介绍投奔到根据地的。

1944年，晋察冀中央局城工部孙逊从根据地来京，代表组织将段西侠的工作关系由社会部转到晋察冀中央局城工部。1945年6月10日，经孙逊和高彬介绍，段西侠加入中国共产党。

日本投降后，晋察冀城工部从根据地不断派人到北平开展工作。段西侠的海淀住所，成为往来活动的重要据点和交通站。

段西侠所在的北平市立初级商业学校，日本投降后，由国民党当局派市党部执行委员马耀三接管并担任校长。他是1927年的国民党老党员，与段西侠认识。1946年下半年以后，内战大规模爆发，段西侠工作有些暴露，引起马耀三的注意，免去了他的教导主任职务。1947年，该校与市立第一临时中学合并，成立北平市立第八中学，马耀三继续担任校长。他对段西侠的监视变本加厉，段西侠的工作方式更加隐蔽，其间，打入北平警察局和中统局的地下关系黄天佑，原由孙逊领导，此时转与段西侠联系，通过段西侠将情报及时送达党的领导机关。

长子段天顺，在北平读书，也加入了地下党，由于当时残酷的斗争环境和地下工作纪律，父子二人同为党的地下工作者，却互不相知。直到北平解放时，1949年1月31日，在宣武门国会街北大四院召开的全市地下党员大会，这对父子才以两代共产党员革命者的身份会面。

北平解放后，段西侠继续留在八中，出任解放后八中的第一任校长。不久又担任新生中学（后改为三十五中）校长，在新旧政权交替的复杂情况下，对城市中学进行改造、合并、重组工作，为北京市中学教育顺利进入新的政权体制做出贡献。1952年后，他又先后担任过市教育局视导员、北京市工农教师进修学校校长、北京市厂矿干部文化学校校长。"文革"中，段西侠受到错误的批判，长期在学校锅炉房劳动。1979年平反，那时他已七十二岁，随即办理了离休手续。

1995年4月26日辞世，终年八十八岁。

冯纪，原名段茂柽，字一虹。房山区河北镇河东村人。1914年出生，兄弟四人中排行第四。家有二十多亩山坡地，父亲和两个哥哥都在小煤窑当司账，为耕读人家。

1929年15岁时，冯纪离开家乡到通州师范学校读书。他学业优秀，有正义感，接受进步思想，1932年参加了反帝大同盟，因积极参加爱国学生运动被校方开除。1932年末投奔在北平的三哥段西侠（段西侠时任海淀小学教员）。期间一边自修学业，一边继续做抗日救亡工作。

1933年初，冯纪与张秀中、高敏夫、冯村、陈辛仁等参加了恢复北京左翼作家联盟支部的工作。编辑出版《理论与出版》杂志，组织左联作家在《北方日报》副刊《荒草》发表作品，后因领导人张秀中被捕而中断。1933年春在北京海淀燕大附属平民学校老贝指导下，打入北平纺织工会任秘书。1933年秋考入东北大学补习班，学习一年，期间担任华北学联秘书长。

1934年，在东北大学学习期间，冯纪与其兄段西侠共同接受冀东地区党组织委托，起草了《天津贺家口、小滑庄、东楼村、西楼村、小刘庄向全体佃农哀告书》。当时，当地两位农民代表通过其兄段西侠的朋友慕名来北平，找到段氏兄弟请求帮助。他们慨然答应，认真听取情况后，用两周时间写成哀告书，哀告书在冀东地区引起很大反响，为我党开展的冀东农民运动和抗日救亡产生了积极影响。这场反对李善人的斗争，最早发起于1915年，傅茂公（即彭真）曾领导过。

1935年秋，冯纪被派往天津做地下工作，担任全国总工会华北办事处干事，同时加入中国共产党。1936年4月由于叛徒出卖，冯纪被国民党逮捕，关押在天津监狱。不久，他被国民党天津法院以"危害民国"罪判处5年徒刑。在囚牢里，他经受了严刑拷打，始终严守党的机密，积极组织难友向反动当局进行斗争，组织狱友学习，进行绝食斗争等，表现出共产党人坚贞不屈的气节。1937年抗战爆发，日军在一次轰炸天津时，天津法院的房屋毁于战火，冯纪案卷宗被毁。1938年10月26日，在党组织的积极营救下冯纪获释出狱。

冯纪出狱后，在天津法租界治疗了三个多月，1939年春他便拖着病弱之躯，经北平房山河套地区转赴平西抗日根据地。当他路过生他养他的家乡时，他是多么想去看望多年不见的老母亲啊，然而，那时的家乡已被日本侵略军占领，他只能在漆黑的夜色中匆忙而过，毅然离去。

冯纪到达平西时，身体还没有完全恢复，他婉言谢绝了组织的关怀和照顾，立刻投入到紧张的工作中。1939年3月，他参加了冀热察区党的第一次代表大会，担任冀热察区委宣传部干事；同年4月出任宛平县委委员、县委宣传部部长；一个多月后，调任中共冀热察区党委秘书长，后被选为平西出席中共第七次代表大会代表。

1940年后，他先后担任过平西地委委员，平西地委组织部长，平西公安局局长，冀北区公安局局长，雁北专区公安科科长等职。1944年至1945年任冀察区委委员、冀察行署社会部部长兼行署公安局局长。1945年末任察哈尔省省委委员、社会部长兼公安局局长。据在这段时间曾和他一起工作的杨毓秀回忆：

我和冯纪同志一起工作的时候他三十多岁，我只有二十岁出头。冯纪同志一直把我留在他身边，像长辈一样关心我，培养我。抗日战争胜利前，我们曾经一起冒着危险穿过敌人封锁线，在涞水根据地开展工作；抗日战争胜利后我又和他一起辗转张家口、宣化等地，傅作义打进张家口后，我们一起再次撤退到涞水根据地，冯纪同志除继续负责公安工作外，还担任了这个地区土地改革委员会的领导。冯纪同志平易近人，对人谦和，为人正直，毫无官架子。他有丰富的工作经验和很强的工作能力；在危险和困难的时刻总是冲在前面，鼓励我们坚持和奋斗。空闲时间他喜欢读书、写字，像一个大知识分子。（注：杨毓秀解放后长期在北京市公安系统和安全系统担任领导工作，现已离休。）

1948年初冯纪因在狱中严刑拷打时遗下的旧病复发，组织上安排他在北岳区委治疗休养。1948年10月至1949年3月他担任太原军事接管委员会公安组副组长，在纷繁复杂的社会治安环境中安全接管太原城，为迎接新中国的成立做好北京周边城市的安全保卫工作。

1949年10月冯纪担任了新中国成立后铁道部公安局首任局长。1949年12月6日至1950年2月16日，毛泽东主席第一次出访苏联时，他与罗瑞卿、杨奇清一起陪同出访，负责其专列的安全保卫工作，在特务暗杀活动猖獗的复杂情况下，保证了党和国家领导人的安全。回国后他精心组织成立了铁道公安系统第一个刑事技术班，为新中国侦破技术的发展打下坚实基础。据中华人民共和国第一代指纹专家赵向欣回忆：

当时，北平已和平解放，军事管制委员会接管了北京警察局。铁道部也很快成立了铁道部公安局，首任局长是"一二·九运动"的学生领袖冯纪，他曾被国民党逮捕过，很清楚手印对于人的鉴别是最直接有效的证据。

1951年3月，赵向欣被冯纪慧眼识中，将她送到铁道公安学校刑事技术专业班，接受了为期半年的专业技术培训，结业后留在铁道部公安局技术科当技术员。

1954年7月，铁道部公安局并入公安部，改为公安部十局，冯纪继续担任局长。

1955年至1962年，冯纪担任公安部消防局的第一任局长，为组建新中国第一支消防队伍日夜操劳，成为中华人民共和国消防事业的开创者之一。

冯纪于1962年去世，终年48岁。

范文彦主编《房山历代人物》
中共党史出版社2007年

对"阳光"的向往

——为俞田柳《松窗随笔》序

王　蒙

我有一个说法，未必人人赞成：我说文学是人类的一个业余活动。我的意思是说，第一，您温饱了，能活了，接受起码的教育了，才好接受文艺，创造文艺。第二，社会得基本正常运转了，才好关心文艺，发展文艺。第三，您得在生活中有所历练有所感悟有所关切才去弄文艺。第四，接受文艺创造文艺的目的，也还是为了提高您的、别人的、社会的生活质量。第五，如果您和您周围的人不得温饱，您和您周围的人不得教育，您所处的社会极不正常，您和您周围的人生活质量太低太差，您的文艺活动就离不开为这些而呼吁、而怒吼、而号召、而想辙。

就是说，我不是也不喜欢那种生活在云霄里的文艺家。

据我所知，俞田柳是三位长期以来从事实际工作的老同志的联合笔名。其中的段天顺同志是我从地下时期就结识的老战友。他们的阅历与工作经验都很丰富，又都是有心人，爱读书爱思索爱动笔。他们给《中华老年报》和《北京社会报》的"松窗随笔"专栏写文章，有的放矢，真切实在，保持着这一代人的理想情操，保持着理想主义的棱角，又表现出一种夕阳和煦下的平静与和解。读之如与老者智者促膝谈心，如共同忆旧遐想，如切磋生活中学习中社会中的种种问题。不但是开卷有益，而且是经验与智慧，明哲与达观，健康与向上精神的浓缩。他们表达了老年人对于"阳光"（社会关怀与各方面对于老龄人口的帮助）的向往。他们主张老年人做一些有益、能做、有趣的事。他们赞赏"山到秋深红更多"。他们提出老年人的幸福的几个指标：事业心、家庭、朋友和个人爱好。他们提倡读书，讨论读书方法，主张老年人读书要潇洒一点，宽泛一点，结合实际一点，并且向老年朋友介绍好书好诗。他们显示"有希望，有事做，能爱人"的生活追求。他们也愤怒地谴责腐败。他们关心残疾人。他们仍然坚持助人为乐的高尚原则，不是作为教条，而是作为美好生活的基本要素。总之，他们在文字中涉及社会生活的诸多方面，有所赞美，有所批评，有所讥刺，有所嘲讽。例如关于猴爬竿与花果山的说法，就足够人会心一笑。

这样的文字还有一大好处，就是在文风上给我们一个很好的影响。有实事求是之意，无哗众取宠之心；有平等切磋之态，无装腔作势之姿；有以理服人之诚，无居高临下之威；有与人为善之心，无刻薄恶毒之状。不搞假大空，不搞浮夸，不搞欺世盗名，不搞煽情做秀，不想一鸣惊人，没有吓人战术。而上述种种不正当的文风也是冰冻三尺非一日之寒，既发端于极"左"与"爬竿"，又恶变于市场叫卖。眼下能读到俞田柳的这样平易真切、充满干货、娓娓动人的文字，算是人生一乐了。

我祝贺这些文字结集出版，并相信它们能受到读书人的喜爱。

《光明日报》2004年2月12日

【注解】

俞田柳是上世纪九十年代由于国厚、段天顺、孙士杰三位文友为老年群体写的杂文专栏的笔名，2003年中国社会出版社出版时由著名作家王蒙先生写的序言。

我说天顺

——《民苑集》序

于国厚

天顺还是那么忙。他刚从北京市民政局长的岗位上退下来，又被选为市人大常委会任副秘书长、代表联络室主任。生活又翻开新的一页，他所从事，所钟爱的民政工作自然要划个句号了。但是，我看得出，在他把自己的书稿交给我的时候，眼神里充满着对民政工作的挚爱和留恋。《民苑集》是一位老民政的交待，是多年心血的结晶，一定要把它出好。

天顺同志当官称职，为文上瘾，达到能官能文、官文一致的境界。事业和诗文，如红花绿叶相衬，相得益彰，光彩夺目，天顺60岁的风景线如此美丽、动人。

"辛劳中岁过前尘，才调民苑始溢芬。"诗人吟哦中有几分得意，有几分陶醉。

人生难得圆一个好梦，难得留一首好诗。天顺的梦是在民政工作岗位上圆的，他的诗文是民苑中的一支奇葩。天顺的这份心情和雅兴，不仅仅属于他个人。作为天顺的朋友和民政工作者，作为《民苑集》的责任编辑，我也醉意朦胧了。

8年前，天顺和我，同时与"民苑"二字结下不解之缘。那时他从北京市水利局调到民政局任职，我从人民日报编辑部调到民政部创办的《社会保障报》（后改为《中国社会报》）工作。两个新兵和其他同志一起，在部长的率领下，去西方学习社会保障。旅途匆匆，所见所闻颇多，暂短的交流和关照，搭起友谊之桥。从那之后，我们之间的聚谈和配合自然就多起来。

一次，谈起烈士褒扬工作。天顺兴奋地对我说："北京西郊万安公墓有新调来的大学生在那儿工作，你说这是不是一条新闻？"

"这要看你派他们做什么用场"我说，天顺说："过去，把烈士陵园作为建筑物保存起来，将烈士的花名册放在那里，这是很不够的，我觉得缺少文化观念。我们应把烈士陵园看作是文化载体。如果有专人研究烈士的事迹，为烈士立传，为人们学习凭吊服务，这不就有意思了么？李大钊烈士墓就在万安。经我建议，成立了'李大钊革命思想学习研究会'，将来研究出成果来，不就是专家学者了么？民政工作的知名度和地位不也就提高了么？"

几天后，天顺陪我去万安走了一趟。见到了气质不凡的那几个大学生和他们从事的工作，谁还叫他们"看坟守墓人"呢？

文化意识和手中权力的结合，通过权力的干预和影响力，提高实际工作的文化品味，这是天顺同志工作高人一筹的原因所在，也是官文结合的优越所在吧！

1991年6月初，北京市北部山区遭受特大暴雨袭击，密云、怀柔两县山区发生泥石流，造成数十人死亡，数千间房屋倒塌。得知这一消息，我和一青年记者前去怀柔县长哨营乡采访。为了掌握第一手材料，我们徒步向遭灾最重的西石门进发。路上，我们攀岩涉涧，不时见到被淹死的猫狗，常常被冲倒的树木拦住去路。历时四五个小时，早已筋疲力尽。喘息间，听说段局长先我们一步，也正在向西石门冲刺呢！

"难得风雨故人来"。这位负责救灾扶贫的老局长的到来，给山村人们带来的安慰和希望自不必说了。后来，我在《北京晚报》上读到他写的一篇文章，谈北京山区泥石流的灾害特征及应采取的对策，使我对他更加敬仰了。从文中引用的翔实资料看，他像个史学家，从提出的社会问题看，像个社会学家。人们要研究北京山区的泥石流及防治，这篇文章是非读不可的。

这个集子中的"民政论丛"部分，都是这样紧密联系工作实际而写作的。如"论创一流"，"论社会化是民政工作的大趋势""论社区服务事业的发展"等等。这些观点和理论思考，在北京市的民政工作中，产生了巨大的指导作用。作者的文化底蕴和渊博的知识，在"史志散辑"和"三余随笔"部分，表现得更为突出，也使这本集子的内涵更加丰富。

"平生事业为孺子，留得余兴作诗文。"

天顺读诗，写诗，只能在业余，且诗的题材大都来自第一线的民政工作、民政工作者和民政工作对象。以大量的诗词反映火热的民政工作，讴歌善人善事，天顺堪称第一人耳。社会福利院达标升级，社区服务场所的欢声笑语，老将军轻盈的舞姿，居委会主任的高风亮节，青年人的一篇诗文，乃至一期民政报刊的封面，都能融入他的词牌诗韵，写出脍炙人口的篇章来。

赋诗需要良好的心境和情绪，在恼人的官场中，天顺完好地保留了自己的一寸芳心，一洞天地，说明他有很高的思想修养和心理调适能力。

"信是诗心清似水，激扬思绪化梅花。"天顺的生活很丰富，兴趣很广泛，这些都是他的诗心诗情的源头活水。天顺作诗如痴如迷，诗魂随他到名山大川，到天涯海角，到大洋彼岸，他凝神于惊涛之中，驻足于秀峰之下。在他眼里，湖光山色与人亲，无限好。河边杨柳吐翠，山际红叶飘落，都能触发他莫名的思人思乡思古之幽情。一行飞雁，一泓流泉，一轮明月，都能步入他的小诗，随即完成构思的乐趣，运笔的享受。他不负春花不负夏绿不负秋果不负冬雪不负苍天不负大地不负友情，任诗兴发作，任思绪飞扬。不为出名，不藉谋利，天趣爱好，使他多了一份爱心，多了一份恋情，多了一份忙里偷闲，也多了一份真实愉快的生活。想搞好本职工作，又喜欢舞文弄墨的人，精神上是富有的，时间上却是十分匮乏的。天顺在北京市水利局任职的时候，就笔耕不辍，著有《燕水竹枝词》等佳作。现在30万字的《民苑集》就要付梓了。这数十万字都是他利用"三余"空隙（工作之余、节假日之余、休息之余），一个格子一个格子爬出来的。"三余"以牺牲别的东西为代价。"学问勤中得，萤窗万卷书？"天顺的勤奋和毅力令人折服。

天顺的家庭是幸福和睦的。他有位"风雨相知四十载"的老伴；有相展志酬、孝敬老人的儿女，其中儿子段强成长为北京市最年轻的副市长。

顺天应人，为民服务，是天顺的天职。天顺还在思索，还在工作，还在写作。愿他心越活越年轻，诗越写越有味。

《民苑集》中国社会出版社1994年4月

唤起人们的文化意识

——与段天顺同志聊天小记

孙士杰

　　到《社会保障报》供职伊始，我便听人讲起北京市民政局局长段天顺，说他不仅干工作精力充沛，而且颇富文墨之趣。某次开会与他邂逅，本想攀谈几句，却因仓促没有如愿。可我总不甘心，还是写信约他抽暇一叙。不久即有回音，我们很快在海淀区"大柳树"的军人活动站见面了。

　　老段果然精神健旺，谈笑风生。几乎未经寒暄，我们就随便地聊起来，好像一见如故似的。

　　"民政局长是个忙角儿，老兄怎么会有舞文弄墨的闲情逸致？"约访者是我，话题自然要由我引出来。

　　"写文章我不是科班，业余爱好而已，水平不敢说，有点瘾头倒是真的。"他爽朗地回答，谦和中流露出浓郁的兴味。

　　段天顺同志祖籍北京市房山县，对京都的沿革、掌故甚为熟悉。我拜读过他写北京四合院的一篇短文，笔触畅达而又细腻，非"北京通"莫能至。原来，他当民政局长不过三四年，其爱好文墨的"瘾头"却要长得多。童少读书时遇古文名师指点，增加了他对文史的兴趣；50——60

年代在团区委和市委组织部工作时，他就常给报刊写一些评论文字；以后转而搞水利，十四五年栉风沐雨，跑遍城郊大大小小的水利工地，他又撰写了不少水利文章，将由燕山出版社以《燕水古今谈》结集出版；来到民政系统，他依旧笔耕不辍，文兴未减。他还是北京史研究会的理事。

民政也好，水利也好，都是务实的工作部门，似乎同纸面文章不搭界；然而，段局长认为，务实的工作大有文章可做，很需要通过务虚来提神提气。"对于实际工作者来讲，这里有一个文化意识问题。"他点燃一支烟，娓娓道来，展开他提出的这个命题。

"先拿水利来说吧！水利在历史上对我国的政治、经济、文化都有重要影响，可以说水利本身也是内涵深广的一种文化。可是，长期以来，我们仅仅从工程技术角度去认识它。高校的水利专业毕业生，往往对我国水利发展的历史及其对社会政治、经济的影响不甚了了，原因之一，就是缺少应有的文化意识。近年来，电视艺术片《话说长江》、《话说运河》等影视作品，就是从广阔的历史文化角度来编写拍摄的，大大开拓了水利视野。"

停顿须臾，他从牛皮纸袋里取出一迭东西递给我，是他发表的部分文稿的复印件。这些挤业余时间写成的文章，内容涉及思想、政治、经济、水利、民政诸多方面。体材博取言论、随笔、散记、诗赋各种样式。大都言之有物，短小而精悍，确乎洋溢着引人入胜的文化气息。例如《治水专家林则徐》、《厚养薄葬古今谈》等篇什，材料

翔实，上下钩沉，夹叙夹议，深入浅出，均有熔知识性趣
味性于一炉的特点，给人以鲜明的文化感和历史感。《西
山访水纪诗》，《北京水利新竹枝》等歌吟之作，更可见
其文史兼备的长处。有一回，他同北京水利史研究会同
仁到香山去，从考察石槽引水遗迹中竟然发现曹雪芹号称
"芹溪居士"的缘由，把水利和《红楼梦》珠联起来，实
在是饶有一番情趣的。

就像草原上的自然公路，我们的谈话也没有固定的
轨迹。聊着聊着，话题由水利转到民政。我请老段谈谈文
化意识与民政工作的关系，他点点头，又打开了话匣子：
"民政工作贵在实干，不办实事当然不行；但民政工作实
际上是以人为中心的社会工作，同社会政治、经济的发展
息息相关，也同文化有很密切的关系。有些熟人问我：
'你搞民政不久，为什么还像搞水利的时候一样，成天东
跑西颠，兴致勃勃？'说实话，这是因为我觉得，在民政
工作中同样有使人兴奋的文化因素。"

"能说得具体一些吗？"我不满足于他语焉不详。

他接着说："譬如烈士褒扬，就是民政系统的一项
具体工作。全国的烈士陵园都由民政部门归口管理。对于
烈士陵园，只当作建筑物保护起来，造个烈士花名册登记
一下，这是远远不够的；应该把它看成一种文化载体，在
熟悉烈士生平事迹的基础上为他们立传，向前来瞻仰凭吊
的人们广为传扬。这样一搞，就有意思了，既有文化意
义，又有历史意义。李大钊烈士陵园，建在北西郊的万安

公墓，经我建议，他们成立了'李大钊革命思想学习研究会'，还想调几个学过历史的大学生搞这件事，我对那里的同志讲，假如你在这方面出了成果，出了人才，使陵园变成精神文明建设的单位，就有助于提高民政工作的社会地位，使全社会更好地理解和支持民政工作。否则，就难怪人家要说，你不过是个看坟守墓的。"

经他这一点拨，我想起来了：1983年我在中央党校学习，也曾瞻仰过李大钊烈士陵园，并在万安公墓意外地看到30年代作家韦素园的墓地，鲁迅先生手书的《韦素园篆记》仍然完好地保留在墓碑上。记曰："君以一九〇二年六月十八日生，一九三二年八月一日卒。呜呼！宏才远志，厄于短年。文苑失英，明者永悼。"

"这块墓碑是珍贵文物，也是很有文化价值的。"我说。"其实，万安公墓里还埋着另一类人物。比如我的当家段祺瑞。1926年北京发生了震惊全国的'3·18'惨案，刘和珍、杨德群两位女学生在铁狮子胡同的执政府门前遇害，罪魁祸首就是段祺瑞。"他说。

"鲁迅为此写了名篇《纪念刘和珍君》，热烈赞颂青年学生的革命精神，深刻揭露北洋军阀政府的罪恶统治，慷慨悲歌，催人泪下。"我说。

彼此应和一番，话题又落在民政上。老段继续说："再如说行政区划，也归民政部门管。它同政治、经济、文化、历史、地理都有瓜葛，不是随随便便可以搞好的。明清时期，北京地区又名顺天府，它的区域为什么那样划，其中就有很多的讲究。我们今天搞行政区划，既要考虑社会政治安定、发展商品经济、加强民族团结，又要考虑地区沿革、人口状况和自然条件，情况更为复杂。还有地名管理工作，也涉及史、地、语言、民俗诸种学科，包含着广义的文化因素在内。总之，如能唤起文化意识，不是就事论事而是自觉地从文化角度审视各项民政工作，那就可以更自觉地扩大民政的社会效益，提高民政的社会地位，认识到搞民政工作大有学问可以钻研，就不会感到它是繁冗琐碎、枯燥无味的了。"

我不知道，看着这篇平铺直叙的文字，读者诸君会不会感到有点沉闷；但我要说，我和老段的谈话一直是在轻松的气氛中进行的，不知不觉从午后聊到傍晚时分。我们还从文化角度谈到民政工作者的素质和职业道德，谈到尊重他人、同情弱者和扶危济困，谈到家庭、邻里关系，谈到婚丧嫁娶改革等等。老段说，民政工作中蕴藏着丰厚的文化积淀，包含着中华民族的优秀传统文化、革命文化以及经过融合扎根于中国土地上的有益的外来文化。我以为，老段所说的文化意识问题，包括民政而不限于民政，可以帮助各行业的实际工作者拓宽思路，扩展视野，从较高的层次上认识本职工作的意义，令人有耳目一新之感。对于我这个涉足民政工作不久的新兵，他的见解真可以说是启迪良多。

华灯初放，我俩握手告别。我为段局长能用半日时光跟我聊天深表谢意，他却意犹未尽地说："今天我是'乱

侃'，想法不免零碎肤浅，就算提出一个问题，希望更多
的同志思考和讲究它。以后有机会，咱们还可以神聊。"

　　　　　　　　　　　——《社会保障报》1989年2月21日